父母不可不知的家庭教育宝典
成就女孩一生幸福的教育智慧

不娇不惯富养女孩

静 涛◎编著

美国第一夫人**米歇尔**、
英国女王**伊莉莎白二世**
最推崇的**家教理念**

BUJIAO BUGUAN
FUYANG NVHAI

没有教不好的女孩，只有不会教的父母

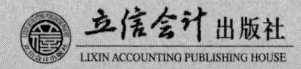
立信会计出版社
LIXIN ACCOUNTING PUBLISHING HOUSE

图书在版编目（CIP）数据

不娇不惯富养女孩 / 静涛编著. —上海：立信会计出版社，2014.6

（去梯言）

ISBN 978-7-5429-4218-0

Ⅰ.①不… Ⅱ.①静… Ⅲ.①女性-家庭教育 Ⅳ.①G78

中国版本图书馆CIP数据核字（2014）第068333号

策划编辑　蔡伟莉
责任编辑　方士华
封面设计　久品轩

不娇不惯富养女孩

出版发行	立信会计出版社
地　　址	上海市中山西路2230号　　邮政编码　200235
电　　话	（021）64411389　　传　　真　（021）64411325
网　　址	www.lixinaph.com　　电子邮箱　lxaph@sh163.net
网上书店	www.shlx.net　　电　　话　（021）64411071
经　　销	各地新华书店
印　　刷	固安县保利达印务有限公司
开　　本	720毫米×1000毫米　　1/16
印　　张	20　　插　　页　1
字　　数	275千字
版　　次	2014年6月第1版
印　　次	2017年5月第5次
书　　号	ISBN 978-7-5429-4218-0/G
定　　价	36.00元

如有印订差错，请与本社联系调换

前 言

我们常常听到"女孩要富养"这样的说法。有的家长认为，富养女孩就是给孩子最好的物质条件。无论孩子提什么样的要求都满足。可是女孩仅仅在物质生活上富有是远远不够的，精神、能力上的富有更重要。要培养女孩，不娇不惯的教育方法非常关键。

女孩之所以成为女孩，并不是后天的教育方式所造成的结果。相反，她们自从出生的那一天起，就和男孩有着质的区别，在她们的身体深处发出这样的呼唤：我是女孩，我应该这么做！

女孩和男孩不同，她们敏感、任性、胆小、爱耍小脾气、喜欢关心别人……她们没有男孩子的皮实，她们更需要父母的关爱和正确的引导。女孩的成长是有规律的，她们在成长过程中面临的问题和男孩是不一样的，女孩更应该爱自己。

要想让女孩学会爱自己，那么父母在对女孩进行教育的过程中，就要用女孩乐于接受的方法去引导，就不能给她们过多的限制。因为，一个充分肯定自己性别的女孩，一个充满自信的女孩，才有能力做最好的自己，将来才能成为一个合格的妻子，一个温柔的母亲。在女孩的成长和教育过程中，父母认清下面这些关键至关重要。

关键一：一流的家庭比一流的学校更为重要，重视家庭教育对孩子的影响。

孩子教育要从父母开始，对于孩子而言，一流的家庭比一流的学校更为重要。家庭是孩子生命的摇篮，是出生后接受教育的第一个场所，也是人生的第一个课堂；父母是孩子的第一任教师，即启蒙之师，是教育的实践者。父母的一言一行，都将对孩子的人格及学习习惯产生不可忽视的影响，正确的教育方法能够

塑造一个成功的孩子，而错误的教育方法将会扼杀孩子的天性。因此，父母的教育方式直接关系着孩子是否能够成才，决定着孩子未来的命运。望子成龙、望女成凤是每个做父母的夙愿，但仅仅有这样的愿望，孩子是成不了才的，要教"子"才能成才。

关键二：爱孩子要理智，要有原则。

许多父母面对柔弱的女孩往往会过分地溺爱。孩子提的一切要求父母都无条件满足。其实这种方法是错误的。父母的教育在孩子的成长过程中非常重要。在此阶段，孩子的人生观、价值观渐现端倪；学习方法、学习能力慢慢起步；交往方式、处事方法正在成型。这个时期，是孩子最为关键的时期；而作为这个时期孩子最贴心、最直接、最好的领航者与护航者——父母，将对孩子一生的发展起着最为深远的影响。父母可以爱孩子，但是一定要有原则、理智地去爱。

父母的素质、水平、教子方法将直接决定孩子的素质。为此，本书紧紧围绕着父母怎样做、怎样站在孩子的立场上，陪孩子一起成长，让孩子在这个决定他们未来高度的成长阶段做得更好。

关键三：激发孩子的求知欲比单纯的传授知识重要百倍。

教育不一定是在学校里的教室里进行的。父母作为孩子的第一任老师，也是最具权威、最有影响力的老师。在孩子放学后，不仅要承担起父母的角色，更要承担起老师的角色，从学习到生活，全方位地教育孩子。学习中，父母要做好孩子的"家庭教师"，将课堂搬到家庭中，巧妙地利用各种条件，激发孩子的求知欲望，辅导孩子认真地完成家庭作业，在发展孩子特长的同时，给孩子留出玩耍和阅读的时间，让这种劳逸结合的家庭"教育"，开启孩子的成功之门。

本书正是基于上面这些关键而编写的。从"父母的教育能决定孩子的未来命运"的角度入手，为父母们介绍女孩子在成长道路上可能遇到的困难，并分析解决的办法。作者秉承科学的教育理念，从实用、通俗的角度出发，结合具体的家教案例，让父母在简短、有趣、真实、生动的故事中，轻松获得启迪，找到一个科学的方式去教育孩子，让孩子在快乐中感受教育，培养孩子的好性格、好习惯，从而总结出自己独特的行之有效的教子方式。

前 言

　　我们可以没有很多钱、没有很深的社会背景,这些都不能阻碍我们用正确的方式爱孩子。每个女孩都是父母的天使。只要我们有科学的教子方法,能正确地给孩子帮助,在孩子成长的不同时期加以引导,孩子的成长一定会得到最好的养分,一定会开出最灿烂的花朵。

目 录

第1章 男女有别，走进女孩的别样天地

女孩和男孩的差别是与生俱来的 / 2
女孩和男孩在大脑结构上的差别 / 4
了解女孩的天赋和弱势 / 7
养育女孩，不要给她太多的限制 / 9
荷尔蒙——女孩成长的"魔法师" / 11
X染色体——决定女孩一生的成长轨迹 / 13

第2章 探秘女孩的情感世界

女孩比男孩更渴望父母的关注 / 18
女孩为何爱缠人 / 19
女孩敏感，多给她一些拥抱 / 21
女孩天生比男孩缺乏主见 / 23
"一视同仁"的教育不可取 / 25
根据女孩的特点因材施教 / 27
娇养女孩，但不等于娇生惯养 / 29
多关注女孩的心灵成长 / 32
让女孩懂得珍爱自己 / 35

第3章　不娇不惯，做称职的父母

女儿是妈妈的贴心小棉袄 / 40
妈妈是女孩的第一任老师 / 43
对女儿来说，父爱如山 / 45
培养完美女孩，先做优秀父亲 / 47
赏识你的女孩 / 50
表扬女孩的艺术 / 53
这样批评女儿易接受 / 56
巧妙地和女孩沟通 / 59
"贴心小棉袄"也有脱下的时候 / 62

第4章　女孩要富养，不要穷养

了不起的女孩源于科学的教育 / 68
每个女孩都有天赋和弱势 / 70
尊重女儿，做她的知心朋友 / 74
每个女孩都是小公主 / 78
让女孩知道父爱如山 / 81
爱而不溺，更不会放纵 / 85
父母联手培养最完美的女孩 / 88
以欣赏的眼光看自己的女儿 / 90
给女儿一个宽松的生长空间 / 95
每天传递给女儿幸福感 / 98

第5章　"富"养，养出女孩的高贵

女孩的未来，是父母选择的 / 104
仅有物质远远不够 / 106
把钱和时间花在女孩需要的地方 / 108

知识是对女孩最有益的投资 / 111
利用身边的资源对女孩因势利导 / 115
培养女孩心灵上的富足感 / 118
公主是"富"养出来的 / 121
"富"养并非是为女孩做好一切 / 124
"富"养出的女孩也要能吃苦 / 126
没有高贵气质的淑女会更俗气 / 129

第6章 磨砺逆商,挫折利于女孩成长

"输得起"的女孩是教出来的 / 134
"我失败了三次"不可怕,可怕的是"我是失败者" / 136
乐观的女孩从失败中寻找成功 / 138
目光要放长远,不能被暂时的挫折打败 / 140
让女孩学会承担犯错误的后果,为自己的过失埋单 / 141
面对困难,女孩比我们想象的要坚强 / 143
该放手时要放手,给温室花朵一个挫折历练的机会 / 146
快乐的女孩抗挫折能力更强 / 147
即便女孩"不才",也要给她们无偿的爱 / 149
胜不骄,败不馁,正确对待考试成绩 / 152
不拿别人家的孩子来教育自己的孩子 / 154
对待考试失利,父母的平常心更重要 / 155
紧张与成绩成反比,适时消除紧张 / 157
女孩有了进步父母不能无动于衷 / 159
让女孩学会欣赏自己 / 160

第7章 世界险恶,女孩安全教育不可少

坚决不咬铅笔头,香味学习工具最好别用 / 164

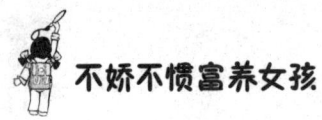

女孩要知道的基本户外避险常识 / 166

保护自己，在运动锻炼中不受伤 / 167

玩危险游戏要有父母陪同 / 169

和女孩一起进行安全演习 / 170

在劳动中保护好女孩 / 172

使用玩具注意安全 / 173

出门过马路都要注意交通安全 / 176

从小学习安全逃生技能 / 177

增强女孩的自我保护意识 / 180

女孩成长必修课，教她们警惕"性骚扰" / 181

第8章 琴棋书画，为女孩的未来投资

对待女孩的兴趣不能太功利 / 186

女孩的灵性从绘画天赋开始 / 187

从色彩认知训练女孩绘画基本功 / 188

欣赏和赞美女孩的绘画作品 / 189

给女孩一个自由想象的空间 / 190

培养舞蹈才艺，给女孩一个展示美的舞台 / 191

给女孩接触音乐的环境 / 193

发现和挖掘女孩的音乐天赋 / 194

音乐兴趣需要父母的培养 / 195

第9章 体贴入微，做女孩的心理医生

做错事后拒不认错的女孩怎么教 / 198

任性偏执不服管教的女孩怎么教 / 199

提无理要求爱慕虚荣的女孩怎么教 / 201

依赖父母缺乏独立的女孩怎么教 / 202

目 录

爱闹矛盾不讲团结的女孩怎么教 / 203
满口脏话叛逆成性的女孩怎么教 / 205
缺乏耐心耍小聪明的女孩怎么教 / 206

第10章 明察秋毫,面对女孩的问题怎么办

妙招应对女孩爱说谎 / 210
妙招应对女孩不爱做作业 / 212
妙招应对女孩学习太马虎 / 213
妙招应对女孩的叛逆行为 / 215
妙招应对女孩的"小姐脾气" / 217
妙招应对女孩和父母的较劲 / 218
妙招应对女孩吸烟、喝酒的癖好 / 220
坚决禁止女孩因顾及朋友面子做违纪的事 / 222

第11章 流星花园,帮女孩跨越青春期障碍

女孩进入了青春期 / 226
教女孩保护好自己的"私密园地" / 228
尊重女儿的隐私权 / 231
孩子,你真的不需要减肥 / 234
女孩子,"挺"与"不挺"皆正常 / 237
女孩子更爱追星 / 239
"早恋"是一朵罂粟花 / 242
教会女孩防止性骚扰 / 246
教女孩学会正确上网 / 248
女孩要知道的安全知识 / 251

第12章 合理饮食，让女孩身体更健康

让女孩每天必吃阳光早餐 / 256
女孩更应该合理膳食 / 257
不要让女孩吃坏了身体 / 259
女孩空腹时别乱吃东西 / 261
女孩切忌营养过高 / 263
让女孩远离这些垃圾食品 / 264
父母不应犯的错误 / 266
保证女孩健康的七个饮食原则 / 268
女孩的饮食原则 / 269
保证女孩健康，懂些食品安全知识 / 270

第13章 美丽佳人，富养的女孩品质优秀

鼓励女孩自尊自爱 / 274
善良是女孩最美的品格 / 278
让女孩早日学会自立 / 283
培养女孩的自信 / 287
教育女孩做事不拖延 / 291
说谎话的女孩不是好女孩 / 294
女孩也要做事有计划、有条理 / 297
让女孩懂得孝敬老人 / 300
女孩要温柔，但也要坚韧 / 303

第1章
男女有别，走进女孩的别样天地

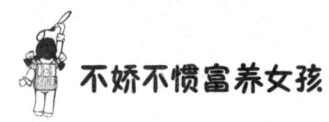

女孩和男孩的差别是与生俱来的

一直以来，人们都认为女性和男性在神经、性情、生理、心理等方面并不存在明显的差别。在20世纪70年代，即使那些专门从事生理学研究的学者也持有类似的观点。与此同时，由格洛丽亚·斯泰纳姆、贝蒂·弗里丹等人发起的一场女权主义运动也曾公开宣扬：女人之所以和男人不同，完全是由后天的教育造成的。这种观点认为，女孩和男孩起初在生理结构上仅存在着某些细微的差别，只是在后天的环境中，由于受到了不同家庭、社会教育的影响，而形成了不同的性格特点。难道造物主赋予女孩的生理结构只是形同虚设吗？

事实上，与男孩相比，女孩有着更为显著的个性。女孩之所以成为女孩，并不是后天的教育方式所造成的结果。相反，她们自从出生的那一天起，就和男孩有着本质的区别，在她们的内心深处发出这样的呼唤：我是女孩，我应该这么做！

这种呼唤来自于本性，这种本性告诉我们：女孩和男孩的差别是与生俱来的。在遥远的古代，人们认为女孩与男孩的不同是自然的，而且也是固有的。甚至对女孩来说，这种差别一直都是神秘而重要的。在生活中，我们也很容易看到女孩和男孩的各种差异不同。

大部分女孩都是爱哭鼻子的"小天使"，为了一点小事就会泪眼汪汪；而男孩则不然，他们即使突然栽倒在地上，也会像什么都没发生一样爬起来接着玩。其原因在于女孩的视觉、听觉、触觉、嗅觉、味觉这五种感觉都比男孩敏感。与刚出生的男婴相比，女婴对噪声更容易产生不舒服的感觉。女孩喜欢的游戏一般都是跳皮筋、过家家等，因为这种游戏的秩序感比较强，每一个步骤都有明确的规定，其竞争性也不强。也就是说，她们在乎的只不过是"一起玩"的感觉而已。相比之下，男孩则会偏爱那些充满竞争和战斗色彩的游戏，

第1章 男孩有别，走进女孩的别样天地

比如三五个小男孩在一起玩"奥特曼"、大战"怪兽"的游戏，因为这种游戏的输赢是显而易见的。

在学习方面，一般女孩的语文学得都比较不错，因为女孩的语言能力优于男孩。在小学阶段，一般都是由女孩来担任班长一职，对一群男孩进行"指挥"。到了中学阶段，这种状态就会逐渐发生转变。

在空间识别能力方面，女孩则明显不如男孩，男孩很容易通过看地图找到要去的地方，女孩则需要经过一番仔细的观察，才能找出正确的方向和道路。

在记忆方面，对于毫不相干的人名、地点、数字等，女孩都能记得非常清楚，在背诵时一般能原原本本地从头背到尾。由于在小学阶段的教学中，单纯的机械背诵比较多，因而女孩的记忆力就显得比男孩强。然而，女孩记忆时的逻辑思维相对较差，不会注意其中的逻辑关系，而男孩则比女孩要强很多。

在审美方面，女孩一般喜欢粉色或者其他柔美的颜色，她们的衣服也大都是粉色、红色的。女孩天生就喜欢漂亮的衣服，在很小的时候就会偷偷穿上妈妈的衣服，拿着妈妈的包包，甚至蹬上妈妈的高跟鞋，尽情地"臭美"。而男孩则更偏爱天空蓝或白色的衣服，对于衣服的款式和质量也不在意。很多时候，在男孩眼里，一件质量上乘的衣服还比不上一件做工粗糙但印有"奥特曼"的衣服。

在人际关系方面，女孩更看重亲密的人际关系，不像男孩那样富有"侵略性"。女孩更喜欢与一两个好朋友来往密切，互诉衷肠。这就是说，对女孩来说，人际关系显得更加重要，因此她们在这方面显得比男孩更加出色。这样，女孩对他人也有更强的感受性，她们可以更多地表达对他人的关心和同情。而男孩通常都是成帮结伙，形成较大的团体，大部分都属于"泛泛之交"，具有更强的社会性。

通过上述事实可以看出，与其说是周围的社会环境塑造了一个女孩，对女孩的兴趣、情绪、态度、自信心以及人际交往的方式产生了影响，还不如说女孩的社会角色正是由女孩自身的神经生理所决定的。

科学研究还表明，男孩和女孩的差别是由大脑结构、荷尔蒙、染色体的不同而不同的。由于在大脑结构和功能方面存在差异，所以女孩的生理与男孩呈现出很大的不同。

在4个月大时，对于照片里家庭成员的面孔，女孩就比男孩拥有更好的识别能力，而男孩在这方面表现得就很差。出生一周左右的女孩，对于其他婴儿的哭声比男孩有更好的辨别力。通过研究发现，在大脑很多区域的发育上，女孩与男孩呈现出很大的不同。

男孩大概到了4岁半的时候，才能把自己想表达的东西讲清楚，而女孩在3岁时就做到这一点了。所以，男孩在娱乐、学习和交流更多地借助于他的身体运动。

实际上，尽管男孩和女孩有一些相同的荷尔蒙，但是这些荷尔蒙所发挥的作用并不相同。可以说，女孩和男孩的差别是与生俱来的。

女孩和男孩在大脑结构上的差别

种种现象表明，女孩和男孩的很多差别是与生俱来的，那么女孩和男孩的大脑结构的差异究竟都有哪些呢？要了解这些差异，首先要认识一下大脑。从人们的日常活动来说，大脑是一种物质基础。它既是人类活动的内在原因，也是其外在的表现。通常来讲，人类的大脑可以分为大脑皮层、边缘系统和脑干三个部分：大脑皮层位于脑的顶端，共分为四叶，在人的发育过程中是最晚进化的；边缘系统，位于脑的中间，在进化时比大脑皮层要早；脑干，位于脑的基部，在人的发育过程中是较早进行的。大脑皮层主要与我们的思维、决定、想象和语言创造有关。边缘系统主要通过位于它内部的视丘下部腺体，对体温、睡眠周期和月经周期等进行控制。脑干是我们对选择反抗还是选择逃跑作出反应（我应该逃跑还是还击）的部位，控制呼吸和消化也是它的基本功能。边缘系统的功能就是情感的加工处理和直接控制，就像交通总指挥一样，它对我们的知觉、记忆、压力和其他的刺激进行控制。科学家们研究发现，在几百万年前，人类只有脑干，脑干周围的边缘系统和大脑皮层是后来才陆续出现的。我们把大脑皮层习惯性地称

第1章 男孩有别，走进女孩的别样天地

为"灰色物质"，它大致分为枕叶、顶叶、颞叶和额叶四叶，每叶都是由数十亿个细胞结合在一起的。从生理学上说，大脑皮层的四叶可以分为左右两个半球，两个半球间通过一束神经连接在一起。在这四叶中，还有更小的一叶，叫作"前额叶"，它位于前额的后面，是这四叶中的一部分，它控制着人的道德和行为规范。

通过科学研究发现，女孩和男孩大脑结构的差异主要表现在两个半球、大脑皮层物质、海马趾上。女孩与男孩大脑的发育，始于相同地方——额叶、颞叶、前额叶、边缘系统等，但其各自的发育又存在着很大的差异。女孩在出生以前，她们的大脑就处在发育状态，脑干上慢慢形成边缘系统，在边缘系统上逐渐形成新大脑皮层。当女孩降生的时候，她的大脑已经成为一团有着无数细胞通过神经递质相互联系、相互作用形成的物质。其结构是由遗传决定的，但它的结构也会因个体的不同而有所差别。

当然，女孩的大脑也是右半球先发育，然后是左半球。然而，女孩的大脑从右向左发育的速度要快于男孩。这样，女孩比男孩更早学会说话的原因就不难理解了，因为正是大脑的左半球控制着人类的语言中枢。

当女孩学走路的时候，大脑皮层的枕叶就会得到更快的发育，这让女孩能够接受更多的感性材料。例如，女孩可以准确地从很多声音中辨别出爸爸妈妈的声音，因为她们对声音比男孩更敏感。此外，女孩的触觉、听觉、味觉也是如此，她们的内心世界也比男孩更加感性。这就可以解释为什么女孩更喜欢抱着洋娃娃了。

与女孩相比，男孩的大脑随着年龄变化而有些差别。男孩大脑的右半球优于女孩，他们具有更强的空间感，但相对缺乏感性。男孩大都不喜欢安静地坐着，他们总爱四处乱跑。他们看到一样东西就想抓着玩，总喜欢打打闹闹。

人的大脑是通过神经递质的传递来完成学习和工作的，但是男孩和女孩的神经递质的性质是不同的。例如，女孩的大脑会比男孩分泌更多的5-羟色胺（serotonin），这种物质可以控制人的冲动情绪，这样就很容易理解为什么两三岁的女孩比同龄的男孩子更安静了。

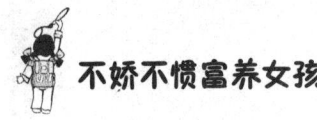

女孩的大脑还可以分泌一种被称为催产素的物质,这种物质与照顾孩子有着密切的关系。在生活中,无论什么年龄的女孩都会对洋娃娃产生一种喜爱之情。一项科学研究还表明,除了人类之外,那些雌性的灵长类动物在接近婴儿、小动物或者其他弱小的对象时,大脑也会分泌出这种物质。

到八九岁的时候,大脑的另一个部分——海马趾变得活跃起来。海马趾位于每一侧脑室的下沿,是形如海马一样的突起。储存记忆是它最大的功能。研究表明,女孩具有比男孩更大的海马趾。更值得注意的是,女孩海马趾中的神经元在数量和传递速度上也超过男孩。生活中,我们很容易看到女孩的记忆力比男孩好。比如,同时要求两个同为8岁的女孩和男孩去叠被子、擦桌子、倒垃圾,结果你会发现,女孩不需要你再次提醒就能做完这三件事,而男孩可能干了这样忘了那样。为什么女孩与男孩在海马趾的结构上有如此之大的差异呢?从科学上的角度来讲,这是进化的结果。在很久以前的未开化时代,女性负责照顾孩子,而男性则外出打猎,这种状态一直持续到大约一万年前。男女的不同分工也造成了大脑结构的差异。为了更好地照顾孩子,女性大脑的左半球需要更好地发展,以产生语言和声音;海马趾更好地发展,这有助于她们记住那些复杂而琐碎的事情。为了更好地照顾孩子,她们变得更为敏感;为了在遇到危险时保护孩子,她们便不像男人那样冲动,而是三思而后行。

在进入青春期之后,女孩大脑的很多区域都比男孩活跃。其表现之一,就是女孩更注重事情的细节,并且主观色彩较为强烈;而男孩则更注重逻辑推理,不会更多地考虑各种细节。在这个时期里,当女孩面对压力时,大脑中会出现更多的促肾上腺皮质激素释放因子,这种化学物质会增加压抑反应,会让女孩变得少言寡语,不爱和人交往。而男孩面对压力时,大脑的反应会表现得更强。他们通常会通过暴力或者像抽烟、喝酒之类的行为来宣泄内心的压抑。

当女孩的额叶、顶叶、枕叶、颞叶能够很好地和边缘系统进行协调作用时,她的大脑皮层正在经历脑髓的发育过程。脑髓是大脑里面的一种白色黏稠状的物质,它有助于神经递质和神经突触更快地工作。女孩在20岁左右的时候,脑髓就完成了发育,女孩的大脑几乎完全形成了。然而男孩的脑髓发育的过程则相对较

第1章 男孩有别，走进女孩的别样天地

慢，这也使得他们的大脑结构与女孩有了更多的不同。

总之，只有了解了女孩和男孩大脑结构的差异，我们才能更好地针对女孩的特点，对其进行更好的教育。

了解女孩的天赋和弱势

男孩与女孩不仅表现出不同的外貌特征，也有着不同的先天优势与弱势，因此父母要了解女孩普遍的先天优势和弱势，并以此为基础对孩子进行教育和培养，发扬孩子的优点，设法弥补其不足。只有根据孩子的具体情况，运用科学合理的方法，才能使孩子得到更好的发展。

1.了解女孩的天赋

女性荷尔蒙是女性特质的激活码，女孩从童年时期开始，存在于她们体内的雌性荷尔蒙就让她们更加谨慎细心，稳定从容，女孩的感知能力也更加细腻灵敏，不管是味觉、视觉、嗅觉、听觉还是触觉，都比男孩强。因此女孩的感情会更加丰富和细腻，这使她们更加喜欢交往、注重环境与自己的关系，渴望得到感情上的支持。

研究表明，女孩的语言大脑组织位于半脑前区，而男孩的语言大脑组织则在左半脑的前区和后区都有所分布。女孩大脑左半球神经末梢的发育要比男孩早，所以，女孩生来就拥有较强的语言能力，比如女孩很少在说话、阅读等方面出现问题。

细腻的感情使女孩可以体察和感知世界更多的、更加细微的变化，良好的语言天赋和乐于与人交流的倾向使女孩更容易与他人之间形成良好的人际关系，同时这种天性也让女孩拥有了较强的想象力和洞察力。

此外，女孩的发育过程要快于男孩，且更为均衡，平衡能力也强于男孩。一般来讲，学龄前同龄的女孩比男孩的平衡能力更好，女孩能很好地进行单腿跳。

2.了解女孩与生俱来的弱势

存在于女性体内的大量雌激素,它不仅让女性表现出女人的特征,还会在不同时期对女性的心理和生理方面产生影响。女孩的理解力、行动力、思考与情绪乃至记忆力,都与雌激素有着紧密的关系。如果雌激素变得不稳定,女孩就容易产生孤独、生气、易怒、失望、缺乏自尊、神经过敏等表现。

雌激素往往会使女孩的情绪变化无常,因此与男孩相比,女孩具有较小的攻击力,较弱的竞争力,更容易受到情感上的伤害,也更易于受到抑郁症的威胁。

此外,女孩的抽象思维能力和空间思辨力也不及男孩,在抽象概念和理论的运用上的能力不强,所以在数理化的学习上,女孩要比男孩困难一些。

3.发挥女孩的天赋

女孩具有较为细腻的感情,喜欢自由自在地与人相处和交流,她们具有关怀他人的愿意,同时更渴望获得他人的关心和爱护。在与人的关系中可以平等地付出、获取,与伙伴之间彼此依存和制约,女孩很享受一种对自己以及周围关系负责的生活方式。

女孩更注重自己和他人的情感世界,善于从心理和感情上观察周围的世界,不惜付出自己的爱与关怀去帮助他人,所有这些都出自于女孩的天性。

如果在孩子友好地对待他人时,受到了外界的干扰,那就有可能削减女孩的这种天性。所以,在现实生活中,父母要对女孩的这些好的天赋应加以充分利用,并将有关美好、爱、感恩等有益于身心发展的因素灌输给女孩,以加强和完善女孩这些原始的天性,将其培养成一个充满爱心的孩子。

4.尽量弥补女孩的弱势

随着女性的地位在现代社会中的不断提高,她们的原始天性已经不再能满足社会的要求。因此父母要对女孩进行训练,以弥补她们的不足之处,使她们逐步完善,日后可以更好地适应社会。

虽然抽象思维能力和空间思辨能力是女孩天生的弱势,但如果在儿童时期加以正确的引导和锻炼,这种能力是可以得到改善和加强的。因此在女孩处于幼儿时期,父母就要有意识地多让孩子搭三维立体积木,并做一些诸如此类的游戏,

从而使她的思辨力和理性分析能力得到加强。

此外,女孩生来就具有较弱的攻击性,这也意味着女孩在冒险精神和竞争能力上有所欠缺。然而在竞争日益激烈的今天,拥有较强的竞争能力和抵抗压力的能力已经是必不可少的了,如果一味地顺从他人的意思、听从他人的指挥,就会很被动并逐渐失去自我。所以,在女孩的早期教育中,父母要有意识地培养女儿的进取、冒险精神,让孩子的竞争能力逐步提高,从而使其在这方面的弱势得到弥补。

总之,家长要在日常生活中多加注意孩子的行为,发现孩子的喜好和优势,并以此作为挖掘孩子内在潜力的基础,充分发挥女儿的优势和天赋,这会对她的一生产生十分重要的影响。

养育女孩,不要给她太多的限制

在中国的家庭教育中,存在着一个奇特的现象:一方面,对孩子的溺爱;另一方面,对孩子又极为专制。对女孩的教育更是如此:一方面,女孩比较娇贵,于是对其"娇生惯养";另一方面,又怕女孩受欺负,于是对其提出种种束缚性要求。

一位教育专家在给小学六年级的学生做一个关于青春期的讲座时,向孩子们问道:如果可以重新选择一次自己的性别,你会做出什么样的选择?结果,大约有3/4的女生选择了做男生,她们做出这样选择有各种各样的理由,但其中最重要的一条就是做女孩子受到的束缚太多了。在这里,可以说性别一个潜在的标签:男孩可以拥有更多的自由,受到更少的限制,而女孩应该更收敛、更谨慎、更乖巧。或者可以说,成人对男孩的限制比对女孩要少很多。这样,这个标签就如同一副无形的枷锁,对女孩自由成长的天性构成一种束缚。

要想让女孩学会爱自己,父母就不能给她们过多的限制。因为,一个充分肯定自己性别的女孩,一个充满自信的女孩,才有能力做最好的自己,将来才能成为一个合格的妻子,一个温柔的母亲。那么具体来说,父母需要怎么做呢?

 **不娇不惯富养女孩**

1 不要用淑女标准给孩子过多的限制

这里并不是反对让女孩子接受淑女教育,但是所谓的淑女教育是一种关于礼仪、气质和精神方面的教育,而不是"小女孩就应该干干净净,千万不要把衣服弄脏了"或者"女孩子不适合去踢球,还是不要去了"之类的教育。

请家长朋友们记住,要积极鼓励女孩去做她自己想做的事情。想要装扮成牛仔?可以!如果她还没有进入工作的空间,那么她就有权利选择自己的形象,不要刻意把她培养成"琼瑶式"的美女——温柔懦弱,哭哭啼啼。

2. 不要阻止女儿对世界的探索

孩子是通过自己的不断探索而成长的。她会在探索中学习、创新并取得进步,如果家长将她探索世界的道路切断,无异于堵住了她学习的大门。相信任何一位家长都不会希望自己的女儿成为一个一无所知的人;如果你不再相信"女子无才便是德"的古代传统教育,就请你就不要阻止孩子去探索世界,别让你的孩子日后成为一个懦弱的胆小鬼,对任何事情都充满恐惧。

3. 不要强行塑造孩子

强行塑造孩子是一种简单而粗暴的方法,是一种硬性灌输的填鸭方法,是一种输血不造血的培养方法。

比如,目前家长都会让孩子参加一些兴趣学习班——钢琴班、书法班、乒乓球班、游泳班……假如孩子对此丝毫不感兴趣,父母就不要再勉强其去学习,不管在你眼里这件事具有多大的价值,如果孩子不认可,那就没有多大意义。家长应注意激发孩子的兴趣,不要采取强硬的态度,以免使孩子的积极性受到伤害。

对于女孩的家长来说,要充分认识到,应该避免用烦琐而过度的约束使孩子的习惯固定化,把孩子造就成一部不会自己思考的机器,应该尽量给孩子成长的自由,这样才不会让孩子的灵性丧失。

出色的雕塑家不是依据自己心中的模型来进行雕塑的,他们先要看材质如何,按照材质的不同顺其自然地进行雕塑。父母对女孩的教育也应该如此,顺其自然,让女孩自然发展,给她足够的自由和独立性,尊重她的个性,研究她的特性,创造必要的条件,并对她的思维和行动加以合理的引导。

第1章 男孩有别，走进女孩的别样天地

荷尔蒙——女孩成长的"魔法师"

每个女孩都是大自然的精灵，需要父母给予精心的呵护。在女孩的成长过程中，女性的荷尔蒙发挥着决定性作用，可以这样说，它是女孩成长的"魔法师"。父母要教育好女孩，就要先认识一下女性的荷尔蒙。

从妈妈受孕的时候开始，女性荷尔蒙就激活了女性染色体基因，这些荷尔蒙在女孩出生之前就已经决定了她们的未来，比如，女孩细心、安静、温柔等天性，同时这也让女孩更加敏感，更注重人与人之间的关系。

荷尔蒙，也就是激素，它能对肌体的代谢、生长、发育和繁殖等发挥重要的调节作用。荷尔蒙通过与大脑细胞相联系的受体位置，来告诉女孩体内几十万亿个细胞该做些什么事情。那些受体的位置是特意为荷尔蒙而留的。在大脑细胞里有雌激素受体、孕酮受体、睾丸激素受体，还有其他激素的受体等。荷尔蒙控制着大脑里的神经递质，对身体里的活动产生影响，并进一步控制女孩的情绪、性格、气质等各个方面。这些影响具体主要包括以下一些方面：

她的情绪、语言、说话的速度；她吃多少食物；为了应对考试，她会怎么做；对所喜欢的人，她会有什么感觉；在不使用语言时，她怎样与他人保持联络；她的自尊；她怎样进行自我调整；她的重要情感——如生气、快乐以及痛苦；她的抱负；她的竞争水平；她的进取心等。

此外，荷尔蒙还会对女孩的其他方面产生影响，例如，催乳激素——一种次要的荷尔蒙，这种物质控制着乳腺和泪腺的生长发育和乳汁的分泌，控制着女孩什么时候会哭和哭到什么程度。假如你的孩子动不动就会哭，而且哭起来泪如雨下，那就说明她的催乳激素水平过高；假如你的孩子只是"光打雷不下雨"，那就说明她的催乳激素水平或许有些偏低。

当然，雌性激素只是一个方面，其他激素也会对女孩产生影响。例如，孕激素使女孩更喜欢小女孩和照顾小动物；催产素则会让女孩产生更多的"怜悯之

情"，这就是所谓的"母性的本能"。此外，女孩体内也存在着睾丸素，但其水平仅为男孩的1/20，所以女孩表现出较弱的攻击性。

正是因为受到女性荷尔蒙的影响，女孩的心思才会更加细腻，神经才会更加敏感，同时这也需要父母给予女孩更多的爱与关怀。因此，父母在教育女孩的过程中，以下几点是需要加以注意的。

1.要同时看到女性特征的优点与不足

女孩的攻击性、冒险性和控制欲不像男孩那样强烈，所以相对来说，女孩子比男孩容易管理和教育，但需要注意：不要认为听话的乖乖女就是最好的女孩，要知道女孩生来心思细腻，对于一个玲珑剔透的女孩来说，如果你不能了解她的内心世界，那么你的教育就很有可能会给她带来伤害。

女孩比男孩更具有预测力和稳定性，也更加谨慎细心、从容稳定。几乎所有的女孩都会认为友谊和家庭比成就和机会更重要，与其说这折射了社会对女性的一种要求，不如说这反映了一种真实的女性生命特征。与男孩的独立和喜欢竞争不同，女孩渴望父母更多的爱、渴望更多的知心伙伴，她们需要在人际关系中获得认可和尊重。所以，父母要教女孩一些交际的技巧，以便让女孩在人际关系中游刃有余。同时，随着女孩的不断成长，也可以让她们了解一些营造温馨家庭的艺术。

2.女孩比较脆弱，要提升女孩的心灵"痛点"

任何一个女孩子心中都有一个理想的关系模型，但实际上往往事与愿违，于是女孩子就很容易受到伤害。比如，父母随意说出的某句话就会刺痛她，给她的心灵造成阴影。

有一位父亲曾把自己瘦弱的女儿形容成"一蹦一跳的小兔子"，他本来是想说明孩子轻盈灵活的，但在孩子看来，这是对自己的一种否定，结果为此而感到伤心，直到后来爸爸说自己特别喜欢兔子，还在女儿面前学兔子蹦来蹦去，才把女儿哄得破涕为笑。

由此可以看出，女孩具有很低的心灵"痛点"，别人不经意的一个眼神，一句无心的话，都能在她们心中形成阴影。要想提升女孩的"痛点"就要让女孩子

第1章 男孩有别，走进女孩的别样天地

不再那么敏感。具体的方法就是对孩子实施挫折教育，孩子能够经受住挫折的考验了，其心灵"痛点"自然就会得到提高。

3.告诉孩子什么可以妥协，什么需要坚持

因为睾丸激素水平较低，很多女孩子都很容易妥协，性格显得比较软弱，同时在关系和利益面前，女孩也很容易因为更注重关系而向关系妥协。因此女孩常常会放弃自己的正当利益，但是建立在这种妥协基础之上的关系通常并不可靠，它会使女孩心中理想的关系模型遭到破坏，因此而伤害女孩。所以，父母要让女孩清楚什么是可以妥协的，什么是需要坚持的，当了解了原则之后，女孩就不会再受制于自己的情感，也不会再被自己的情感所伤害。

当然，无论如何，父母的教育无法改变女性荷尔蒙的本质，只是，父母要尽量对女孩加以引导，使她拥有美丽的人生。

X染色体——决定女孩一生的成长轨迹

究竟是什么决定生女孩还是生男孩的呢？答案就是染色体。提及染色体，就不能不说DNA。平时，DNA在细胞核中的分布是杂乱无章的，但当细胞快要分裂时，DNA便与组织蛋白相结合，形成巨大的染色体。可以说染色体是遗传信息的主要携带者，是遗传基因DNA的载体。根据不同的大小、形态，人类细胞内的46条染色体可以配成23对，每一对都来源于亲代双方，可以将其称为同源染色体。其中第1～22对被称为常染色体，为男女所共有；第23对是一对性染色体——决定女性性别的X染色体和决定男性性别的Y染色体。女孩一生的成长轨迹都是由这小小的X染色体所决定的。

2005年3月17日，英国的《自然》杂志发表了一份研究报告。报告称，从基因的角度来看，女人要比人们想象中的复杂得多，而男人却可以称为一种简单的生物。假如你认识了一个男人，就可以说你认识了任何一个男人。这份报告的作者是杜克大学基因学家亨廷顿·韦拉德博士，他同时还指出："可怜的男人们只

不娇不惯富养女孩

拥有45条染色体，而女人的体内则有完完整整的46条染色体，她们可以尽情地展现女性的魅力。而且她们的第46条染色体——性染色体又是一个X染色体，它的存在更让女人们光彩夺目。"

亨廷顿·韦拉德博士和他的合作者劳拉·卡瑞尔都认为，他们的这一发现对于人们了解男女行为、特征差异的原因可以提供帮助。其根本原因并不仅在于她们具有复杂的神经和身体系统，还在于她们比男人具有更复杂的物质基础。研究表明，女性比人们想象的还要难以捉摸，从某种程度来讲，她们的基因的确比男性复杂得多。

英国韦尔科姆基金会桑格研究所马克·罗斯博士指出："从X染色体的遗传模式、生理特性以及与人类疾病联系等方面来看，人类基因组中最不同寻常的非X染色体莫属。"这恰恰验证了莎士比亚的话："女人不仅和男人千差万别，女人们之间的差别也令人不可思议！女人啊，真是变化无常的动物。"

小小的X染色体，不仅可以决定女孩的性别，还可以决定女孩一生成长的轨迹，这是一件多么奇妙的事情。当然，在女孩的成长过程中，X染色体还要得到雌性激素的"帮助"。正是在雌性激素的共同作用下，女孩才会表现出很多不同于男孩的特质——在青春期出现第二特征并最终成为一个成熟的女性。在现实生活中，我们大都对女孩有"安静、乖巧"的印象，她们通常表现得都很文静、懂事。同龄的女孩比男孩要听话得多，她们在学校里是好学生，在家里也是乖乖女。大部分女孩都喜欢与人交往，很快就可以融入陌生的新环境中。一般女孩都会有很多朋友，她们也很会讨父母和老师的欢心。

除此之外，X染色体不仅强化了女孩这些与生俱来的女性特征，而且使女孩拥有不少天生的弱点。例如女孩一般都很敏感、爱哭鼻子；胆子很小，不敢一个人睡觉；性格一般都很软弱，比较容易妥协；很看重朋友，总担心小伙伴和她关系不好……女孩拥有这么多弱点的原因就在于X染色体"比较合群"、"不热衷隐居生活"。正因为如此，女孩才十分在意人与人之间的关系，担心自己与别人处不好，所以她们常常不会坚持自己的观点，委曲求全。于是她们身上那些"胆小"、"软弱"、"敏感"的弱点便会暴露出来。

第1章 男孩有别，走进女孩的别样天地

认识X染色体，可以使我们对女孩有一个更好的了解。正是由于X染色体的存在，女孩才会那么看重别人如何评价她，才会那么关心爸爸妈妈是否爱自己。因为在女孩看来，这些是衡量自己与爸爸妈妈之间关系的标准。假如女孩认为爸爸妈妈不爱自己了，她的内心就会产生一种强烈的不安全感。假如一个女孩长期受到这种不安全感的困扰，就会给她的心理造成很大的影响。女孩的这个特点，就需要家长们为她提供一个充满安全感、精神"富足"的环境，这样才能使她们的内心感到幸福和安宁。

第2章
探秘女孩的情感世界

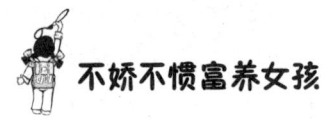

女孩比男孩更渴望父母的关注

母亲对女孩影响可谓最大，对女孩的成长教育也最为重视。有一项调查表明，不管一个人喜不喜欢自己的性格，其中的80%都来自于母亲的影响。因为母亲和女孩相处时间最长，对女孩可以产生最大的影响，特别是在幼年时期和性格形成的过程当中。

女孩最害怕被父母"冷落"，特别是受到妈妈的冷落。精神上的满足是物质上所无法替代的与物质相比，女孩更需要妈妈对她的精神上的关注。那么对妈妈来说，该如何给女孩积极的关注呢？

1. 关注日常生活

在日常生活中，需要重点关注的是女孩的营养、运动和睡眠。这三项基本要素是儿童体格和大脑发育的基础。儿童每天都需要摄取足够的蛋白质、维生素和微量元素，同时还要保持营养的平衡。另外，不能忽视儿童运动和睡眠的不足。儿童如果缺乏营养、运动和睡眠，不仅会影响其体格和智力的发育，也会对其心理和社会功能的发育产生影响。所以，父母应该时刻关注女孩的日常生活，保证她有充足的睡眠、充分的运动和平衡的营养。

2. 重视家庭的环境

对女孩的成长来说，和睦、充满活力的家庭是最重要的环境和条件。作为妈妈，必须清楚自己的人格、修养、胸怀会对女孩成长造成什么样的影响，要努力创造一种和谐的家庭氛围，让女孩充满安全感，为女孩的健康成长打下良好的基础。

3. 注重女孩社会能力的培养

从幼儿时期开始，就要为女孩提供与其他女孩一起玩耍的机会，让她学会

自己结交朋友,并能维持友谊,这种经历对一个女孩来说是非常重要的。父母要帮助女孩学会建立和培育友谊。学会与其他小朋友建立友谊是儿童早期的一项重要任务,对儿童各种能力的培养有着深刻的影响。除此之外,从幼儿时期开始,在培养社会能力时还应该注重女孩的责任心、创造力、合作精神和自强的性格的培养。

4.经常聆听女孩的倾诉

在家庭教育中,父母要给孩子倾诉的机会,要善于聆听孩子的倾诉,只有这样才能明白孩子的真实意图,孩子才能感受到父母的关怀。所以,父母只有善于倾听,真正学会从孩子的倾诉中感受和把握孩子的喜怒哀乐,真正了解孩子的所思所想,才能了解孩子的真正意图并分享孩子的快乐,为孩子的进步而高兴,为孩子的成功而喝彩;才能有效地消除孩子的烦恼,赢得孩子的宝贵友谊。

女孩为何爱缠人

俗话说:"女儿是妈妈贴心的小棉袄。"这不仅是因为女孩细心,同时也是因为女孩最缠着妈妈。贝贝一直是个十分缠人的女孩,特别是妈妈送她去幼儿园的时候,她每次都缠着妈妈不让离开,总会想方设法多跟妈妈待一会儿。不仅如此,即使在家里,贝贝也喜欢扎到妈妈的怀里,缠着妈妈。晚上睡觉前的故事讲完了,她也不想睡,一会儿说怕黑,一会儿又说喝水,始终不肯让妈妈走。妈妈起初对此也没太在意,但后来幼儿园老师询问:"贝贝在家也这么缠人吗?她如果对你一直这么依赖的话,难免会影响她日后的独立性。"这时,贝贝妈妈才意识到问题的严重性。

1.女孩总爱缠人的原因

其实,女孩缠人有一定的心理原因。首先可能是缺乏感情的表现。在婴儿的行为中我们可以清楚地看到这一点,婴儿啼哭不仅是由于肚子饿,有时看到大人从他身边经过却没有抱他,也会嗷嗷大哭,其目的在于引起人们的注意,让你

赶快抱抱他，这是一种感情需要。女孩在很小的时候就知道被人关注是一种美好的感觉，但有时女孩会产生一种误解，认为只有得到大人的关注才可以证明自己的存在。所以女孩缠着大人要这要那、调皮捣乱，但这并不是她的最终目的，而在于引起大人的关注。这种心理在独生子女身上表现得尤为明显。当有人陪伴左右、有事可做的时候，女孩并不缠人；当无人陪伴她、无事可做的时候她就会感到孤独，就会因渴望受到大人的关注而缠人。

其次，这可能是一种心理依赖。个性鲜明、活动力强的女孩一般都不会缠人。相反，那些娇生惯养、一切都被父母安排妥当的女孩，离开了父母就会无法生活。这种依赖性在情绪上的体现，就是围着父母胡搅蛮缠，这时如果遭到父母的责骂，反而就安稳了。这种情况可以看作女孩行为的不独立、内心的不安情绪的一种发泄。父母的责骂反而使她的焦虑转移了，情绪也得到了稳定。另外，女孩越是自卑，越容易缠人。

再次，这可能是由于家庭成员的态度不一。女孩一般会缠着宠爱她的人，缠着那些态度暧昧、容易妥协的。因为经验表明，他们总是在责骂之后满足女孩提出的要求。要从根本上纠正缠人的现象取决于对儿童个性的培养。缠人表示女孩无法自立，情绪不稳定，要想改变这种个性，就不要给女孩过分的保护，而要注重女孩自立能力的培养，多让女孩自己拿主意，并尊重她的选择。这样女孩反而会对自己的决定负责，不会再整天缠着你让你帮她干这干那的，也不会提出无理的要求。

2.面对缠人的女孩，家长该怎么办

面对这样缠人的女孩，家长该怎么办呢？

第一，让她做点儿家务活。如果父母在做家务时被女孩缠住，可以尝试让女孩和自己一起来做家务，如此一来，既陪伴在孩子左右，又可以培养她热爱劳动的好习惯。

第二，让她学习自己把握时间。当你忙着的时候，女孩突然跑过来打断你，非要你跟她一起玩，这时可以安抚地轻轻拍拍她或者给她一个拥抱，然后再拒绝她的要求。这是一个不可或缺的肢体动作，因为这样可以让女孩知道，你虽然不

能陪着她,但并不是因为你讨厌她。父母要学会引导女孩自己去做事情打发时间,而不是一直缠着父母不放,可以教女孩阅读童话书、玩玩具、开辟自己的小天地等。

第三,父母自己不缠着女孩。要使女孩不缠人,父母首先要做到不要在情感上过度"依赖"女孩,这是非常重要的。有的父母总是抱怨孩子在自己很忙的时候缠着自己不放,但身为父母也要仔细想想,自己是否也经常想让孩子陪伴在自己身边呢?如果父母对孩子也有很强的感情依赖,亲子双方都缺乏感情独立,那么父母更要从自己入手,来使这种严重依赖的不和谐关系得到改善。

第四,让女孩不再有孤独感。如果女孩与父母的感情交流不够,因孤独而缠人的话,就需要父母从两方面去做。一是要尽量安排出时间与孩子沟通,增加感情的交流;另一方面是引导女孩学会自己学习、游戏,使女孩感情逐步独立起来。假如女孩缠人的目的在于得到某种好处,就要视情况而定了,合理的要求一定要满足,过分的一定要坚决拒绝。

女孩敏感,多给她一些拥抱

与男孩子比起来,女孩的触觉、感觉、味觉、嗅觉、听觉都要敏感得多,尤其是触觉,一般来说女婴通常是通过父母拥抱自己的次数来判断自己的重要性的。所以,多给女孩一些拥抱更能让她感受到快乐。

与语言相比,拥抱常常能更好地传达父母对女儿的疼爱之情,一个能够经常得到拥抱的女孩,总是显得比其他女孩更加聪明、活泼,这是由于身体的刺激激活了女孩子大脑的思维细胞和体内的基因链,让她的每一种生命功能都得到最大程度的发挥。所以,身为家长,请多给你的女儿一些拥抱,但同时也要注意以下几点。

第一,在孩子降生的头两年,是否每天与婴儿进行身体接触,关系到此后父母能否与子女建立良好的关系。在大人温暖的怀抱中,女婴能感受到温馨与

舒适,她可以将自己的能量用在最需要的地方——调整自己的呼吸系统和消化系统,使其正常运作,这对于很多孩子来说并不是一件容易的事情。所以小时候经常受到拥抱的孩子通常会比其他的孩子更健康。

第二,即使自己的孩子已经长大,拥抱也是不可缺少的。随着孩子的不断成长,拥抱对于父母来说变得有些困难,因为父母总要显示自己的权威,很多父母认为拥抱会让自己丧失威严,实际上这是一种错误的认识,长大一点的女孩子同样希望得到父母的拥抱。拥抱有助于父母与孩子顺畅地沟通,有时候,千言万语比不上一个深情的拥抱。这样深情的拥抱应该每天都要有。

第三,大一点的女孩子不仅需要母亲的拥抱,也需要父亲的拥抱。当女孩到了青春期,第一次经历生理周期很可能会让她惊慌失措,甚至产生一种羞耻感,这时妈妈的拥抱对女孩来说是最有效的安慰剂。女孩能从温暖的怀抱中找到勇气,摆脱惶恐与不安,此时的安定更可以让她有勇气战胜日后自己的坏情绪。

当然,处于这一时期的女孩也需要父亲的拥抱。当女儿长大之后,很多父亲都会感到无所适从,女儿生理上发生了很大的变化,父亲们不愿意与女儿发生过多的身体接触,这样一来,幼年时期建立的父女关系,在这时候开始逐渐淡化。然而,对于不断成长的女儿来说,她并不知道父亲是因为自己长大了才会出现这种变化,她反而会觉得父亲不再愿意关注自己了。

医学专家曾经指出,这时候是女孩的一个危险时期,很容易出现心理问题,她们经常为了维护人际关系而委曲求全,甚至违背自己的本性,使自己变得面目全非。如果她们所尊敬的父亲的态度发生了改变,那么,她们就会产生极大的失落感,进而也会对自己感到失望。所以,这时父亲更应该给自己的女儿以拥抱,并告诉她:你现在已经长大了,我为你感到骄傲。

第四,把拥抱延伸开去。实际上,还有其他许多亲密的动作都具有拥抱的意义,只要父母多加留心,对女儿充满爱心,就可以让女儿感受到自己的爱。比如,对女儿说一些甜蜜的话语,多多注视女儿的眼睛,倾听她、欣赏她,让她分享你内心的情感。

拥抱是父母将爱传递给女儿的最好的礼物,它还是一种沟通方式,可以保证

第2章 探秘女孩的情感世界

两代人的感情得以顺畅地沟通,因此身为父母,千万不要忽略了拥抱这一个重要的环节。当孩子难过时给她拥抱,当孩子沮丧时给她拥抱,当孩子高兴时给她拥抱,这样才会让孩子建立自信,体会温情。

女孩天生比男孩缺乏主见

甜甜今年快5岁了,在父母的眼里,她是个非常听话的乖乖女;在老师看来,她是个上课专心听讲、下课文静懂事的好学生。然而,有一点却让父母感到不知所措,每当甜甜和小朋友一起玩耍时,她总是服从别人的领导,按别人的意愿做事,很少提出自己的想法;在生活中,甜甜也同样缺乏主见,常常在穿什么衣服、吃什么食物上犹豫不决;在学校里,当学习了一种解题方法时,她就只会按部就班,不去尝试别的方法,就算有同学告诉她,她也会以老师的为准。面对甜甜的这种表现,父母们非常担心。

当然,听话、乖巧的女孩的确可以省掉父母的许多担心,也不会和其他小朋友闹矛盾。可是,如果一个女孩顺从过度,什么事情都没有自己的主见,总是模仿别人的话,对于女孩个性的健康发展来说,这是很不利的。

下面我们来探讨一下女孩总是缺乏主见的原因。

首先,可以说这是女孩天性使然,这是女孩与男孩不同的生理特点,女孩把感情和人际关系看得更重,也更安静一些。女孩从小就已经懂得察言观色,为了得到父母的爱与关怀,讨好父母,获得家长的赞扬,有些女孩表现得很乖,很听大人的话,认为这样就能让父母喜欢自己。于是,女孩们便没有了自己的主见。在这种情况下,她们很容易人云亦云,随声附和。

其次,在女孩心目中,家长、教师本来就是权威,再加上有些家长习惯于把一切都为女儿设想好,这样就很容易使女孩唯命是从,不敢做与家长或教师的意愿相违背的事情。

最后,有些家长由于工作太忙,疏于和女孩的沟通,不能理解女孩,往往让

不娇不惯富养女孩

女孩产生畏惧心理，不敢做自己想做的事情。

有主见对女孩来说是一种优秀的品质。但如果女孩没有主见，通常会形成一种优柔寡断、易受暗示的不健全性格。如果这种性格得不到及时的引导，就可能影响女孩的健康成长。所以，家长必须要注重培养女孩的主见，让她们今后可以独立解决问题。那么，家长应该发如何培养女孩的主见呢？

方法一：某些生活上的事情给女孩自己做主的机会，比如过生日请哪些小朋友来家里做客、买什么样的衣服、选择什么玩具等。另外，在一些稍微大的事情上，比如她的房间如何布置，可以和女孩一起策划，让女孩多提自己的意见，如果合理可行，要尽量采纳。

方法二：教女孩学会说"不"。要让自己的女孩有主见，一定要破除女孩对权威的迷信。家长可以和女孩一起玩"说不"的游戏，家长故意出错，让女孩把错误的地方挑出来。比如，家长说："桌子、椅子、床头柜、毛巾被都属于家具，都可以用。"女孩说："不对，毛巾虽然可以用，但并不是家具。"这样家长就可以告诉女孩，不管是谁，大人还是其他孩子，都有出错的时候。如果女孩能够意识到这一点，就不会轻易对别人盲从和效仿了。

方法三：注重培养女孩的自信心。自信心是一个人对自身力量的认识和估计。它是自我意识的一个重要组成部分。有的女孩总是低估自己的能力，认为自己什么都干不好，总觉得自己比别人差，对自己总有一种很肤浅、不稳定的认识，总是受到别人对自己评价的影响。

所以，做父母的要对女孩各方面的表现给予肯定的评价，千万不要以怀疑或否定的态度和女孩说话，如"你看珍珍比你做得强多了""你看这件衣服穿在玲玲身上多好看"等。这种话很容易让女孩对自己产生怀疑并失去信心，从而导致她要一味地向别人看齐，使她的从众心理加剧。

父母要不断丰富女孩的知识，提高她各方面的能力；想方设法让女孩有机会充分表现自己；她自己的事情让她自己去做，对她做的事情，要给予充分的肯定，强化她对自己的认识，使她相信自己的力量。

女孩如果有了自信心，就会形成自己独到的见解，不会轻易地顺从别人。身

为父母,多多关注女孩从众心理的各种消极表现,将其不断向积极方面引导,这对女孩良好个性和品质的形成具有重要的意义。

"一视同仁"的教育不可取

不管是教育男孩还是女孩,家长都希望他们会成长为一个正直、善良、勤劳的人。同时,我们还希望女孩温柔可人,希望男孩坚强勇敢。如果不在孩子小的时候有意培养这些品质,当他们长大成人之后很可能无法承担家庭和社会的角色。例如,如果男孩在小时候没有经过锻炼,结婚之后就会连那些最起码的家务都不会做,无法承担家庭赋予他的责任。同样,如果女孩过于独立自主,缺少温和、耐心和宽容,日后就无法好好地照料家庭。家长在教育孩子的时候,应该为他们做长远的规划,让他们拥有幸福的一生。

著名思想家卢梭说过:既不能说一种性别与另一种性别完全不同,又不能说两种性别完全一样,也不能说某种品质完全为某种性别所特有。男性和女性在多大程度上具有这些品质是有所不同的,所以在培养男孩和女孩时的目标、方法和途径方面,也要有所区别。

男孩和女孩在生理上的发育很早就表现出了差异。男孩一天所消耗的能量略比女孩高,他们的体能也不一样,男孩通常会跑得比较快,也有很好的臂力。而女孩则有比较好的平衡感。男孩喜欢的游戏通常比女孩更紧张刺激,他们喜欢打打闹闹的游戏,女孩则喜欢玩那些有关生活的较为平静的游戏,比如"过家家"等。

如果问一个女孩的理想是什么,女孩的回答一般都是医生、老师、芭蕾舞演员等,而男孩的一般都会说想成为宇航员、飞行员、科学家、警察等。孩子所向往的职业与他们的性别关系密切。

在成人眼中,女孩更依赖成年人,而男孩则具有很大的攻击性和独立性。

男孩与女孩这些与生俱来的差异,使家长们不得不思考这样一个问题:如何才能促进不同孩子的心理发展?虽然孩子将来的发展很大程度上取决于先天的因

素，但是教育所发挥的作用也是至关重要的。不少家长都认为对男孩和女孩的教育是一样的，事实上这是不正确的。当男孩遇到烦心的事情时，父母要和孩子多多进行交流，而女孩不开心时，则需要父母给孩子更多的安慰。在家庭中，女孩总是会比男孩得到更多的温暖、关怀和鼓励，受到家长更多的表扬，而男孩则会受到更多的惩罚。由此可见，在对待男孩与女孩的教育问题上，"一视同仁"的教育是不可取的，家长需要根据他们的性别特点，寻找最适合的教育方式，具体有以下几种。

1.父母分别做男孩、女孩的偶像

一般来说，母亲对女孩性格的形成所产生的影响是最大的，而父亲则会对男孩性格的形成产生重大的影响。

有的妈妈喜欢乱发脾气，总是无法克制心中的怒火，动不动就对家人大喊大叫，给家庭带来一种不和谐的因素。而有的妈妈则非常亲热，对丈夫很尊重，对孩子体贴入微，让家庭充满了祥和的氛围。在两种不同的环境中成长的女孩肯定也是不同的，由第一个妈妈教育出来的女儿将来肯定无法把家庭照顾得细致周到，而第二个妈妈教育出来的女儿日后一定会成为一个好妈妈，她会给家庭带来一种宽大友爱的气氛。

同样的道理，如果作为父亲总是逃避对家庭的责任，粗暴且冷漠地对待家人，男孩在这样的父亲影响下，长大之后也会具有这些特点，无法成为家庭的顶梁柱。如果父亲在家中的角色扮演得很好，主动承担家庭中的责任，在这样的父亲的影响下，男孩在将来必定会成为一个真正的男子汉。

当然，母亲对儿子的影响，父亲对女儿的影响也要给予足够的重视，因为它们同样重要。母亲那种鲜明的女性气质同样有助于男性气质的培养，父亲的那种男性气质则会对女儿女性气质的培养有所帮助。所以，父母双亲对子女的影响都是不可缺少的。

2.分配给男孩女孩不同的家务劳动

父母在给孩子安排家务劳动的时候，一定不能忽略孩子的性别差异，对于男孩来说，可以让他们干一点力气活，女孩则可以帮妈妈择择菜、洗洗碗、摆摆餐具等。

妈妈可以让女儿和自己一起来做饭，还可以教她学一点针线活，教她学会发现自己身边美好的事物，并尽量地把美融入到家庭生活中来。在和与女孩一同劳动的过程中，妈妈要让女孩懂得爱护小动物和植物，让女儿学会用温和的方式来处理问题。

而对男孩来说，家长可以让他做一些如到没开灯的房间帮自己拿东西、让他帮妈妈提东西、帮爸爸修理椅子等这样的活动。在教育男孩的过程中，家长要知道他是未来的男子汉，日后会成为家庭的支柱，因此不能娇惯他，要给他展示意志和勇气的机会。

根据女孩的特点因材施教

我们都知道，婴儿的性别取决于母亲的X染色体是同父亲的X染色体还是Y染色体的相遇。这两种小小染色体的结合将决定这个孩子是女孩还是男孩。

在母亲怀孕的前6周，几乎无法看出女性胚胎与男性胚胎的区别。胎儿的性器官在怀孕的第7周开始发育。由于性器官的发育不同，所以婴儿出生时的性别就很容易分辨了。那么，除了这一点外，男孩和女孩的区别还有其他的吗？

根据儿童专家的观点："一直到3岁之前，女孩和男孩之间都没有太大的区别，他们的身长和体重的成长曲线几乎相同。3岁之后，同龄的男孩比女孩一般会高1~2厘米。体重也会比女孩重600~700克。"之所以会产生这种差别，是因为男孩体内分泌的睾丸素加速了男孩身体发育的速度。同样也是由于这种激素的存在，男孩和女孩的行为也表现出差异性。有研究发现，男孩比女孩更需释放自己的能量。

根据最新的医学成像技术，男人和女人（婴儿也不例外）使用大脑的方法是不同的，大脑活动的优势区域也是不一样的。比如，如果说女孩在语言方面更强的话，男孩的空间识别能力可能会优于女孩。

这是什么原因呢？有专家认为可以从激素分泌方面来寻求答案。因为对胎儿性器官发育发挥作用的激素，同时也会影响到大脑的发育。它往往会激活某些神经元的连接，同时使得其他神经元的连接受到抑制。简而言之，男孩和女孩的大脑存在着很大的差别。

既然一个婴儿是男是女是由染色体的不同而决定的，那我们为什么还会提出"怎么成为女孩或者男孩"的疑问呢？其原因在于染色体只能决定婴儿的生理性别，而在后天的成长过程中这个孩子更具有男孩特征还是女孩特征，则更多地是由父母的抚养与教育方式来决定的。

其实，这一点在20世纪50年代就已经为科学家所认识了。1957年，3位美国科学家跟踪了105个婴儿的成长。这些婴儿出生后，人们不能根据外部的生殖器官来对他们的性别做出判断（由于染色体或激素分泌异常，会出现这样的现象）。结果如何呢？这些婴儿完全是根据父母的培养方式来确定自己的性别角色的。

我们在生活中常可以看到，如果用培养女孩的方式来培养一个男孩，那他长大后的言谈举止就会有女性化的趋势。同样的道理，如果把一个女孩当成男孩来教育，那么她的行为也会变得像个男孩。这表明，教育在其中所起的作用是非常重要的。

尽管在社会不断进步的今天，我们大力倡导男女平等，然而，用完全相同的教育方式来培养不同性别的孩子是根本行不通的。父母对孩子的养育方式、传递给孩子的信息以及对他们的期望，要视孩子性别的不同而有所不同。所以，养育孩子时，不同性别孩子的养育方式也是不同的。那么对于女孩，父母该如何养育呢？

1.女孩要富养

俗话说"男孩穷养，女孩富养"。对女孩就要优待一些，也就是"娇养"一些，但绝不能"娇生惯养"。在家庭条件允许的情况下，吃、穿、用都要讲究一些。这样会让孩子的心理更加健全，使她对这些东西不会要求更多，因为这些她全都拥有了，所以不会看到其他孩子的东西而总是想要。事实表明，女孩长大之

后，不斤斤计较、不患得患失、与人友善、胸怀大度、个性独立、淡泊名利、藐视"权贵"等这些品质，都离不开幼儿时期的"娇养"。

2.多和女孩进行语言交流

女孩天生就是语言家，生来就具备语言天赋，在绝大多数情况下，都是很好的倾听者和交流者。女孩开口说话比男孩要早，而且很早就能说出比较复杂的句子。到两岁的时候，一般女孩可以运用比男孩多一倍的词语。所以，在婴儿时期，父母就要有意和女孩进行语言交流，以此来训练女孩的语言表达能力。

3.多一些鼓励

男孩子一般都喜欢打打闹闹、探索新奇，女孩子则不同，她们的注意力更多地集中在他人的身上，所以女孩子的心思相对来说更为细腻。她对父母的看法会很在意，同时很容易产生自卑心理，所以在这方面父母要多给予鼓励与保护。

4.多一些运动

女孩的身体健康同样也是很重要的，看似粗鲁、大强度的游戏对于女孩子来说，也不失为一个强健体魄的好方法，因此，不要过分地保护她们。攀爬、跑跳都是提高协调能力不错的选择。当然，在游戏中，一定要注意安全，如果女孩想从五层台阶"飞"下去，要坚决告诉她"不行"，可以这样对她说："五层看起来太高了，我们先从两个台阶开始，你是最棒的，一定能行！"，这样就可以让她感觉到你对她的能力是充满信心的。

娇养女孩，但不等于娇生惯养

娇养与娇生惯养这两种教育是完全不同的。娇着养是给女孩的真正而理智的爱。而娇生惯养则是一种溺爱，对女孩来说无异于一种"毒品"，尽管看起来十分香甜，但实质上却像毒品一样，对女孩的成长产生不良影响。

在现代社会中，很多父母都对自己的女儿娇着养。有的父母可以很好地运用这种方式，可以做到娇养有度，对女孩的不合理的要求敢于说"不"。然而，有

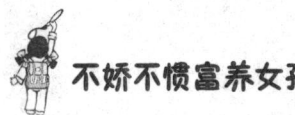

的父母却有一种错误的观点，认为娇养就是要娇生惯养，无论什么事情都要顺着女孩，这是一种很可怕的想法，对女孩的成长也是非常有害的。父母对女孩娇生惯养通常可以从以下两个方面表现出来。一种是视女孩为掌上明珠，处处姑息迁就，尽最大可能地满足女孩的愿望和要求，对她百依百顺。在有的父母看来，只要无限地满足女孩的物质需要，就是给予女孩无限的爱，而实际上，这种爱是不理智的。另一种是不让女孩接触她力所能及的事，不注重培养女孩的独立性，无论什么事情都为女孩打算好，不让她承担任何家务劳动，父母为她包办一切。这种做法无形中使女孩丧失了能力发展的机会，降低了她的独立性与自信心，限制女孩的自我发展。

娇生惯养的家庭教育方式很容易让女孩的心理在日后不能得到很好的发育。女孩由于受到父母的溺爱，慢慢就会养成一种"以自我为中心"的心理定式，进而变得"刁蛮"、"任性"、"拔尖强上"，并形成偏执的人格，不能克制自己，也无法尊重他人。此外，父母对女孩的娇生惯养，还会使她失去亲力亲为的机会，这样女孩难免会变得懦弱、胆小、娇气，经不起挫折，受不得委屈。

著名的教育家马卡连柯曾经说过："家长们动不动就说，身为父亲和母亲，一切都以孩子为出发点，一切都是为孩子着想，可以为他牺牲一切，甚至可以将自己的幸福置之度外。这实际上是父母送给孩子最可怕的礼物了。娇生惯养是父母为女孩种下的一粒有毒的种子。"

娇生惯养的女孩，在面对失败、挫折、意外打击时的心理承受力一般都很差。从表面上看，这种女孩个性张扬，其实她们的内心非常脆弱，不堪一击，表面上是一只完好无缺的蛋壳，但稍微一捏就会变成碎片，这在心理学上，正是所谓的"蛋壳效应"。一旦没有了父母的保护，这种女孩就很难适应艰难的环境，受到一点挫折就会承受不了。

娇生惯养如同洪水猛兽一般吞噬着女孩的意志力、抗挫折力、勤劳节俭和温厚孝顺的美德、艰苦奋斗的精神以及独立自理的能力，对女孩的成长构成严重的影响。教育家克鲁普斯卡姬曾经说过："父母仅仅简单地给孩子爱是不够的，还要学会如何爱他们。"所以，父母一定要学会科学地养育女孩，做到爱之深而不

溺，爱之热烈而理智。具体来说，父母可以从以下几方面去做。

1. 对女孩尊重有度

在处理与女孩的关系时，父母所扮演的角色，是要成为女孩的知心朋友，也要成为一名严格的长者，只有合理拿捏其中的分寸，才能教育好女孩。

彤彤的爸爸拥有很新的教育观念，他和女儿如同朋友一样亲密无间。他的做法是让女儿直接称呼自己的名字，许多事情都要询问彤彤的意见，而且还尽量采纳她的意见。他始终觉得，只有这样做才能表示自己对孩子的尊重。但让他没想到的是，才几岁的彤彤因此变得格外任性，一切唯我独尊。

当彤彤的爸爸对此有所认识的时候，父女之间的冲突已经达到了无法化解的程度。有一次，两人之间的冲突又爆发了，最后爸爸实在忍无可忍，抓住彤彤出手打了她。彤彤立刻哇哇大哭起来，因为她搞不明白，为何平日里与自己亲如朋友的爸爸，突然变得如此凶狠，竟然会动手打自己，她感觉自己受到了莫大的伤害。

这是一个过犹不及的典型例子。父母过于尊重女孩，就会演变为没有原则的妥协；如果尊重不足，就会随时产生冲突。那么，如何才能做到适度的尊重呢？父母要取得女孩的信任，这样她才会向你敞开心扉，同时又遵从你的一些决定。家长制的权威是要不得的，你可以用委婉而温和的态度向女孩提建议："如果我是你，我就会……"女孩听到这样的话就会感觉自己受到了尊重，也比较容易接受父母提出的意见。

2. 学会对女孩的要求说"不"

现实生活中，如果女孩提出的要求非常过分，父母一定要坚决抵制。父母的拒绝会让女孩体会到规矩的威力。否则，如果父母满足女孩提出的一切要求，她的欲望就会无休无止。

小红生性活泼可爱，但就是有点贪心不足。父母一旦答应她一件事，她就马上变本加厉。有一次，她要买书，爸爸就满足了她的要求。可谁知她拿上手里的这本，又看上了另一本，爸爸不想让她不高兴，便又给她买了。当他们出门的时候，小红仍旧闷闷不乐。爸爸问她原因，她说："爸爸不好，才给我买两本

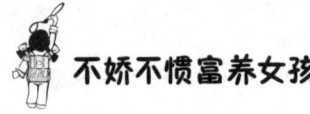

书!"类似的情况经常会发生,慈爱的爸爸经不起小红眼泪的攻势,大部分情况都会选择妥协。结果,爸爸越妥协,小红就越得寸进尺,以至于后来,小红几乎总是泪眼汪汪的,因为世界上有很多事情是爸爸无法做到的。

在《爱弥儿》一书中,法国著名启蒙思想家卢梭对为人父母者说过这样一段意味深长的话:"你知道怎样做会使你的孩子感到痛苦吗?这个方法就是对他百依百顺。因为有种种满足他欲望的便利条件,所以他的欲望将会变本加厉、无法遏制。结果,终究会有一天,你会由于自己的能力所限迫不得已而拒绝他。突然遭到拒绝,他的痛苦将比得不到他所希望的东西还要强烈。"因此,父母一定不要对女孩百依百顺,要学会对她的要求说"不",这样,女孩以后再提出自己的要求时就会慎重很多。而且,父母有限度地满足女孩的要求也可以模仿社会和周围环境的一种基本态度,女孩在父母这里学会适度地提自己的要求和控制自己的欲望,长大后就可以更容易地与他人交往。

3. "淡化"父母的爱

随着女孩不断长大,父母要懂得逐渐"淡化"自己的爱,逐渐拆除挡在女孩身边的"保护墙"。要让女孩在生活中学会独立自主,并在生活的风风雨雨中锤炼成长,培养她坚毅的品格。

多关注女孩的心灵成长

当今的家庭大部分都是独生子女,女孩也同样也肩负着来自爸爸妈妈、爷爷奶奶、外公外婆的殷切期望,家长往往更容易把注意力放在女孩的成绩上,认为只要把学习搞好了,其他的什么都不用管,从而对女孩的心理健康没有给予足够的重视。

同样,经过多年的工作与调查,心理专家发现,现实生活中绝大多数的家长只对女孩的学习成绩和身体健康给予关心,很少重视女孩是否过得快乐,忽视了女孩的心理健康。女孩的健康成长离不开健全的心理。只有心理健康了,女孩才

第2章 探秘女孩的情感世界

能拥有自强、自立、自尊等品质，心理素质才会提高，才能面对生活各个方面的压力，才能茁壮成长。

然而，对于女孩的心理健康，父母给予了多少关注？又有多少了解呢？

女孩的身心健康比知识更重要，父母应该在女孩的心理健康上多多给予关注。女孩在成长的过程中，不仅有物质方面的需求，而且还有情感方面的需求，但父母们很容易忽视这种需求。因此，父母应该提高自己的认识，给女孩的心理健康更多的关注，让女孩身心都得到健康的发展。

心理健康的女孩会拥有良好的情绪、健全的个性、较强的适应能力与融洽的人际关系。这对女孩的成长以及未来发展都是非常重要的。如果女孩的心理没有得到健康的发展，而父母又忽视了这一点，就很容易造成女孩的人格缺陷以及行为障碍。

父母要关注女孩心理健康，具体应该怎么做呢？

1. 先做朋友后做父母，多和女孩交流

父母应该走进女孩的内心，更多地了解女孩。但是，事实证明父母想要做到这一点是比较困难的。不少父母都有家长的架子，把女孩看成是自己生命的延续，并没有意识到女孩也是一个独立的生命体，这样的父母要想走进女孩的内心是很难的。

因此，父母应该给女孩营造一个融洽的家庭氛围，主动和女孩进行交流，努力成为她的好朋友，要尊重女孩，多和女孩说说心里话。这样，父母才能得到女孩的理解与信任，并为女孩所接受，才能成为女孩真正的知心朋友，才会和女孩保持一种亲密无间的朋友关系。

2. 多关注女孩的心理需求

一位失败的爸爸曾这样教育女儿：

两个人逛完超市，爸爸拎着满满一袋儿童食品带着5岁的女儿回家。在路上，女儿手里拿着一瓶饮料，由于瓶子盖没有拧紧，女儿稍微倾斜了一点，饮料洒了出来。爸爸厉声呵斥道："你怎么这么笨啊，饮料都拿不住。这么一点小事都做不好，以后还能指望你有什么出息！"或许这样的场景太多了，小女孩对爸

爸的批评毫不理会，继续和爸爸一起往前走。

突然，女儿停了下来，蹲在地上注视起几只蚂蚁在搬一只大虫子来，她充满好奇，想看看蚂蚁要把虫子搬到哪里去。爸爸一扭头看不到女儿了，一转身看到她正蹲在地上，爸爸的怒气又来了："你不能快点走吗，还想不想回家啊？"迫于无奈，女儿只好站起身告别了蚂蚁，随爸爸回家去了。她心里也许此刻仍然想着小蚂蚁，一步三回头，不时地望着刚才的地方。

尽管这位爸爸很关心女儿，给她买各种营养品，但是却对女儿的心理需求丝毫不懂。女儿心里的所思所想，身为爸爸的未必知道。

作为父母，应该多关心女孩的心理需要，平时多和女孩进行平等的交流，不要总把自己的意愿强加给女孩。关注女孩的心理需求，父母应该多在女孩身上下工夫，要多从女孩的角度出发，留心体察女孩的心理需求，保证女孩心理的健康成长。

3.抽点时间多陪陪女孩

尽管父母在生活上总是对女孩照顾得无微不至，但可以真正陪伴女孩成长的父母却并不多见。女孩比较重感情，小的时候就非常依恋父母特别是妈妈，这种依恋是任何人都难以取代的。但实际上，父母也时常面临来自家庭和工作的巨大压力，这种情况使父母在家陪伴女孩的时间越来越少，而这往往正是女孩真正所需要的爱。

在女孩看来，每天都能和父母在一起才是快乐的。如果父母由于忙于工作而忽视了对女孩的陪伴，这会对女孩幼小的心灵产生很大的伤害。因此，无论工作有多忙，父母都要尽量抽出时间陪伴女孩，这才是给女孩最好的爱。

4.关心女孩一点一滴的进步

女孩最依赖的人就是父母，她渴望得到父母的爱，也希望听到父母的赞美之词。为此，父母应该看到女孩哪怕是一点一滴的进步，并且由衷地赞美她，鼓励她继续努力。如果忽略了这一点，女孩的成长将会大打折扣。

女孩就算取得了一点儿进步，她都希望父母可以和她一同分享这份喜悦。如果父母对此表现得过于冷淡，就会使女孩产生一种失落感，也会使她的安全感降

第2章 探秘女孩的情感世界

低,这不利于她的健康成长。父母要关注女孩的点滴进步,不要吝啬赞美之词,要多给女孩鼓励,这才是父母应该采取的正确的做法。

需要注意的是,家长要关注女孩的心理健康,不能停留在传统的角色里裹足不前,而要学会与时俱进。现代网络日趋发达,家长完全可以用腾讯QQ、博客、网上日志等方式多和女孩进行交流,还可以和女孩一起看一些新书、新电影,这样对于缩小家长和女孩的距离是很有帮助的,同时,还可以实现零距离的交流,对女孩心理的健康成长更加有利。

让女孩懂得珍爱自己

在女孩成长的过程中,她能够快快乐乐、合群好学、不怕挫败,不畏艰难、勇于接受挑战和愿意承担责任是每个父母最想看到的。但是,怎样才能培养出这样的女孩呢?其关键就在于让女孩建立良好的"自我价值"观念,要让她懂得珍爱自己。

维持一个人生存在这个世界的基本原动力,是他的"自我价值"。所谓的"自我价值"简而言之就是一个人的自信、自尊和自爱。一个有"自我价值"观念的人,会懂得珍爱自己,会有积极的生活态度。一个人出生的时候,是不存在"自我价值"的,这是成长过程中,通过每一件事的积累而得到的总的结果。她的人生有多少成功、快乐、满足和幸福将取决于她是否足够地自信、自爱与自尊。

如果想感受到生活的乐趣和魅力,女孩一定要有起码的自爱。珍爱自己的一切,包括优点、缺点、梦想和自己身上的一切……就算认为自己不漂亮,不聪明,也仍然要懂得珍爱自己。女孩只有学会珍爱自己,其心灵才能触碰到世界真实而深刻的一面。

从很大程度上讲,女孩珍爱自己的能力都是从父母那里得来的。对于父母来说,教会女孩自爱,是给女孩最好的礼物。这份礼物能给她带来成长的动力和勇

气：爱自己，接受自己，宽容自己，坦诚地与自己进行沟通，正确地认识自己，既不自以为是，也不妄自菲薄，能明白是什么让自己感到幸福和满足的。那么，父母应该怎样做才能让女孩拥有珍爱自己的能力呢？具体来说，主要有以下几个方面。

1. 帮助女孩正确认识自己

父母要让女孩对自己有一个正确的认识，让她明白任何人都不是完美无缺的，人人都有优点和缺点，不能由于自己不如别人而产生自卑感，更不能因此自暴自弃。比如，儿童节学校要表演节目，她并没有被老师选中，这时，父母就要告诉孩子："这并不能说明什么，更不代表你是个笨孩子，回到家里你可以演给爸爸妈妈看。"另外，父母在家中对女孩的偏袒和溺爱要少一些，多给女孩一些客观合理的评价，这样可以让女孩建立真正意义上的自尊、自爱，而不是以自我为中心，唯我独尊。

2. 尊重女孩的天性

培养女孩珍爱自己的能力，就要让她感到自己有价值，这是非常重要的一点。父母要尊重女孩的天性，接纳最真实的她，要让她觉得自己是一个价值的、得到认可的独立个体。

3. 给女孩设定一些可行的目标并不断鼓励她

父母要根据女孩的能力、兴趣和价值观，给她设定一些切实可行的目标，并且不断地鼓励她。在她取得进步的时候给予赞扬，在遇到困难的时候给予鼓励，分担她的各种感受（不论悲或喜、苦或乐），当她达到目标的时候，更要充分地分享她成功的喜悦。这样，女孩就会对自己的能力充满信心，知道自己的价值，并学会珍惜自己的成绩。这样下去，便能使女孩具有珍爱自己的能力。

这种做法，不仅可以在读书、做家庭作业上运用，而且还可以在生活中的很多事情上加以应用。例如，策划一次旅行、安排一次宴会、参加学校或其他机构举行的一些比赛等，都可以成为培养女孩珍爱自己能力的好机会。

4. 在客人面前正式地介绍女孩

生活中，有客人第一次来到家里，父母只会把家里的成年人介绍给客人，而

另外的正式成员——孩子,却有意无意地被疏忽了。有时候孩子就在面前,父母也仿佛对她视而不见。有的父母即使向别人介绍女孩,也只是顺口说一句"这是我的女儿",好像女孩没有属于自己的姓名一样。更有甚者,当有客人造访时,让女孩回到自己的屋子里,反复叮嘱不要出来。有的父母干脆让女孩到外面玩耍,免得给自己添麻烦。

家里招待客人,这本来是培养女孩人际来往能力的一个绝佳机会。但是,很多父母对此却不以为然,以至错过了教导女孩的机遇。在女孩看来,父母不向客人正式介绍自己,是因为自己无足轻重,因此并不把自己作为招待客人的主人来看待;家长只顾和客人交谈而对女孩有所忽略,这时女孩就会耐不住寂寞,就会想方设法地通过胡闹撒娇来引起家长和客人的注意。如果家长不给女孩应有的重视和尊敬,那么她做到自尊、自重、自爱就很困难。以后当有客人来到家里时,她不是怯懦地躲躲闪闪,上不了"台面儿",就是跟家长胡闹、撒娇、随心所欲,不能学会与人进行正常的交往。

家庭是女孩步入社会之前的"演习场"。父母应该具有强烈的教导意识,留心发现有益的教导机遇,对女孩实施相应的教导。所以,当有客人到家里来的时候,父母不要忘记正式地、郑重地把女儿介绍给客人。

5. 不要用专制的态度对待女孩

父母用专制的态度对待女孩,经常对女孩的行为挑三拣四,不当地运用奖励或惩罚来教育女孩,对女孩不信任、不尊重,这些做法都不能培养她珍爱自己的意识。面对专制的父母,具有较强个性的女孩会与之对抗,无法建立起良好的亲子关系。生性懦弱的女孩会认为父母的话总是正确的,因此经常自责,形成自卑心理;或者为了不引起冲突或受到责备,任何事情都以父母的意愿来进行,没有自己的见解或主张,长此以往,便泯灭了个性,对女孩成长十分有害。只有在和谐而民主的家庭氛围里,能培养出女孩珍爱自己的能力。

第3章
不娇不惯,做称职的父母

不娇不惯富养女孩

女儿是妈妈的贴心小棉袄

都说女孩是妈妈的"贴心小棉袄",在女孩的成长过程中,妈妈是跟女孩在一起时间最长的人,妈妈的一举一动都是女孩模仿的对象。当女孩调皮地穿上妈妈的高跟鞋,用妈妈的口红把自己画成小花脸,试穿妈妈的漂亮衣服,学着妈妈照镜子……母女之间不仅是血缘关系,而且是一生的牵连,她们相辅相成,是彼此人生道路上最密切的同伴。

有研究表明,女孩在7岁之前会十分依赖妈妈,她们与妈妈关系最好;7~10岁之间,女孩更乐意模仿爸爸,更愿意与更有权威的爸爸交流。但当女孩进入青春期后,因为妈妈的"贴心",女孩与妈妈的关系在一点点地升温。

特别是女孩进入青春期后,妈妈对女孩的贴心程度更是在一点点地增加,青春期的女孩情绪很不稳定,她们常常会莫名其妙地发脾气,但她们的情绪常常表达给最关心和最了解她们的妈妈。而这时,妈妈虽然不能使女儿在短时间内心情变好,但贴心妈妈的容忍往往阻止了女儿坏脾气的蔓延。所以,当女孩的青春期稳定之后,她会因为体会到妈妈的苦心,而与妈妈更加亲近。

当女孩的青春期来临,她就要经历荷尔蒙循环的周期,这使得女孩以新的方式去面对世界。荷尔蒙的循环使得女孩的情绪像波浪一样起伏不断,且变化无常——当波浪上升的时候(雌性激素水平比较高),女孩感觉良好,身边的一切都会让她快乐,女孩也像甜蜜的糖果一样讨人喜欢;而波浪下降时,女孩的世界就会阴云密布、缺憾重重,女孩也会无精打采、烦恼和沮丧。这种变化是正常的。

第一次经历月经的女孩可能会觉得惊慌失措,甚至产生羞耻感,这时候,妈妈是女孩最有效的安慰剂。妈妈的安慰可以使女孩从惊恐中走出来,甚至可以鼓

第3章 不娇不惯，做称职的父母

励女孩在今后的许多年中同自己的坏情绪作斗争。

作为妈妈，更要深知自己为女孩带来的影响，以身作则，用自己的经验和关爱培育出完美的女儿。

首先，高尚的妈妈是女孩的榜样。好的品德是妈妈送给女孩一生最珍贵的礼物。

妈妈是否孝敬老人、是否有同情心、是否有爱心，女孩都是最先受到感染的，并且在模仿着妈妈的行为。有一个故事流传深远：

在一户中等收入的家庭里，住着姥姥、爸爸、妈妈和女孩四口人。小女孩总是很好奇，为什么大家都能在屋子里睡，而姥姥只能睡在阳台上，而且平时都不能进屋；为什么吃饭的时候大家都在桌前，而姥姥只能坐在小板凳上独自吃饭；为什么妈妈总是把好菜好饭留给自己，却把残羹冷炙扔给姥姥。

有一天家里吃鱼，而姥姥只能吃鱼头和鱼尾。小女孩突然做了一件惊人的事：她把姥姥吃剩的鱼头和鱼刺收了起来。当妈妈诧异地问她时，女孩笑着说："我要留下，等妈妈老了给妈妈吃。"

如果妈妈没有给女孩做好榜样，当你老的时候，埋怨女孩对你不孝顺的那一刻，女孩很可能振振有词地说："你当初也是这么对待姥姥的呀！"到那时，你伤害的不仅仅是自己，还有女孩那颗正直善良的心。

其次，要做一个理性坚强的妈妈。在生活中，很多妈妈喜欢把自己塑造成一个受害者的角色，想以此来博取女孩的爱与同情。但无数事实证明，一个柔弱的妈妈带给女孩的影响是消极的。人们本能地希望与强者为伍，这不仅可以增强安全感，也是积极向上的体现。女孩富有同情心，她也许会去同情弱者，但绝对不会喜欢弱者。长期被妈妈灌输诸如"你爸爸对不起妈妈，我们吵架都是你爸爸在欺负妈妈""我委屈自己都是为了你，为了这个家"的受害者形象，女孩会对妈妈失去信心，敏感的女孩甚至会疏远妈妈，而自身也会陷入自卑和自责之中。

做妈妈确实会为女孩牺牲很多，但这些牢骚可以等女孩长大后，再一一向她诉说。懂事后的女孩会明白妈妈的辛酸和难处，也会认为妈妈一路走来非常坚强，从而更敬重坚强的妈妈。

不娇不惯富养女孩

再次，不要做唠唠叨叨的妈妈。爱唠叨、爱抱怨是很多女人的习惯，很多女人做了妈妈之后，变得更爱唠叨了。

"你吃了早饭没？不吃早饭可不行，你得先吃了再走。不吃也得带走！什么？去学校吃？学校的哪有家里做的卫生，你还是先吃了再上学吧，我看还来得及，你多跑两步……"

"你怎么还在上网啊，该学习了！老师都说你不够努力，你看看你，都这么晚了还在上网，以后怎么考大学、找工作？我还想送你出国留学，我辛辛苦苦的是为了谁啊！"

"你怎么这么不听话！妈妈都是为了你好，难道我能害你吗？你居然还跟我对着干，我怎么会有你这么不听话的女儿。叫你穿红色的那件衣服你非穿格子的，那件衣服本来我就不想给你买；让你别借给同桌钱，你非借，这都5天了还没还钱；吃饭也这不吃那不吃的……"

这些犹如《大话西游》里唐僧念经的桥段，经常在生活中上演，甚至有些妈妈自己都承认："当了妈妈之后太担心女儿，突然就变得唠叨了。"

有资料显示，母女关系的好坏，很大程度上取决于妈妈对生活的满意程度——是否爱唠叨？每个女孩都不喜欢听妈妈整天唠唠叨叨，尤其是青春期的女孩，最经常说的就是："你烦不烦啊？"而且妈妈抱怨得越多，女孩就越听不进去，那么妈妈就用更多的唠叨来迫使女孩听进去自己的话。这就导致了恶性循环的发生。

而且女孩深受妈妈影响，有这样妈妈的女孩也会染上唠叨的毛病，有的时候爸爸会说："你妈妈是个大唠叨，你是个小唠叨！"

要想避免这种情况，妈妈首先要用乐观的态度去对待生活中的麻烦和难题。减少对生活和女孩的抱怨，换个角度去看待女孩的缺点，那么她的生活就会多一缕阳光。

最后，妈妈要做家庭的纽带。"女孩天生跟妈亲"，这是女孩成长中固有的情结。而相反，女孩对于父亲就会显得相对疏远。因为父亲忙于事业，跟女孩接触的时间没有妈妈多，很多女孩与父亲的沟通都存在着困扰与阻碍。这个时候，

妈妈就要承担起家庭纽带的作用，你的态度决定着父女关系的好坏。

如果妈妈总是埋怨爸爸："一点儿都不关心我们母女，总是忙着上班。"那么，女孩就会认为爸爸不喜欢自己，因而冷淡、疏远爸爸。

如果妈妈一直对女孩说："爸爸虽然工作忙，不过他还很惦记咱们俩，你睡着后总问我你的事情，听说你要去参加歌唱比赛，还一直夸你唱歌很好听呢！"在这种氛围的影响下，即使女孩与爸爸缺少交流，心里也还是爱着爸爸的，并且会体谅爸爸的工作。

另外，当爸爸与女孩发生矛盾时，妈妈更要发挥自己的作用，当好"纽带"，这样才能保证家庭的和谐与快乐。

因此，女孩在今后的生活中也会按部就班地像妈妈一样：成长——求学——恋爱——工作——结婚——生子。妈妈要向女孩讲述自己的生命历程，用自己的经验来避免女儿走弯路，发挥女性细腻的性格优势，全方位地考虑女孩生命中的所有可能性，提前给女孩打预防针。

妈妈是女孩的第一任老师

应该说，母亲对女孩影响最大，对女孩的成长教育也最重视。有一项调查显示，一个人，不管是她自己喜欢还是不喜欢的性格，80%继承于母亲。因为母亲和女孩相处时间最长，对女孩影响最大，尤其是在女孩年幼时的性格塑造过程当中。

在大多数的家庭里，做妈妈的最容易宠爱孩子，她们舍不得让孩子做一点家务，甚至连孩子需要自己去做的事情，她们也一手包揽。在这样的环境里，女儿真的像公主那样娇贵，一旦妈妈不在或者不能在她身边像"仆人"一般照顾她，"小公主"就会因为没有独立生活的能力而变得十分痛苦。所以，明智的妈妈会让女孩做个既有高雅气质，又有独立生活能力的小公主。

妈妈要给女儿作出好榜样，生活中，我们经常会听到这样的话："你长得真

不娇不惯富养女孩

像你的妈妈!""你的言行跟你妈妈一模一样!""你像你的妈妈一样,都是那么优秀!"……

的确,在女孩心目中,妈妈是伟大的,妈妈就是她的偶像。

因此,在女孩很小的时候,她就会模仿妈妈的言行。妈妈对待生活的态度也会影响着女孩,妈妈乐观,女孩也会乐观地对待她身边的一切事情,妈妈总是抱怨生活,女孩的生活也会充满抱怨……

在某种意义上说,妈妈决定着女孩将会成长为一个什么样的人。所以,做妈妈的一定要切记自己在女儿心目中的偶像身份,并努力地扮演好自己的偶像角色。请记住:你若想让女儿成长为一个什么样的人,做妈妈的首先自己要成为那样的人!

女孩最不愿意被父母"冷落",尤其是被妈妈冷落。物质上的满足并不能代替其在精神上的满足,而相比物质,女孩更需要的是妈妈对她的关注。

妈妈该如何给予女孩积极的关注呢,具体该怎么做?

(1)关注女儿的日常生活。日常生活的关注重点是女孩的营养、运动和睡眠。这三项基本要素是儿童体格和大脑发育的硬件基础。儿童每天都要有充足的蛋白质、维生素和微量元素的摄取,同时要保持营养素的平衡。而儿童运动和睡眠的不足,更是不可忽视的。儿童如果营养、运动和睡眠不足,不但会影响其体格、智力发育,也会影响其心理和社会功能发育。因此,应该关注女孩的日常生活,使她有充足的睡眠、充分的运动和平衡的营养。

(2)重视女孩的需要。任何人的成长,都是一个自然的过程,在这个过程中都有自然的需要,包括玩耍、结交玩伴和学习。

(3)经常聆听女孩的倾诉。力争准确理解并表述出对她的感受,使女孩感到她在父母心中所占的重要位置。而在聆听的过程中,女孩也会感受到来自妈妈的关注。

(4)重视社会能力的培养。从幼年开始,就要为女孩提供机会,与别的女孩一起玩乐。学会交朋友,并能维持友谊,对女孩来说是一个重要的良好的经历。父母要帮助女孩学会建立和培育友谊。学会与伙伴建立友谊是儿童早年的一

第3章 不娇不惯，做称职的父母

项重要任务，对儿童各种能力的成长有长远的影响。此外，从幼年开始，培养女孩的责任心、创造力、合作精神和自强的性格也是在培养社会能力中应该注重的。

对女儿来说，父爱如山

人们常说"父爱如山"，对于女孩而言，父亲的爱可以如"山"一般厚重、踏实，也可以如"山"一般威严。

密西根大学1949~2001年，针对数百家庭的100项家庭调查表明，爸爸的关爱（更为准确的定义是爸爸对女儿生活的良性介入）对于女儿的智力发展、情感形成以及身体健康至关重要。这种影响波及女儿成年后的行为、情感稳定性及精神健康。也就是说，爸爸手中有一根看不见的丝线，左右着女儿的人格、心理及行为过失。

一个17岁的少年犯在牢狱里流下悔恨的泪水，她因为参与贩毒而被抓。在问到她的父亲的时候，她情绪非常激动，她吼叫着说她没有父亲。后来她情绪平定下来，说："从我懂事起，就知道父亲是个粗暴的人。他只知道打我和母亲，我跟母亲整天生活在泪水和恐惧之中。到我6岁那年，他彻底抛弃了我和母亲，跟一个坏女人走了，临走还把家里所有值钱的东西变卖了，剩下我跟母亲艰难地生活。"

然后，女孩又恶狠狠地说："从此以后，我就恨男人，天下的男人都不是好东西。如果我再见到他，我一定杀了他！"

而几乎与这个女孩处于同一年龄段的另一个女孩却与她有着截然不同的命运：

一个在舞蹈大赛上得了一等奖的女舞蹈演员，含着泪水说："非常感谢我的爸爸和妈妈，尤其是我的爸爸，他为我能有今天的成绩付出了很大的努力。每次我练舞练得浑身是伤，妈妈心疼我让我放弃，爸爸却每次都鼓励我坚持下去。爸

爸给了我坚强的毅力。正是爸爸这种不断的鼓励才让我有了今天，才能取得这样的成绩。感谢我的爸爸！"

所以，光是母亲对女儿的影响是远远不够的，父亲以一个男性所特有的刚毅和坚强能给女儿母亲所不能给予的影响。正如这位父亲让女儿拥有了坚强的毅力，相信这会让女儿受益终生。

一个父亲如果不能尽到作为父亲应尽的责任，给女儿带来坏的影响，可能就如前面那个贩毒的父亲一般，给女儿带来不可挽回的灾难，使女儿的心理彻底扭曲，害了女儿的一生。

父亲在女儿的成长过程中会起到至关重要的作用，一个有责任感的优秀父亲能为女儿提供源源不断的精神引导和支持。这绵绵的父爱，就如同肥沃的养料一样提供给自己的女儿，使女儿从一棵小小的树苗一直生长成可与父亲比高的参天大树。

具体来讲，父亲在女儿的成长过程中，对女儿产生影响可体现在以下几方面：

（1）父亲要时刻关爱和鼓励女孩。妈妈大多是从生活层面影响女孩，而父亲却会对女孩的性格有着至关重要的影响。拥有一位善于对女孩表达爱的父亲，女孩会经常受到父亲的关爱和鼓励，从而变得自信、乐观，做事充满积极向上的动力。反之，如果女孩总是察觉不到父亲的关心，就会敏感地认为父亲不爱自己而变得自卑、悲观，甚至在以后与异性的交往中，也会变得沉默寡言或一味讨好对方。

（2）父亲要给女孩安全感。加拿大的心理学专家研究发现，少女时期获得父亲的爱与支持的女孩，有较好的感情与性心理发展，成人后处理与异性亲密关系的能力较强。而如果父亲让女孩感到威胁、疏远、不关心，会使女儿失去安全感，也会影响女孩的人格发展。

（3）别让女孩的发育提前。美国和新西兰心理专家的一项联合研究发现，父女关系的好坏直接影响到女孩青春期发育，即促使女孩提前到达青春期，或者延迟女孩跨入青春期的门槛。有关专家调查了美国173位女孩及她们的家庭，结

果显示，与父亲关系特别好的女孩青春期发育迟于那些与父亲关系一般或不太好的女孩。女孩青春期发育的提前是父亲对女儿关心程度不够的一种反馈。要想自己的女儿健康成长，作为父亲更应该学会和懂得如何与女儿相处。

（4）父亲要为女孩今后找男朋友做一个好模板。一个很有趣的研究表明，世界上众多的妈妈发现自己的女婿和丈夫如出一辙！这是因为有65％的女儿在成年后会按照父亲的模式选择男友及丈夫。

另外，还有一部分父亲会认为自己的女婿很"讨厌"。这是因为，另有15％的女儿成年后会选择和父亲类型截然相反的男人做丈夫。究其原因，可能是父亲的形象太令她们失望。

（5）父亲要帮助女孩提升品位。有43％的女儿从父亲那里继承了艺术天赋，超过1/4的女孩成年后认为自己对于着装的品位来源于父亲。调查发现，一部分女孩喜欢爸爸为她们的着装出谋划策。53％的女孩成年后回忆，她们从父亲那里获得了更丰富的知识，尤其是在历史、自然科学以及国际关系等女孩通常不感兴趣的学科方面。

（6）父亲要经常带女孩一起玩。女孩的运动能力与男孩同样重要。有一半运动能力较强的女孩是经常和父亲一起游戏的。她们的父亲像对待男孩一样和女儿一起游戏和运动。相对于妈妈，父亲所选择的游戏和运动通常更具有竞争性，女孩从中获得的不仅是身体的健康，更有竞争意识和开朗的性格。在与父亲游戏玩耍的过程中，不仅增强了亲子关系，还可以让女孩更健康。

培养完美女孩，先做优秀父亲

关于父亲和女儿，中国有一个古老的传说：一个在佛前守候的精灵，因为喜欢一个男子，几百年来三次投胎人间都不能得到男子的爱。

流着泪的精灵向佛祈求，佛说："你已经无法脱离红尘，佛只能给你最后一样东西了。你要什么？"

不娇不惯富养女孩

精灵闪动着泪光，对佛说："我什么也不要，我只要他爱我，永远地爱我。"

佛不语，挥了挥衣袖。

这一次，佛将精灵化做了一个女婴。那个心爱的男人把她抱入怀里，温柔地吻了吻她带泪的眼睛。她变成了那个男人的女儿，被他疼爱一生一世……女儿就是父亲前世的情人，是父亲在玫瑰花园结识的美丽女子。所以每个父亲在迎接女儿的时候都会有一种柔情涌动的感觉，每次看到女儿的样子都会觉得似曾相识。

可是，当一个父亲如此满心柔情地爱着自己的女儿、恨不得将所有的爱都给女儿时，却越来越困惑，不知道该如何来疼爱他那日渐长大的宝贝。在日常生活中，"女儿是妈妈的贴身小棉袄"、"女儿大了自然就会跟爸爸疏远"之类人们默认的家庭法则也让做父亲的变得无所适从。"女儿只爱黏她妈妈。我去抱她，她会不乐意，甚至还会哇哇大哭，这让我很难受。我多想亲近亲近她，可她好像跟我很疏远。"

"我想跟她进行深入沟通，可不知从何时开始。我不知道该对她说什么，怎么说。我突然变得心虚起来，怕我说的话，不合时宜，进不了女儿的心里去。"

"我希望女儿能像小时候那样坐在我的怀里撒娇。我用胡子扎她粉嫩的脸，把她扛在肩膀上，逗得她咯咯地笑。可女儿不知从何时起，好像并不喜欢跟我在一起了，而是天天跟她妈妈嘀嘀咕咕。"

的确如此，因为同性的关系，女儿跟母亲往往在行为和举动上显得更为亲密。这也是很多传统家庭普遍认为女儿应该由母亲带的原因，很多父亲也由此被"剥夺"了对女儿教育的权利。

其实，这种传统的观念是不合理的。家庭应该是一个整体，孩子只有受到父母共同的关注和引导，才能健康快乐地成长，才有利于她健全心理的发展。母亲对女儿的影响固然重要，但父亲在女儿成长过程中的影响也是不可或缺的。只是这种影响是内里的表现、日常生活中潜移默化的作用，深远且绝对不容忽视。

有位教育专家说："我一直坚持认为，一个孩子的成才，主要功劳不是学校而是家庭。道理很简单，父母是孩子的第一任教师，家庭是孩子的第一个课堂。

第3章 不娇不惯,做称职的父母

家庭氛围如何,家庭教养如何,父母的素质如何,都将决定孩子的人生!"无数实例证明,父母是决定女孩命运最重要的人。而父亲,作为家中的顶梁柱,更是女孩人生最有力的导师。

今天的家庭教育绝非易事,不是谁都能教育出好女孩的;要想当个好爸爸,希望女孩从自己的怀抱中走向成功,必须首先提高自身素质,提高自己的教育资质。只有做爸爸的掌握和接受新的、既符合时代要求又切合女孩实际的教育思想,才可能提高教育成功率。

下面是给爸爸的建议。

(1)关注教育动态。好爸爸要从百忙中抽出时间关注、关心当今的教育动态。电台、电视台有很多关于青少年教育的专题节目;报纸、杂志对青少年教育的动态报道有很多都观点新颖,极具前瞻性;也可以向教育专家们学习,他们的著作、讲座都是不错的学习材料。

(2)接受新的教育理念。中国很多传统的教育理念已经不符合今天社会发展的实际了,更新教育观念是好爸爸的当务之急。现代教育理念特别强调"平等"和"欣赏",爸爸居高临下地管教女孩的方式应该摈弃,好爸爸应该尊重女孩的人格,平等地跟她对话。而"欣赏"就是用心去发现女孩的闪光点,根据女孩的个性来引导和教育女孩,要激励和肯定,不要毫无原则地批评和指责。

(3)学一点儿心理学。女孩的心理变化是很大的,而粗心大意的爸爸常常跟不上这些变化。好爸爸应该明白,女孩不仅有生理断奶期,也有精神断奶期。一成不变的教育方式,效果自然不尽理想。经常有爸爸抱怨"女孩逆反心理强",却很少从自身找原因。好爸爸极有必要学习一点儿心理学,特别是青少年心理学。

(4)学一点儿新知识。辅导女孩,不能仅限于辅导女孩的课业,也应该有激励女孩上进的好方法,这些方法在书上、电视里、报纸杂志中随处可见。好爸爸要学着做个有心人,把看到的、听到的、收集来的积极健康、轻松活泼的好东西在恰当的时候传给女孩。教育是个潜移默化的过程,时间长了,自然见效。

(5)学一点儿时尚的东西。网络时代的女孩接触面广,获得的信息量极

大，多数古板的爸爸在她们眼里是"老土"。试想，一个"老土"爸爸，在一个时尚少女面前，又能起多大作用呢？所以说，好爸爸还应当为了女孩学习一点儿时尚的东西，如网络、娱乐；了解一点儿明星、体育，甚至当一回粉丝。只有了解女孩的兴趣爱好，才能更好地接近她，进而引导她。

说实话，女孩的父亲确实有点儿难当，但当我们抱着"女孩教育是我的责任，我改变了，女孩一定会改变"的态度去思考，就会发现问题好解决了，局面也可以掌控了。

和女孩一起学习，是最好的家庭教育。

赏识你的女孩

赏识就是欣赏和赞美，根据心理学原理，赏识是人类所有年龄段的心理需求，特别是对于正在成长中的女孩来说，赏识对于她们的健康成长尤其重要。可是在现实生活中，很多父母却不会认真地赏识自己的女孩，而是不断地抱怨她多么无能，多么不听话，多么违背父母意愿。

著名的"知心姐姐"卢勤在演讲中反复强调，要多夸孩子，有孩子的父母要反复跟孩子说："你真棒！"多夸奖，可以让天性敏感的女孩更有自信。

一个平凡的父亲，用赏识的心态培养先天残缺的女儿，把听力完全丧失的女儿培养成了教育心理学硕士。

这个幸福的女孩叫婷婷，一生下来就聋，一岁多时因病雪上加霜，导致双耳全聋。

这位父亲曾经对最要好的朋友说："哪怕一把火把我家烧得精光，只要女儿能喊我一声'爸爸'，我就心满意足了。"

本来对命运已经屈服，可在婷婷3岁的时候，一部日本电视连续剧《血疑》唤醒了他沸腾的父爱，找到了一个做合格父亲的感觉。幸子虽患不治之症但却含笑离开了人世！她的父亲大岛茂坚强而勇敢地面对现实，对女儿付出了

第3章 不娇不惯，做称职的父母

无尽的父爱。

这位父亲想女儿虽失去了听力，但生命是最可贵、最美好的，世上还有比生命和爱更宝贵的吗？他发誓要用自己沸腾的父爱和百分之百的努力，为婷婷打开有声世界的大门！为婷婷探索一条快乐成长之路！即使不能成功，女儿长大后也不会抱怨他——这个为她历经磨难的老爸。

女儿7岁时，这位父亲在上海买了一本极其普通的书《幼儿才能开发》。这本书介绍了日本教育家铃木镇一的教育思想。铃木发现教孩子学说话、学走路的方法是人世间最好的教育方法，他尝试用这种教育方法，一年培养出700名达到莫扎特同龄水平的小提琴神童，全世界为之轰动。

这位父亲就是看到这本书再次觉醒的。铃木能把所有正常的孩子，而不是超常的孩子培养成小提琴神童，自己为什么不能把双耳全聋的女儿婷婷培养成神童呢？

这位父亲把女儿作为第一块试验田，从此，女儿做任何事他都以教她学说话、学走路的心态对待她。让她找感觉、尝甜头——找到"神童"的感觉，尝到成功的喜悦。

就这样坚持数年，结果奇迹产生了，婷婷用3年时间学完了小学6年的课程，而且品学兼优，成为全国十佳少年。

赏识的心态会创造奇迹。

对你的女孩夸得越多，女孩就越自信，她们对这世界的畏惧也就越少，她们的成长天空也就越广阔。女孩的喜悦和自信来自于父母的夸奖。女孩会在父母的赏识中学会欣赏别人，学会和小朋友合作与分享。爱因斯坦小时候曾被老师和同学视为弱智儿，而他的父母，尤其是母亲，不仅不认为儿子愚笨，还坚持时时鼓励他、夸奖他、启发他、教育他，终于使他成为旷世奇才——这个事例同样可以套用在女孩身上。

日本一位儿童教育学家的一项研究表明，经常受到父母夸奖的女孩和很少受到父母夸奖的女孩相比，成才率前者比后者高5倍。我们可以得出一个结论：教育女孩的全部秘密在于相信女孩和解放女孩。而相信女孩、解放女孩，首先就要

不娇不惯富养女孩

学会夸奖女孩。

作为父母,要时刻关注女孩的每一点细微的进步。女孩每一个小小的闪光点,父母都要及时给予夸奖和鼓励,让女孩产生成就感和自豪感,促使女孩不断进步。

那么,具体应该怎么做呢?

首先,要维护女孩的尊严。人没有尊严,生命便会萎缩。一次,一个女孩上课迟到了,站在教室门口显得十分尴尬。这时,老师和蔼地说:"这位同学虽然迟到了,但却是十分喜爱学习的好学生。你们看,她跑得头上都冒汗了。这说明她心里很着急,想把因迟到造成的损失减小到最低程度。"这个女孩原以为必受批评,却得到了老师的赏识,曾经羞涩的她决心成为课堂上最踊跃的发言者。因此,在女孩做了错事而又知错的情况下,老师和父母不妨对其错处忽略不计,而对其表现出的积极一面加以肯定和赏识。

其次,要尊重个性差异。我们必须承认女孩有个性间的差异,对一些能力差的女孩,老师和父母应从她的自身条件和兴趣出发,注重给她快乐和自信。

欢欢的爸爸想把她培养成画家,在欢欢很小的时候就带她参加各种绘画补习班,参观各种画展,每天都督促她写生。但是每次欢欢都嘟起小嘴,满脸不开心的样子。爸爸也没在意,但是几年下来,欢欢的绘画水平没有多大进步,总是掌握不好人物的比例,爸爸感觉很失落,慢慢地,也不对欢欢进行要求了。偶然有一天,爸爸回家,在楼下听到楼里传来悦耳的儿童歌声,抑扬顿挫很是分明,仔细一听发现是从自己家里传出来的。爸爸又惊又喜,从没注意女儿有这个天赋,从来都只带她看画展,不知她从哪儿学来了唱歌。爸爸兴奋地打开门,欢欢却吓了一跳,马上回房间抓起画笔开始埋头画画,爸爸这才意识到自己的一厢情愿差点儿毁掉了孩子的一大天赋。于是,爸爸让欢欢放下画笔,带她去看当天的歌舞演出,并答应以后带她上音乐补习班,欢欢高兴得合不拢嘴。

最后,要有赏识女孩的意识。夸奖女孩并不难,关键是你有没有这种意识,能不能认识到它的重要性。夸奖是一种激励。激励比批评和强迫的效果要见效得多。但夸奖女孩也不是一件易事,首先要夸得准。如果夸得不准,女孩就会感到

第3章 不娇不惯,做称职的父母

受了欺骗,认为大人别有用意,也就起不到激励作用了。特别要注意不能夸错了,否则女孩会把错的当对的,以后再想改过来就很难了,因为她心目中的是非标准已经因你的错夸而混淆了。

赏识教育是回归,是父母、教师对教女孩学说话、学走路那样一种心态的回归,是对教育本质的回归。没有赏识,就没有教育。我们要学会赏识女孩,不断寻找女孩的闪光点,给予足够的肯定和应有的赞扬。它能唤醒千千万万的父母,促进家庭教育的和谐,让更多女孩走上快乐成长的道路。

表扬女孩的艺术

不少父母都有望子成龙、望女成凤的心理,对孩子的长处不关注,而对孩子的短处却很在意。

6岁的女孩小露,长得并不漂亮,小脸黑瘦,头发黄黄,个子也不高。而且,她的学习成绩也很一般,总在班上20名左右徘徊,在任何一门功课上都没有表现出过人的天赋。

在父母的眼里,女儿太平凡了,平凡得让他们没有夸奖女儿的机会。爸爸妈妈对这个女儿几乎失去了信心。每当小露不小心做错了什么,爸爸妈妈总会不约而同生气地对她说:"我真怀疑你是不是我的女儿,怎么这么笨啊,长大了肯定没出息!"

在这种氛围中长大的孩子,有出息才是怪事。

对于小露来说,也许她的长相的确一般,但她却极有可能拥有一颗金子般的善良心灵;也许她的成绩一般,但谁都不能否认她是个努力的孩子;也许她经常会犯各种各样的错误,但也许错误之中恰恰蕴涵着创造的火花……

这也就是说,只要父母用心去观察和体味,不用苛刻、挑剔的眼光去看待自己女儿的一言一行,父母们就会发现:每个女孩身上都会蕴藏着无数的优点,以及许许多多值得表扬的地方。

不娇不惯富养女孩

而如果父母对于女孩的这些优点，及时给予表扬，那么，小女孩也必然会顺着父母的期望，茁壮而快乐地成长。

5岁的女孩小小，在妈妈外出的时候，把房间整理了一下。妈妈一回来，立刻看到了房间的变化，她惊喜地对小小说："真令人想不到。我的乖女儿越来越能干了。"从此，小小就爱上了收拾房间，因为她想不断带给妈妈惊喜。

母亲只是发出了一声赞叹，却让女儿在自己的赞美声中不断发扬着自己的优点和长处。表扬和赞美的作用，可见一斑。

作为父母，我们总是希望自己的孩子是最好的，这本无可非议。可父母也应看到，每一个孩子都有她的长处和优点，虽然孩子的天资有别，学习事物有快有慢，学习成绩也有高有低，但判断一个孩子的好坏，却不能只取决于一个方面。

要知道，"数子十过不如奖子一功"、"聪明女孩都是夸出来的"。尤其对于内心敏感的女孩，表扬女孩、赞赏女孩、鼓励女孩，是家庭教育的一项重要艺术。

有一些父母也知道表扬对孩子的健康成长意义重大，但与此同时，他们却也很困惑——自己的女儿身上似乎没有优点，我又怎么去表扬呢？

（1）表扬要具体。"让女孩知道，你真棒"是一句父母之间的流行语。很多父母在表扬女孩的过程中，往往就这样一句带过，并没有对女孩所做的某一件事进行具体化表扬。女孩只会对自己的行为有个笼统的认识，而不明白究竟哪些行为会得到父母的赞扬。

小丽给家里刚来的客人端了一杯水，这个时候妈妈立刻说："小丽真是个好女孩。"爸爸却说："小丽，你为客人端水，不仅照顾了客人，还懂得什么是待客之道，让客人感受到我们家的关心，你做得真不错。"

相比之下，哪种表扬更有效就很明显了，爸爸的赞赏既鼓励了女孩，又肯定了女孩好客的品质。

（2）表扬要发自内心。很多父母容易陷入为表扬而表扬的误区中。因为很多的父母认识到了赏识教育的重要性，但她们却无一例外地在女孩身上碰了钉子，甚至还使表扬成了一种廉价的物品。让我们看看她们是怎么表扬的。

不管女儿做了什么，都夸她做得太好了；

第3章 不娇不惯，做称职的父母

把"你真棒""你真行"当成一句口头语；

突如其来地对女儿说，你某某事做得很不错；

当女孩做好一件事，就说爱她。

这样不仅会让女孩如坠云雾，还会引起一定程度的反感，认为父母太"虚伪"，爱自己是因为自己能把某件事做好。表扬女孩应该发自内心，从女孩本身出发，只有这样，女孩才能看到自己的长处，不断进步。

（3）给予一定的奖励。光是口头表扬显然是不够的，也许女孩第一次听会觉得很开心，但总是赞美也会让她耳朵起茧子，一些实惠的小奖励有时候比表扬更能让女孩开心。

当女孩辛苦收拾完自己的房间时，面对她流汗的小脸，你可以奉上充满爱心的苹果派。

当女孩七手八脚帮你洗菜做饭时，你可以许诺她去游乐园玩耍。

当女孩为客人表演完一段歌舞，可以给她一个拥抱或亲吻。

当女孩给爷爷奶奶端洗脚水时，可以奖励她一本与孝顺有关的故事书。

这些奖励既不华丽也不耗资，还能让女孩感受做好事的乐趣。记住，在奖励时别给她最想要的物品，就不会让女孩养成做好事就要奖励的习惯。

（4）表扬女孩的行为，而非她本身。最懂得表扬艺术的父母，会针对女孩的行为进行赞美。

爸爸辛苦了一天，刚回到家，洋洋就把爸爸按在沙发上，开始给他捏肩捶背。爸爸非常高兴，夸赞洋洋说："洋洋真乖啊。"

洋洋却停下手，非常认真地问爸爸："我怎么乖了啊？什么是乖？"

爸爸马上意识到，女孩心里可能产生了一些误会，立刻和颜悦色地对洋洋说："洋洋本身就是很好的女孩，能体谅爸爸的辛苦，给爸爸捶背，这是非常孝顺的行为。你的行为让爸爸觉得你是个很乖的女孩。爸爸现在感觉舒服多了。"

洋洋这才又开心地继续给爸爸按摩，还说："等会儿妈妈回来我也要让她舒服一下。"

经过爸爸解释，洋洋才明白，被爸爸表扬并不是因为自己本身"乖"，而是

做了一些好事之后，爸爸对自己的认可。

（5）通过他人之口表扬女孩。来自别人的表扬，会让女孩更自豪。

妈妈下班回家，刚打开门，豆豆就冲上来接过妈妈的包，找出拖鞋给妈妈换，还笑眯眯地跟妈妈说："我把家里的苹果都洗好了，妈妈你吃吧。"

豆豆越来越懂事了，这是因为，上次她给妈妈洗水果的时候，妈妈对她说："上次你洗了樱桃给奶奶吃，奶奶跟我夸你真懂事，樱桃也洗得好干净。"豆豆就一直记在心里，因为她经常能听到爸爸妈妈的表扬，但是奶奶的表扬可是很珍贵的啊。

我们总有这样的心理——"外来的和尚好念经"。其实并不是"外来的和尚"真的好念经，只是我们听得少而已。表扬也是这个道理，让不经常表扬女孩的人来表扬她，尤其是女孩喜欢或崇拜的人，起到的效果会比父母的表扬更好。这样的表扬对于女孩来说，就是她们不断努力的推动器。

（6）当着别人面表扬女孩。在别人面前表扬女孩会更提升女孩的自信心和成就感。女孩小溪因为做过一首小诗而被妈妈经常跟别人提起、表扬，从此小溪对自己的从文之路充满信心。这其中有两个方面原因：其一，跟别人表扬自己的女孩，会让女孩产生认同感，觉得自己是真正被父母认可；其二，这种向外扩张的赞美更增加了女孩的毅力，认同她的人越多，她就越容易坚持下去。因此我们经常说，好女孩都是夸出来的。

（7）表扬要及时。对于一些年龄比较小的女孩，当她的表现不错时，父母的表扬一定要及时传递到女孩心里。如果父母总是对女孩的良好表现视而不见或故意漠视，想给女孩点儿"挫折"的话，那样反而会大大挫伤女孩的积极性。

这样批评女儿易接受

面对犯了错误的女儿，女孩父母们却普遍会遇到一个教育的难题：批评得重了，怕挫伤女儿的自尊心，轻了又怕起不到教育的效果；批评不到位，又怕女儿

第3章 不娇不惯,做称职的父母

产生逆反心理。

很多女孩父母为此苦恼不已:

"我家女儿太脆弱,我一批评她,或说她做得不对,她就哭个不停,弄得我都不敢批评她了。"

"每次对女儿严厉管教之后,她都会变得沉默寡言、郁郁寡欢,她甚至还曾边哭边问我:'妈妈,我还是不是你的好宝贝了?'搞得我不知所措。"

"女儿总是很有自己的主意,任我怎么说都是一副事不关己的样子,她根本就不怕我。"

……

在批评女孩的问题上,很多父母都非常头疼,主要是因为女孩太脆弱,又非常好面子,如果批评得严厉了,会伤害女孩的自尊心;批评得轻了,又起不到效果。

要从根本上解决对女孩批评的难题,父母不仅要培养女孩的抗挫折能力,还要掌握一定的批评技巧。

(1)尊重女孩的人格,不说辱骂的语言。女孩有过错,理应批评,但其人格应受到尊重。批评应对事不对人。女孩和大人、被批评者和批评者,人格应该平等,正是基于这一点,父母才能严肃认真地对待女孩。批评可以严肃甚至严厉,但这类似于镇痛药,用多了便会失效。

(2)避免当众批评。有的父母误认为当着他人的面数落一下女孩,会增强"激发"效果,殊不知,这样做最大的弊病是伤害了女孩的自尊心。专家指出,批评女孩的时候应该单独进行。当众批评往往会伤害女孩的自尊心,最容易引起女孩的逆反心理。

(3)看准时机再批评。女孩一旦有错,通常要及时批评。"你等着,晚上再说"的策略是一种失误。本是上午的事,到晚上再批评,这中间女孩还要干好多事,那错事也许就淡忘了。当然,所谓及时批评也应视其年龄特点及错误性质掌握合适的时机,有时需要一段时间的"冷处理",然后及时给予批评。

(4)在表扬女孩的前提下进行批评。光是批评,女孩有时听不进去,如果

与表扬结合起来,效果会更好。

玲子在晚饭的时候闷闷不乐,因为今天的钢琴课上她有一首曲子弹得不好而被老师批评了。妈妈看不下去了,决定要跟女儿好好沟通一下,于是问她:"老师都说些什么了?"

玲子愤愤不平地说:"老师说我回家没有认真练习指法,才会在关键的小节出错。可是那个小节的确太难了啊!"妈妈说道:"是吗?妈妈也觉得挺难的。我记得上次参加市里的比赛,你选了一首最难的曲子,发誓即使不获得名次也要把它练好,结果得了全市二等奖。咱们玲子一直都是那种要强的女孩,这次你练习得确实不够充分,那就争取下次让老师对你刮目相看吧!"

这番话里既包含了批评,又表扬了女孩,甚至还起到了鼓励的作用,这才是最有效的批评。

因为对于女孩来说,最忌讳一味批评,全盘否定,这会对女孩敏感的心产生消极影响,甚至使她陷入自卑的情绪中。因此,父母在批评时,一定要善于发现女孩的优点,这样的批评能说到女孩心坎里去,才能促进女孩的进步。

(5)依照规则,赏罚分明。父母应该与女孩订立几项规则,规则一旦确定,就要雷厉风行地执行。有的父母经常过于心软,而败给女孩的眼泪,让一切规则都化为乌有,那以后还拿什么来约束女孩呢?

一位教育家在演讲中向大家讲述了这样一个故事:一个女孩因为做错了事而被爸爸批评,但女孩的自尊心很强,伤心地哭了起来。爸爸一下子慌了,又哄又讨好女儿,而且马上对女孩说"原谅你",甚至还买了一个气球送给女孩。教育家问那位爸爸:"你为什么批评她?如果一哭就能得到别人的原谅,并且还得到礼物,那批评的意义何在呢?你的奖赏又代表了什么?"

如果像这位爸爸一样,赏罚不明,就会误导女孩对自己行为的认知。她会认为犯错没什么,只要一哭别人就会心软,甚至还会得到礼物。父母要明白,批评并不是教育的目的,而仅仅是一种手段。

(6)批评时可有适当的身体接触。受到批评的女孩是脆弱的,是最无助的。这个时候,如果父母能搂着女孩或拉着她的手,哪怕是一点点的肢体安慰都

第3章 不娇不惯，做称职的父母

会让女孩产生安全感。因为女孩最怕的就是父母因为自己的错误而不再喜欢自己，身体的接触是父母表达爱最直接的方式。在你下次批评女孩的时候，不妨一试。

（7）用爱感化你的女孩。事实上，批评男孩的方法与批评女孩的方法，差别是很大的。对于男孩子来说，父母需要重在让他明白错误的原因，并提出合理的解决方法；而对于女孩子来说，父母最终的任务却是——在批评之后，如何让你的女孩子既听话，又能深切地体会到你对她的爱。

对于女孩子来说，爱就是她所期盼得到的一切，也是让她正确行事的唯一理由。所以，批评女孩最重要的一点，就是要在批评之后，告诉你的女孩：父母依然是深爱着你的！

有个小姑娘性格非常叛逆，整天跟父母对着干。妈妈什么方法都试过了，却无法扭转孩子的心。

有一天，妈妈无意中翻出自己当年的育儿日记，那里面记录着女儿成长的一点一滴。她拿出来给女儿念，从她出生时的喜悦，到她得病时妈妈的恐惧，以及对孩子的美好期望，全都包含在这几本日记里。

刚开始女儿还似听非听，渐渐入了神，渐渐眼里有了泪。终于，她忍不住扑到妈妈怀里，哭着向妈妈道歉。

爱可以感化一切。女孩子再叛逆，也对父母有着很深的爱。她之所以表现如此，是因为她觉得爸爸妈妈不爱她了。当她明白了父母对她的爱有多深，她就会用百倍的爱来回报父母。

巧妙地和女孩沟通

现在的孩子多数为独生子女。他们从小生长在"成人世界"里，渴望与父母沟通，同父母建立伙伴关系；同时，家长要想走进孩子的心灵，也需要与孩子沟通，通过沟通来了解孩子的心理。家长与孩子的双方沟通，能使家庭建立良好的人际关系。

从女儿3岁起，一对夫妇就立下个不成文的规矩：两三天要与女儿沟通一次，内容包括学习上的问题、生活中的烦恼和成长中的困惑，等等。不论孩子提出的问题是大是小都要认真倾听。对他们来讲，了解孩子头脑里想的是什么，也是一种颇为重要的事情。记得有次父亲去幼儿园接女儿回家的路上，女儿一口气跟他谈了几件心事：

"爸爸，今天胡珂小朋友骂我，我该不该还嘴？"

"爸爸，今天班主任给我们上舞蹈课时摔伤了腿住医院了，你和妈妈去看看她行不行？"

"爸爸，明天班上选干部，不知道我能不能被选上？"

"王玉小朋友背后说我太娇气，我以后不想和她好了，行不行？"

对这些幼稚的问题他们不但要认真听，更得认真回答。无论女儿遇到什么难题和心事对他们倾诉时，他们都要认真倾听，帮她找出解决办法，消除成长中的困惑。有时倾听后还与她一起探讨一些问题。

的确，如何培养好自己的孩子，如何能与自己的孩子畅通无阻地沟通交流，是每个家庭、每位家长所关注的问题，而这也是现今社会环境下一个很棘手的问题。家长在与孩子沟通时，首先需要调整自己的心理。许多父母都会进行一个"角色"的变化，就是由"专制"角色向"顾问"角色的转变，也许很多父母自己没有发现，但这是个事实。

这种转变其实就是说话的口气由"你"变成了"我"。不得不承认，对女孩传递"你现在就把作业做完"之类的话语已经越来越不管用了；相反，那些懂得和青少年时期的女孩沟通的妈妈，会侧重于用"我"的口吻来表达自己对女孩的疑问和猜测。

下面我们就来看一看，稍微变化一下说话的风格，情况是不是会有所改变。

豆豆妈："说了这么多，你到底听明白了吗？"

琳琳妈："不知道我说的这些够不够明白？"

豆豆妈："你以后不要再借钱给你朋友了！"

第3章 不娇不惯，做称职的父母

琳琳妈："如果我给你钱让你借给朋友，而那位朋友不准备还给你，那该怪谁？你怎样才能偿还我这笔钱呢？"

很明显，琳琳妈所说的话，女孩会更乐于接受，而且能从中受益。说了这么多，只是想告诉所有的父母一个道理，任何带有挖苦和讽刺的命令对女孩来说都是有副作用的。

女孩："老师最讨厌了，每次都要布置这么多的作业，害得我都没有时间玩。"

豆豆妈："你怎么可以这样说老师呢，没大没小！她也是为你好。你怎么老是想着玩，考试快到了，知道吗！"

琳琳妈："看起来作业是挺多的，快点儿做完，咱们下楼去玩玩吧！"

身为父母，你会选择豆豆妈还是琳琳妈的说话方式呢？豆豆妈是教训和解释的角色，完全忽略了女孩的情绪感受；而琳琳妈则是兼顾倾听和情绪的表达，尤其是不带批判的问句方式，会让青春期女孩乐于与父母分享自己的情绪，因为父母没有企图去堵住女孩的情绪出口。

所以，对于女孩一些不适当的言行，建议父母避免急切直接的反应，不妨给自己一些停顿时间，心里先问自己两个问题：女孩言行背后的情绪感受是什么？造成这种情绪感受的原因是什么？即使你知道答案，仍得运用假设性的措辞来反应。

其实，父母最有效的反应就是："你觉得……因为……"、"听起来似乎……由于……"等类似的语调。当女孩开始叙述时，可以用不打断女孩表达的简短反应，如不时地说"嗯""是的""你说得很对"等，偶尔点点头来表示你的专注，以鼓励女孩吐露心声，宣泄不良情绪。

如果女孩情绪不好，在家里总和父母大吵大闹，这时做父母的就要讲究一些方式了。

（1）不要过于严肃。严肃的态度容易给孩子造成压力，使沟通变得晦涩。

女儿为了某事和妈妈争执。正值青春期的女儿对妈妈说："你不要管我，你知道我现在是狂飙期。"

妈妈听了，回了女儿一句："有什么了不起的，你知不知道我现在是更

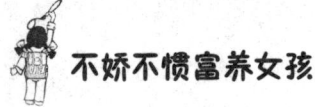

年期。"

女儿马上停止了愤怒,笑个不止。

也许女孩并不知道更年期真正的含义,不过我们不得不佩服这位妈妈的机智和幽默。

虽然一些如"狂飙期""更年期"等专有名词不宜视为描述人的"标签",但是亲子沟通中却需要一些不那么严肃的风趣和幽默,这样一来,女孩糟糕的情绪就消失了一大半。

(2)换一个角度。很多父母在给女孩训话时总喜欢问:"你到底想怎么样?"父母要考查自己的沟通效果,可以换一个角度和口气,比如问女孩:"需要我为你做什么?"这样女孩听起来就会很舒服,觉得父母很尊重自己,便会乐于和父母一起探讨问题,同时也调动了女孩的积极性,有利于亲子之间的沟通。

(3)引导很重要,而不是强制。父母要明白,女孩不喜欢父母用命令、催促的口吻与自己讲话。女孩更不喜欢父母用"笨蛋""废物""胆小鬼"之类的否定、贬低、侮辱自己的语言。有很多话可能父母只是随口说说,但这些贬损性的词语,却对女孩的内心伤害很大。在这种语言环境中长大的女孩,可能对他人、对社会产生终生难以改变的畸形心理。

所以,父母在和女孩对话时,要用商量的口吻,不能总是质问,要平等地和女孩进行交流,选取最佳的解决问题的方案,这才是最健康的亲子关系。在这种环境中成长,父母不用费多大的劲儿,女孩很自然地就会接纳你的意见,向你吐露心声。

"贴心小棉袄"也有脱下的时候

女孩是妈妈的贴心小棉袄,不仅仅是因为女孩细心,同时女孩也是最缠妈妈的。

第3章 不娇不惯，做称职的父母

灵灵一直是个非常缠人的女孩，尤其是妈妈送她去幼儿园的时候，她总会千方百计地多跟妈妈待一会儿，缠着妈妈不让走。不只是去幼儿园，灵灵在家里的时候也喜欢让妈妈抱，缠着妈妈。睡前故事讲完该关灯入睡了，她一会儿说怕黑，一会儿想喝水，不让妈妈离开。一开始妈妈也没当回事，后来幼儿园老师问道："灵灵在家也这么缠人吗？如果她对你的依赖这么强，就会影响她以后的独立性。"但是妈妈对于小猫一样乖顺的灵灵打也不是骂也不是，女孩仅仅是缠人了些，这该怎么办呢？

有些妈妈做得就非常好。一位妈妈讲了自己的心得：

女儿5岁以前也非常缠人。上小班时，每天早上都是我给她穿衣洗漱，然后由婆婆陪着随车到我单位吃早饭，饭后送她去上学。每天早晨分秒必争，手忙脚乱。一次早上，见她睡得正熟，不忍心把她叫醒，便叮嘱婆婆等她醒来后坐公交车送她去上学，自己先去上班了。结果女儿醒来后，突然不见了每天睁眼就看到的妈妈，大哭大闹，不肯让公公婆婆穿衣，还一定要她变出一个妈妈来给她穿衣，足足哭闹了近两个小时。二老拿她没办法，又怕她冻着，只好开着空调，一直在房间里陪着她。回家后，我对女儿好好地进行了教育。但后来类似的事情还是发生了好多次，还因此感冒了几次，所以有时不得不从单位往家赶，解决问题。女儿每天早上缠着我，已经影响了我的正常工作，让我烦恼。问她为什么这样？她说："妈妈不见了，我看不到妈妈了。我要妈妈陪着我。"

想到女儿平时的种种，睡前洗漱一定要妈妈，讲故事一定要妈妈，剪指甲一定要妈妈，就连身上痒痒也一定要妈妈挠……几次与友人的聚会因她的哭闹而匆匆赶回，让人很恼火，却也无奈。我意识到，女儿对我的过度依赖不利于她的成长，也影响了我的生活，我得改变她！

于是，那天睡前，我和她说定，如果明天早上没有和妈妈同时醒来，妈妈会先去上班，你醒来时会看不见妈妈，想妈妈可以和我通电话，但不能哭。女儿答应了。接到女儿的电话，她边哭边叫"妈妈"，我忙先表扬她乖，和她聊了一会儿天后，女儿不哭了，答应让奶奶穿衣服。那天，婆婆顺利地把女儿送入幼儿园。初战告捷！以后几次，我依法炮制，渐渐地，女儿完全能接受早上妈妈不在的事实，有时连电话也懒得打了。

早上不用管女儿，独自上班，真是轻松！看来女儿完全可以改变。我尝试着让老公讲故事，我和她一起听，说爸爸讲故事特别好听，于是，女儿有时也嚷嚷要听爸爸的声音。后来，我和老公轮流讲，现在，是我们三人轮流讲，女儿坚决认为，她也有义务讲故事给我们听。女儿说，和爸爸一起泡脚很好玩，爷爷的大手挠痒痒很舒服，和奶奶睡觉好暖和……女儿的眼中不再只有我。在我解放自己的同时，女儿也得到了很多，和爷爷去翻土、种菜，陪奶奶去喂鸡、捡蛋，跟爸爸去钓鱼、爬山，甚至还跟姑姑学抓药，认识了好几味中药。

与不同的人交往，女儿体验到了不同的生活，拥有了多彩的世界。

通过以上两个事例，我们知道女孩缠人有一定的心理原因。

（1）可能是缺乏感情的表现。我们可以从婴儿的行为中清楚地看到这一点，婴儿啼哭，不仅仅是因为肚子饿，有时看到大人从他身边走过却不抱他，也会哇哇哭起来，目的是引起你的注意，要你赶快抱他。这是一种感情需要。女孩在很小的时候就知道被人关注的感觉很美好，但有时女孩会错误地认为只有得到大人的关注才能证明自己的存在。因此女孩缠人时要东西、捣乱都不是目的，目的是引起父母的注意。这种心理在独生子女身上表现得更为突出。当有人陪、有事干的时候，女孩不会缠人；当她感觉到孤独的时候，就会因渴望受到大人的关注而去缠人。

（2）这是一种心理依赖。有个性、活动能力强、会玩的女孩较少缠人。相反，过于娇生惯养、样样都被父母安排妥当的女孩，会养成离开父母就无法生活的习惯。这种依赖性反映在情绪上，就是围着父母胡搅蛮缠，如果被父母骂了一通、打了一巴掌，反而就安稳了。这种情况正是女孩行为不独立、内心情绪不安而进行的一种发泄。挨骂挨打反而转移了焦虑，被动地稳定了情绪。另外，越是自卑的女孩越容易缠人。

（3）家庭成员的态度对女孩有影响。女孩一般专找宠爱她的人缠，也专找态度暧昧、容易妥协的人缠，因为经验证明，她们总是在责骂之后满足自己的要求。缠人现象要从根本上纠正还取决于对儿童个性的培养。缠人表示女孩缺乏自

立，情绪不定，改变这种个性的根本出路，是不要过分保护女孩，而应培养女孩的自立能力，多让女孩自己拿主意，尊重她的选择。这样女孩反而会对自己的行为作出负责任的选择，再不会整天缠着你帮她干这干那的，也不会不懂事地提出任性要求。

知道了女儿缠人的原因，妈妈就可以用下面的方法改变她。

（1）父母自己不黏女孩。要使女孩不缠人，自己首先不要在情感上过分"依赖"女孩。这一点很重要。有的父母忙的时候为女孩缠住自己不放而叫苦，但仔细想想，有没有自己也经常想让女孩陪伴在自己身边呢？父母对女孩的感情依赖也很强，如果是这样，亲子双方都缺乏感情独立，那么父母更要从自己入手，来改变这种严重依赖的不和谐关系。

（2）让女孩不再有孤独感。如果女孩是缺乏与父母的感情交流，因孤独而缠人，需要父母从两方面去做。一是注意安排出时间与女儿讲话，增加感情交流；另一方面是教导女孩学会自己学习、游戏，逐步使女孩感情独立。如果女孩是因为要得到好处而缠人，就要分情况来处理，该满足的一定要满足，不该同意的要坚决拒绝。

（3）给女儿一点儿家务做。如果父母在做家务的时候被女孩缠住，可以尝试让女孩一起参与到做家务的活动中，这样，既陪伴了女孩又可以培养女孩热爱劳动的习惯。

（4）让女孩学习自己把握时间。当你正在忙的时候，女孩突然跑过来干扰你，要求你跟她一起玩，这时可以安抚地拍拍她或者抱一下她，然后再拒绝她的要求。这个肢体动作是必不可少的，这让女孩明白，虽然你不陪伴她，但是并不是因为讨厌她。引导女孩自己去做事情打发时间，而不是永远缠着父母。可以教女孩学会阅读童话书、玩玩具、开辟自己的小天地等。

第4章
女孩要富养,不要穷养

不娇不惯富养女孩

了不起的女孩源于科学的教育

造物主对女孩子似乎格外偏爱一些，他给了女孩子很多美好的东西，甜美、温柔、沉静、细腻、善良、纯洁。因此，有人说：拥有女儿是上天的恩赐，几乎所有的父母都希望自己的女儿是清气含芳的公主，是端庄和美的女神。然而，并不是所有的女孩子都是"美的典范"，很多女孩子一世都只能做一个灰姑娘，在"灰堆里"埋没了自己的人生价值。那么，改写女孩子"灰姑娘"命运的任务，就自然而然地落在了父母的头上。

从自然角度看，女孩与男孩在天性上有着完全的不同之处，这是在母亲受孕之初就已经形成的不可改变的事实。由于大脑的细微差距以及大脑中某个部位的发育先后顺序及程度不同，女孩的听觉、视觉、触觉、味觉和嗅觉等比男孩要更加敏感，因此女孩总能以自己的直觉系统捕捉很多微妙而具体的细节。也正因如此，女孩拥有着敏感的特质，并更注重人与人之间的关系。

在语言表达上，女孩也有着更多的优势，因为女孩大脑左半球神经末梢的发育早于男孩，所以女孩更倾向于同人们交流，语言能力强过男孩。然而在空间感和抽象思维能力上女孩却远远不如男孩，因此学习、运用抽象的概念和理论时，女孩的优势往往受到限制。但是由于有着良好的语言能力，所以在阅读、造句、语言表达和推理方面能力会比较强。

由此可见，在教育方式上，女孩和男孩理应有着本质的不同。上帝既然选择了孩子的性别，那么父母就应该据此选择适合孩子的教育方式，根据孩子的性别对孩子进行正确的引导和教育。

在现实教育中，父母要根据女儿的自身特点，从不同侧重点对孩子进行个性干预和影响，加强她对女性意识的认识和培养，注重挖掘女孩的先天优势，并通

过后期培养加强女儿先天的一些较薄弱的能力。

那么如何培养女孩子？它和培养男孩子有什么不同之处吗？如何让自己的女儿出类拔萃呢？

（1）性别教育。很多教育专家都明确提出，教育女孩，就应该按照女孩的特性，顺势而为，不能把所有的女孩子都变成"假小子"，否则，这个世界就变成了一片"灰色"。同时，如果女孩子不能认同自己的性别，那么对她的成长极其不利，也会影响其未来的恋爱婚姻生活。

女孩子有女孩子的培养方法。只有充分认识到女性身上特有的性格优势，以及其所无法避免的性格缺陷，并根据社会对女孩的需要来进行培育，才能培养出优秀的女孩子。

（2）培养内涵。女孩子生来就是要装扮这个世界的，可是容貌绝不是女孩子的全部资本，没有积淀的内涵，女孩子的美貌最终会流于世俗，并成为阻碍其前进的障碍。父母要看到女孩子的爱美之心，不可极端遏制孩子对美的幻想，但是要引导孩子走向更深邃的内涵美的境界。

（3）培养性格。女孩子本身具有男孩子无法比拟的性格特征，比如沉静细腻，这些都是女性所特有的财富，社会需要这种特性作为黏合剂，来弥补男人刚性与挑战性所带来的裂痕。因此，父母在培养女孩时，要能够发挥孩子的这些天性，免于粗糙浮躁。

（4）培养爱心。天赋的温柔善感使女孩子更具有母性的气息，同时也丰富了女孩子的内心世界，因此，女孩子比男孩子更具有爱心，这也是女性魅力的一个重要特征。因此，作为父母，要维护女孩子清洁的爱心、善心、良心，那是使一个人任何时候面对任何人都能堂堂正正的根本，也是让女孩子永远纯正的坐标。

（5）让女孩做强者。女孩子具有娇弱的特性，但是父母绝不能为自己的女儿贴上"弱者"的标签，我们虽然不必把孩子培养成具有阳刚之气的假小子，但是父母应该根据女孩子特有的柔与韧，让女孩子成为一个刚柔并济的女性，以便适应以后竞争激烈的社会生活。

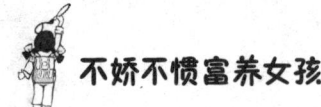

（6）女孩要独立。无论是风吹还是浪打，在未来的世界里，父母不可能替女儿去承担，她必须自己承受一切。那些不能独立的女孩子就成了"浮萍"，如果不想看到自己的女儿"顺水而流，随风而逝"，就要培养女孩子的独立自主精神，让她有自己的世界，有独立的操作能力，在将来的生活中，不必依赖任何人。

（7）自尊自爱。很多女孩子渴望别人能够"怜香惜玉"，可是世人并不都如此，与其祈求别人来珍惜自己，不如自己来宠爱自己，自己维护自己。一个女孩子，要让自己的"美态"长盛不衰，必须要懂得自尊自爱。作为父母，无法给孩子天使的翅膀，但一定要给孩子女神的尊严。告诉孩子，不能自尊自爱，魔鬼会在瞬间将她的整个世界吞没。

（8）培养品德。著名的美国作家塞缪尔·斯迈尔斯曾经说过：女人的品质将决定世界的未来。一个无品无德的女孩子，不光会对社会造成一定的污染，同时还会对下一代造成一种无形的伤害，这样的人，当然会受到社会的排斥，人们的鄙视。相反，一个品性清奇、兰心蕙质的女孩子却会让人倍加推崇。因此，培养孩子优良的品德，等于为孩子的社会生活能力加分。

（9）懂得交往。女孩子与男孩子对世界的认识是不同的，在女孩子的眼里，世界是以"关系"为主，同时由于女孩比男孩更崇尚和谐，因此，她们更喜欢用和谐的关系来诠释社会，也愿意用沟通和交往走进社会人群中，寻找自我价值。因此，社会交际能力的培养对女孩子就格外重要。如果在她们的成长过程中，由于受到了某方面的限制，而无法与别人进行沟通，那么女孩的敏感和脆弱就可能把这个孩子击垮，让她完全不能认同这个世界。作为父母，要做好这个桥梁纽带作用，帮助孩子完善自己的交际能力。

每个女孩都有天赋和弱势

在日常生活中，经常会听到一些家长这样跟自己的女儿说话，"看人家小朋友多有礼貌，你为什么就不爱讲话"、"看人家小朋友画得多好，你怎么画得什

么也不像"、"看人家小朋友多干净,你怎么就不讲卫生",等等。

这些家长不明白,这种只考虑自己感受的做法,既不能弥补自己女儿的不足,也不可能使自己的女儿拥有别人孩子的长处,而且还极大地伤害了自己女儿的自尊心。时间长了,这样说的次数多了,更会让她从心理上感觉到自己不如别人,从而逐渐失去自信心。

约翰·格雷博士曾经指出:"男孩来自火星,女孩来自金星。"这绝非是一句简单的比喻,而是因为女孩与男孩在生理结构和思维、心理等方面都有着迥然的不同。因为染色体、荷尔蒙和大脑结构三方面的差异,使女孩与男孩不仅表现出不同的外貌特征,也决定了她们各自拥有着不同于彼此的先天优势与弱势,父母想要了解女儿的天赋与弱势,就要首先清楚女孩普遍的先天优势和弱势,在女孩天赋与先天弱势的基础上对孩子进行教育和培养,发扬女儿的优点与长处,弥补她的不足,并根据孩子的具体情况运用合理的方式方法,才能使女儿得到更好的发展,使其能够适应社会、适应未来。

首先,女孩的天赋要发掘培养。女性荷尔蒙是激活女性特质的激活码,从女孩儿童期开始,她们体内存在的雌性荷尔蒙就给了女孩子们谨慎细心、稳定从容的天性。在直觉系统方面,女孩有着更为细腻灵敏的感知能力,不论是味觉、视觉、嗅觉、听觉还是触觉,都强于男孩。因此女孩拥有更多细腻而丰富的感情,这种感情促使她们变得喜欢交往、注重外界与自己的关系,渴望获得感情上的支持和帮助。

据研究发现,女孩的语言大脑组织位于左半脑前区,而男孩子则分布在左半脑的前区和后区。女孩大脑左半球神经末梢的发育早于男孩,因此女孩天生有着较强的语言能力,如说话、阅读等方面很少出现障碍和问题。

细腻的感情,决定女孩可以体察和感知到世界更多的变化以及情感上的细微转变,加之良好的语言天赋和喜欢社交和与人交流的倾向,使女孩更容易与他人之间形成良好的人际关系,同时这种天性也造就了女孩拥有天生较强的想象力和洞察力。

另外,女孩的发育过程比男孩要快,并且更为均衡,平衡能力也比男孩要

强。通常学龄前同龄的女孩比男孩有更好的平衡能力,能很好地进行单腿跳。

女孩感情细腻,喜欢无拘无束地与人相处、融洽和谐的交流,她们有着愿意关怀他人的天性,同时更渴望得到来自他人的关爱和亲密的情感。在关系中能够平等地付出和获得,与同伴之间相互依存和制约,并对自己以及周围关系负责的生活方式是女孩们所接受和享受的。在比赛中女孩最为注重的不是比赛,而是与对手的关系是否可以成为朋友。

心理学家约翰·格雷博士还把女性称作"义务心理咨询师",因为女孩更注重自己以及他人的情感世界,善于从心理上和感情上体察自己和周围的世界,愿意付出自己的爱和关心,为别人排忧解难、做心理辅导,向别人展示她的爱和关心,这些表现是女孩的天性使然。

如果在孩子对他人表现友好或是关怀时,受到了外界的干扰和阻碍,那么女孩的这种天性就有可能遭到削减。因此,在现实生活中,父母要充分利用女孩的这些好天赋,在此基础上灌输有关美好、爱、感恩等有益于身心发展的因素,使女孩的这些原始天性得到加强和完善,将自己的女儿培养成一个富有爱心的女孩。

因为女孩拥有良好的感性思维,对此,父母不妨多培养孩子的感性思维能力,例如想象力等,加强女儿的优势,进而使孩子在优势方面有所建树。

还需要说明的是,除了女孩天生普遍具有的优势,每一个女孩都有着她自己的独特优势,不论是在演讲、唱歌、表演还是绘画,善于与他人交流的天性,女孩总会或多或少地拥有着其中的一二。如果你看到女儿善于模仿电视里的人物,喜欢跟着歌曲唱起来,或者愿意带着小画笔画出看到的东西,那么你就要注意了,不管是哪一种,都代表着女儿可能在那些方面有着较多地喜爱和天赋,因为很多事情一旦有兴趣参与其中,那么大多会有所成就。

作为父母,要在平时善于观察女儿的行为,发现孩子的喜好和优势,并抓住它们,以此作为发掘女儿内在潜力的着眼点,充分发挥女儿的优势和天赋,这对她的一生来说都有着相当重要的影响。

其次,女孩的弱势要弥补。在女性体内存在着大量的雌激素,它不仅能表

现出女人的特征，还会在不同时期对女性造成心理和生理上的影响。女孩的理解力、行动力、思考与情绪，甚至记忆力，都与雌激素有着密切的关系。当雌激素发生变化，变得不稳定时，女孩就容易产生孤独、悲伤、生气、易怒、失望、缺乏自尊、神经过敏等表现。

雌激素常常让女孩们的情绪变化无常，正因如此，女孩攻击性较小，竞争力较弱，更加敏感，更容易受到情感上的伤害，也比男孩更容易受到抑郁症的威胁。

美国科学家还曾针对女孩和男孩做过一个有关部件组装的测试。在测试中，科学家要求女孩和男孩们将不同的瓶塞和火花塞分别插到对应的瓶子和内燃机上。而结果发现，女孩的成绩远远不及男孩。所以女孩的抽象思维能力和空间思辨力与男孩相比较弱，在抽象概念和理论的运用上的能力不强，因此女孩在数理化的学习上较男孩相比要困难一些。

在现代社会中，女性的地位日益提高，女性的原始天性不再能完全满足社会的要求。所以父母们就需要针对女孩的弱点加以训练，弥补她的不足，在培养中逐渐完善女儿，使其在长大之后能够很好地适应社会。

女孩较弱的抽象思维能力和空间思辨能力，使女孩在数理化的学习上比男孩有着更多的困难，虽然这些是女孩的天性，然而在儿童时期，这种能力往往可以通过外界的引导和锻炼达到改善和加强。所以在女儿幼小时，父母就要多让孩子搭三维立体积木，以及做一些相关的游戏，从而增加她的思辨力和理性分析能力。

另外，女孩天生的攻击性较弱，这也注定着女孩天生缺乏较强的冒险精神和竞争能力。但是在竞争日益激烈的今天，拥有较强的竞争能力和抵抗压力的能力，是人类得以良好生存和发展的一个重要因素，仅仅愿意听从他人的指挥，就容易变得被动，从而失去自我。因此父母在女儿的早期教育阶段，就要有意识地培养女儿的进取、冒险精神，让孩子逐渐提高竞争能力，弥补孩子的这种弱势。

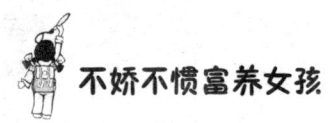

尊重女儿,做她的知心朋友

在过去传统的教育模式中,子女与父母之间总是隔着距离,家庭之中有一定之规,几乎全部由父母说了算。然而在现代社会中,这种教育模式却早已不符合时代进步的需要。在现代家庭中,父母与孩子之间拥有着平等的地位,虽然孩子在家庭中扮演着晚辈的角色,但是孩子却同样有着个人的尊严和价值,需要受到尊重,他们的语言和行为也需要受到重视和关心。由于孩子的心智成熟程度有限,如果在家庭生活中没有得到应有的尊重,就会在孩子的心理上造成阴影,从而有可能对孩子的成长造成不利影响。而对于女孩来说,其敏感的天性则更需要父母做到对女儿的尊重。

一位教育专家说:"如果孩子不愿意把自己的欢乐和痛苦告诉父母,不愿意与父母坦诚相见,那么谈论任何教育总归都是可笑的。"随着女孩渐渐地长大,如果父母还是一味地以家长的权威去管制孩子,孩子势必会呈现"越来越难管"的倾向。但与男孩容易叛逆不同,更多的女孩会因为从父母这里得不到应有的理解和支持,而封闭自己的内心世界,变得郁郁寡欢,甚至走向抑郁。

一位女孩的母亲就曾这样记录了自己深刻的感触:

一次,我给女儿辅导作业,一道数学题我讲了半天,她却心不在焉。我火冒三丈,桌子一拍,让她到房间去闭门思过。女儿知道自己理亏,默默地走进房间,可我依旧火气难消,真想跟以前一样冲过去狠狠地抽她一顿。

好半天,我才克制住自己的冲动,推开房门,只见女儿正耷拉着脑袋抽泣着。我走过去,注视着她的眼睛,柔声说道:"你心里是不是很难过?妈妈态度不好,不够朋友,妈妈向你检讨,以后妈妈一定改。原谅妈妈好吗?"

女儿抬起泪眼,不相信地盯着我!我向她笑了笑,她却哇的一声大哭起来。我抱住她,为她擦干了眼泪。她说:"妈妈,我不好,我一定认真听!"我的眼泪也下来了,可心里却甜丝丝的,想不到,一句温柔的话却胜过了棍棒的威力,

第4章 女孩要富养，不要穷养

"柔"真的能克"刚"呀！

回到书桌旁，女儿竟然说："妈妈，这道题让我好好想想，也许我自己可以把它做出来。"果然，女儿全神贯注地思考着，不一会儿就做出来了。

从那以后，每当有分歧，我都会放下架子，以朋友的口吻跟她商量。在朋友的关系中，女儿变得和我无话不谈。我们在一起看书，交流心得体会；一起踢毽子、跳绳；一起写作文，互相读给对方听；一起勾肩搭背地哼着歌曲上下楼……

故事中的这位母亲，在放弃暴力教育之后，最终选择了和女儿做朋友。由这个教育实例，我们不难看出，对于女孩子来说，"柔能克刚"、"一句温柔的话胜过棍棒的威力"绝对是真理。

另外，女孩拥有善于交流的天性，她们更希望在生活中接受来自父母和亲人的情感支持。父母要与女儿建立起良好的互动关系，以知心的方式同女儿成为好朋友。

因此，在生活中，父母要学会尊重女儿，将女儿与自己放在同等的高度与孩子进行交流，尊重孩子的想法和观点，并给予足够的关怀。还要和女儿交流，善于体察女儿的情感变化，和女儿成为知心朋友，使孩子在受到尊重和情感关怀的环境下无忧无虑地成长。

（1）与你的女儿无话不谈。和女儿做朋友，就要随时与她保持畅通的沟通关系，不要因为她的话题是你不能接受的、不能理解的，就拒绝交谈或毫无顾忌地驳斥。

只有父母能够做到与孩子平等对话、无话不谈，才能真正走进她的内心世界，引导她的思想渐渐步入正轨。

一位睿智的母亲，在这方面为我们作出了很好的表率：

一天晚饭后，女儿问我："妈妈，假如爱情和事业只能选择一个，你选哪一个？"我心里一惊，14岁的小姑娘怎么问了一个成年人的大问题？看来得认真对付，我说："我选择爱情，有了爱情才会有温暖的家，即使事业不成功，也有个避风雨的港湾啊。"

哪知女儿竟然胸有成竹地表示："我选择事业，事业成功了，爱情自然会

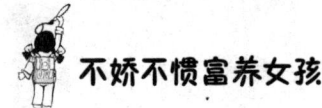

来。"我思忖着说:"事业成功的喜悦也该有人分享啊……"

"可是,爱情太麻烦了,我不喜欢唯唯诺诺的男人。"女儿反驳道。

一语道破天机,我知道她一直暗暗和一位男生关系忽冷忽热,并且她正为这似断非断的关系而烦恼。这不,自己就嫌烦了,我又不便于捅破。于是,我借用了一句歌词自编自唱:"爱情这东西,拥有了好麻烦,没有了又拼命想,来早了添麻烦,来晚了又着急,不早不晚最香甜啊。"女儿会意地笑了。

我觉得,学着与女儿交朋友,学着与女儿平等对话,我与女儿的心更加贴近了,交流也更容易了。

当孩子向母亲提出有关爱情的话题时,母亲像朋友一样与她各抒己见,并且在谈话的最后,含蓄委婉地表达了自己的意见。可想而知,这样一个开明、睿智的母亲,自然会赢得孩子的信任和爱戴。

此外,父母平时也应多抽一些时间和孩子聊聊天,问一问孩子学校的事情、人际关系的情况,以及对一些事物的看法等。

如果这时,孩子告诉你一些真实感受和想法,如对某男同学有好感,或某男同学对她有好感等,千万不可指责她,要站在她的立场先去理解她,然后告诉她该怎么办。这样,女孩感受到父母对自己的尊重和信任,她们会越来越信任父母,就会把父母当成倾诉对象,而不是保密对象了。

(2)尊重和信任女儿。在许多家庭中都会有这样的现象,当孩子发表意见时,一些父母习惯说:"小孩子,你懂什么,大人说话别插话。"虽然只是一句不经意的话,很可能让孩子感到难过。因为在孩子懂得道理之后,这样的话无疑会让她感到人格没有受到足够的尊重,如果父母不懂得尊重孩子,不把孩子的话当回事,长期如此,这些心理因素就可能影响到她的成长。

同时,一些父母在与孩子交流时,还会时不时地用诸如"你说的是真的吗"、"又在说谎"等带有怀疑性的语言,而这样的结果往往是孩子对父母变得不信任,减少了同父母的交流,甚至变得少言寡语。只要孩子懂得记事,她就可以感知到这种不信任态度的存在,何况女孩天性敏感,这样的怀疑态度就更可能会对她的心灵造成伤害。

所以，在与女儿相处时，父母首先要有一颗尊重女儿的心，尊重她的需要和意见，并且给予她足够的信任。这样，女儿就愿意将自己的心事倾诉给父母，乐于与父母成为知心朋友。

（3）拿出真诚的态度。想要和女儿成为朋友，不仅需要给予女儿足够的尊重，还要拿出真诚的态度，法国作家拉罗什富科说："真诚是一种心灵的开放。"真诚的态度可以赢得更多的朋友，以及人们的信任。同样在与孩子交流的过程中，真诚的态度也起着非常重要的作用。用真诚的态度与女儿交流，将自己的感情触及女儿细腻敏感的内心中，女儿才愿意把自己的小秘密、小心事说给家长听，和父母推心置腹，成为好朋友。

如果态度不真诚，不够专心，甚至表现得敷衍，那么孩子就会感觉到自己没有收到足够的尊重，认为父母对自己不够关心，久而久之，孩子就会同父母的心灵慢慢疏远，还可能变得沉默寡言。

在生活中，有不少父母忙碌在家庭、单位之间，由于社会、家庭、工作等各个方面的压力，企图寻求安静和轻松，在与孩子交流时缺少了专心的态度，习惯用一些简单的话语敷衍孩子，其实殊不知，这种不够真诚的态度，常会伤到女儿细腻的心灵。女孩需要父母付出更多的关爱和呵护，她们的内心需要父母更加细致地倾听和解读。所以作为父母，就要用真诚的态度对待女儿，给女儿足够的重视，做到与孩子心与心的交流，打开孩子敏感的内心世界，并用心去呵护它、温暖它，这样才能成为女儿真正的知己，使孩子健康地成长。

（4）敢于承认错误。在生活中，犯错几乎人人都经历过，父母在教育孩子的过程中，有时难免也会出现一些错误，比如误会了孩子，没有顾及孩子的感受等。对此，不少父母都会感到尴尬，因此父母们很少会在孩子面前承认自己的错误，总认为这样会比较难为情，害怕自己在孩子心目中的地位被降低。其实恰恰相反，在自己出现错误的时候，如果及时地向孩子承认错误，不仅会增加孩子对父母的信任，也会提高她明辨是非的能力。

如果在自己有错误时，总是企图用各种方法搪塞，女儿敏感的心灵就会接收到这种信号，"父母犯错之后从来不承认"的想法就会潜伏在孩子的潜意识

不娇不惯富养女孩

中，甚至会很快带到孩子自己的生活中，对孩子的成长形成不利的影响。

因此，作为父母，在孩子面前出现错误时，要诚恳地承认错误，并向孩子道歉，和她进行交流，消除孩子心中的疑虑，取得她的信任，这样，父母与孩子之间才能够真正地成为朋友。

每个女孩都是小公主

女孩这两个字，总让人想起那些美好的东西，正如一首古老的插曲唱的那样："小女孩是由糖、香料和所有美好的东西做成的。"糖是甜的，香料也给人愉悦的感觉，所有美好的东西都会让我们心旷神怡。于是小女孩就成了"甜"的代名词。她们乖巧、懂事、安静、可爱，活脱脱一个小天使。

当一个女孩降临人间之后，就会随之带来一股娇贵的气息，每一个小女孩，都如同一朵含苞待放的小花朵，娇滴滴的花苞上滑落着晶莹的露水。细腻的天性，和童话般美丽的心境，注定了女孩是天生的小公主，漂亮的裙子、鲜艳的花朵、可爱的布娃娃、童话故事，以及一切有关儿童世界美好的事物，都让她们流连。

不同于男孩对冒险、战争的依恋，女孩更喜欢感受美好、温馨的气氛。她们注重关系的和谐，其乐融融的家庭氛围是女孩们所渴望的，在这样的环境下，女孩的公主情结得到了舒展和兑现。内心敏感的她们，更渴望父母的爱与呵护，如同女孩抱着布娃娃表演"过家家"，渴望自己接受到爱并传达爱，是每一个女孩的梦想。

当然，看着漂亮的小公主，爸爸妈妈也往往对她倾注了无尽的爱，期望这个小公主能健康、平安、快乐地长大。

不过，爱女儿，也要会爱。

小依从小就在父母的宠爱下长大，并接受了严格的"淑女"训练。无论是穿衣打扮还是出门逛街，妈妈都会在第一时间内给她以指导，并要求她按淑女的行

第4章 女孩要富养，不要穷养

为要求自己。

从小学到中学，爸爸都要坚持早晚接送，严格限制小依与同学尤其是异性的交往。高考时，小依听众父母的安排，学了文秘。毕业后，又在父母的安排下，进了一家事业单位，做了一名资料员。

到了谈婚论嫁时，爸爸又出面一手撮合了小依和自己老朋友的儿子。结婚时，爸爸帮小依夫妻购置了房子，并出钱装修了房子。

婚后，小依开始遇到麻烦。老公发现小依事事都要依赖别人，连交水电费的事都要等到自己出差回来。平时，无论是生活上还是工作上遇到什么问题，小依也总是一股脑地向老公倾诉，等着老公为自己出主意。

时间长了，小依的这些表现让老公忍无可忍："这点小问题，你自己不会解决吗？"

小依一听，愣在那里："爸爸妈妈一直要求我做个淑女，从来没要求做什么事都自己解决啊！"

我们或许以为，小依做得不对，但是，仔细想一下就知道，小依变成这样，是父母一手造成的。

爱孩子没有错，但是，父母一定要明白，怎样的爱对孩子才是最重要的。

首先，我们应该给孩子一个美好的环境。女性荷尔蒙的存在，决定了女孩有着天性的敏感。对于外界的一切，女孩都会用细腻的内心来感受和体察。特别是家庭关系的和谐和融洽，更能让女儿感到安全和无忧。如果家庭环境不和谐，不融洽，这种关系就会影响到孩子的内心。

生活在家庭关系不和谐中的女孩，因为一直生活在矛盾重重的家庭关系中，很难建立起对他人的信任和获得爱的基本需求。她们从小便会对感情持怀疑态度，因为感受不到美好和足够的爱，于是也会害怕付出爱。长时间下来，孩子便会逐渐滋生自私的心理，不愿与他人分享快乐。

父母之间关系的不和谐，是影响孩子内心健康的一个最重要因素。特别是父母的争吵始终让女孩生活在恐惧焦虑的状态之中，因为内心得不到足够的支持，感受不到足够的安全，女孩会逐渐变得内向、沉默寡言。如果一直生活在这样的

不娇不惯富养女孩

家庭环境中，女孩还会不自觉中建立起错误的婚姻观，进而有可能对她今后的婚姻形成一定的影响。

女孩的心柔软、细腻，需要得到足够的关怀和照顾，渴望美好的关系。所以，作为父母首先要建立起和谐、美好的家庭氛围，使女儿看到健康融洽的世界，安慰到女孩细腻的内心，给女儿足够的安全感和幸福感，让她做无忧无虑的小公主。

其次，爱女儿就做她的倾听者。女孩具有喜欢交流的天性，向他人倾诉内心，是表达情感的一种重要方式。在倾诉的过程中，女孩细腻的心灵不断地感受着自己与他人之间情感交流的过程。同样，在家庭生活中，女孩的倾诉欲望更加强烈，在亲爱的父母面前，女儿总是会不自觉地用倾诉的方式表达内心的感情，并希望获得父母情感上的认同和支持。

感情丰富的天性，使女孩倾诉的内容多种多样，有时是疑惑，有时是快乐，也有时是压力和不安，然而无论哪一种情况，在向父母倾诉并产生交流的过程中，女孩都会得到心灵和情感上的安抚，从而获得快乐和安全感。在一些家庭中，孩子的某些倾诉常被父母忽视，原因在于父母认为孩子讲的事情大多是不值得一提的小事情，所以往往不会在意。其实对于孩子来说，很多大人们看来很微不足道的事情，在她们眼中就会变得很重要。如果父母总是不注意倾听孩子的内心感受，不懂得做女儿的听众，孩子的内心就会渐渐孤独，从而变得内向，不善于与人交流。

所以，父母要善于做女儿的倾听者，给孩子足够的倾诉时间，分享她的快乐，解读她的忧伤并试图帮助女儿解决问题，和她成为知心朋友。

最后，让女儿感受到我们的爱。女孩天生感性，敏感的直觉让她们习惯用直接的感受去衡量事物的存在，在家庭生活中，也是常常用这种敏感的天性去感受爱的存在。因为更加渴望爱的获得和关系的融洽，所以女孩也更注重与父母之间的关系。很多时候，一些小事情都会触碰女孩敏感的心灵，让女孩感觉心灵失去了爱的支撑。

陆女士有一个上小学的女儿，一天晚饭之后，她发现女儿在偷偷地玩一个没

第4章 女孩要富养，不要穷养

见过的玩具，经过询问才知道，是女儿拿了别的小朋友的。陆女士感到脸上挂不住了，狠狠地骂了女儿几句，谁知到第二天女儿早上竟然没有理她就去上学了。女儿上学之后，陆女士忽然想起前一天骂女儿的事，感觉自己做得有点过分了，于是就给女儿写了一个便条：

"亲爱的女儿，也许我昨天批评你，让你伤心了。但你知道吗，妈妈之所以批评你恰恰是因为我爱你。要知道，咱家不缺钱，这种小偷小摸的行为会给你造成很大的影响。昨天是妈妈不对，没有心平气和地指出你的错误，妈妈向你道歉。但妈妈还是希望你能改掉那个坏毛病。女儿，妈妈是爱你的，不管发生什么事情，妈妈都是爱你的！"

到了晚上，女儿放学回家，看到陆女士的便条，便哭着对她说："妈妈，我好怕，我以为你不爱我了呢！"

其实，这样的一幕，在很多家庭都曾有过，女孩的细腻和敏感，常常会感受到父母与自己之间关系的微妙变化。对女儿的爱需要采取合适的方式表达，呵护她细腻的心灵。所以，在家庭生活中，父母对女儿要多表达爱，让她时刻知道父母是爱自己的，让女儿沐浴在爱和关注中，健康快乐地成长。

让女孩知道父爱如山

人们常说：父爱如山。在女儿眼中，父亲有如高山，有如大树，是刚强、坚韧、宽广、宏大的象征，是女儿的坚强后盾。"父亲"二字，常常让天性娇柔的女儿在第一时间感受到力量和支持。因此，从女孩出生的那一刻开始，父亲就为女儿提供着一种任何人也无法取代的皈依与呵护。在女儿成长的过程中，父亲是女儿有关坚强、独立等一切刚性品格的教育者和培养者。特别是在女儿小的时候，父亲更是成为她心中的偶像，成为她学习刚性品质过程中的榜样。

在女儿童年时期，所领会到的关于刚强、坚韧等品格的含义大多来自于父亲。父亲的言行与举止，都深深地留在女儿的头脑中，潜移默化地影响着她的成长,孩子心中所树立起的人生观和价值观,都与父亲有着相当大的关系。

心理学家弗洛伊德认为,父亲是女儿形成女性气质的导引者、支持者和认可者,对儿童性别角色的分化具有很大作用。女儿的心理发展过程中普遍存在一种现象,即在3岁左右开始从与母亲的一体关系中分裂开来,把较大一部分情感投向与父亲的关系上。小女孩到了3岁左右,认知能力和独立性都有较大提高,达到一个转折点,意识里开始清晰地发现了父亲,就这样女儿打破了与母亲浑然一体的关系。

宋嘉树在教育子女时表现出的"敢为天下先"的精神,受到当今父母的称道。宋氏夫妇共养育了6个子女。他们的3个女儿——宋霭龄、宋庆龄、宋美龄,在中国近代史上具有特殊的地位。

宋嘉树教育子女坚持了3个最基本的思想:一是"不计毁誉,务必占先";二是男女都一样;三是和孩子们做朋友。

宋嘉树追随孙中山先生革命,首先在自己的家庭开辟了一块没有封建主义樊篱的乐园,使3个女儿有幸在民主、平等、先进的生活环境中健康成长。宋霭龄和宋美龄天生聪颖,大胆泼辣,在她们只有5岁时,宋嘉树就送她们到寄宿学校中西女塾读书。宋庆龄与姐姐和妹妹一样聪明,却不像姐妹那样大胆泼辣,锋芒毕露。7岁时,父亲也送她到中西女塾读书。宋霭龄13岁时,宋嘉树夫妇把她孤身一人送到美国求学,使宋霭龄成为中国近代史上最早赴美国接受高等教育的女子之一。

1908年,宋氏夫妇又把二女儿宋庆龄送到美国接受教育。当时宋美龄年仅11岁。由于年龄小,在威斯里安女子学校注册为特别生。宋嘉树使这三姐妹在早期教育上占了先,在接受西方教育上占了先,在女子接受高等教育上占了先。

宋霭龄极富音乐和表演方面的才华,宋氏夫妇便努力做大女儿表演的最佳"搭档"。在傍晚时分,常常是由宋夫人熟练而凝神地弹奏钢琴;几个兄弟姐妹围在一起,听宋嘉树和大女儿的男女声二重唱。静听着父亲那纯美洪亮的嗓音随着琴声哼出的美国南方民歌,宋霭龄、宋庆龄和弟妹们从心底升腾起对父母的崇拜、敬仰和热爱。

第4章 女孩要富养，不要穷养

宋庆龄生性稳重、腼腆，和姐妹兄弟们在一起时，她总是最文静的一个。不过宋嘉树为孩子们营造的生活环境和气氛，也使小庆龄于天性之外受到补益。在假期里，三姐妹和小兄弟们在院子里玩耍，爬过院墙到别人的田地里嬉戏；他们到田野里奔跑，采集花草，捕捉虫鸟，无拘无束地尽情欢笑。

有一次，姐妹兄弟玩"拉黄包车"的游戏，宋霭龄装作黄包车夫，宋庆龄扮成乘客，小妹小弟跟在身后又蹦又跳。正玩得开心时，不料"车夫"拉车用力过猛，双手失去控制，一下把"乘客"抛了出去。"车夫"愣在那里傻了眼，知道自己闯了祸；"乘客"又疼痛又委屈，满脸不高兴。

这件事被宋嘉树知道了，他慈爱地对宋霭龄说："做游戏也要有分寸，'黄包车夫'可不光是使力气呀！伤了'乘客'还怎么拉生意呢？"小霭龄不好意思地笑了。

宋嘉树又笑着对宋庆龄说："我们的'乘客'这样宽宏大量，这样勇敢坚强，真是了不起！"小庆龄受到父亲的夸赞和鼓励，一脸的阴云散去了。长大以后，宋庆龄真的成为一位既富有爱心和宽容，面对邪恶势力又敢于斗争的伟大女性！

有研究表明，拥有一个好父亲的孩子，在数学和阅读理解方面的能力就会比较高，学习能力会比较强。另外在人际关系上也会处理得更好。曾经有人说："一个好父亲胜过100个教师。"父爱象征着事业、秩序、奋斗、冒险和思想，是一种宽广，一种高远，一种安稳，一种平和，是女儿生活中理性培养的主导。父亲如何去爱女儿，如何与女儿相处，往往决定着女儿的心胸、气度、能力和价值取向的高低。父亲是女儿童年时代的榜样，所以，作为父亲，要努力地扮演好这个上帝赋予的角色，为女儿树立起一个高大、坚强的形象，做女儿心中的好榜样。

那么，怎样做一个好父亲呢？以下几条准则，可供参考。

（1）明确行为的准则但不要强加于孩子。应向孩子指出哪些可以做，哪些不可以做。如果孩子不同意，要弄清原因，一起讨论，耐心疏导，绝不能硬性规定必须这样做。应当承认孩子有权表示自己的意见和感情，要以朋友的形式来交流。

（2）不要教条主义。切勿经常板起面孔引经据典地来教训孩子，要注意孩子的爱好和个性。有些道理要说清楚，比如偷盗和撒谎是可耻的，但有些事情不能生搬硬套。

（3）有意识地培养孩子独立自主能力。不要过分包办代替，以为孩子没有你不行，得让孩子多做力所能及的事。提出一些具体明确的要求，放手让他自己决定该做的事。

（4）要孩子对自己的行为负责。当孩子作出某个决定或承诺时，告诉他要对自己的做法及后果负责。这样可避免事后不必要的牢骚和埋怨。比如，孩子如果执意要睡到过了早餐时间再起床，那么午饭前不能给他任何东西吃。

（5）不可当众羞辱孩子。孩子犯错时，切勿惊慌失措，也不可听之任之，应与他们真诚交谈，帮他们走出误区。溺爱不对，打骂也不可取，当众揭短更易引起孩子的反感，训斥羞辱会使孩子感到耻辱。他们特别在乎朋友同学的看法，应当维护孩子在同学、朋友面前的"面子"，该谈的问题私下里解决，决不能当众羞辱孩子。

（6）帮助孩子度过青春期。青春期是孩子身心变化较大的时期，这时的孩子往往要学大人那样自己拿主意，对此，家长要理解，该让他们自己做主的就放手让他们做主。

（7）家长要敢于承认错误。家长有错应认真反思，敢于对孩子说"对不起"，这样做不仅不会失去尊严，反而更能赢得孩子的尊重，加深亲子情感。

（8）允许孩子有隐私。孩子需要亲切的关怀但不是监视，即使有充分的理由认为必须干预也要注意不能伤害孩子。一般情况下父母不宜过问孩子的隐私。

（9）对孩子不可求全责备。对孩子的期望不可过高，父母应把更多的精力放在同孩子的沟通上，随时理解他们的心思和要求，经常给予鼓励，尤其是父亲，是孩子的精神支柱。

第4章 女孩要富养，不要穷养

爱而不溺，更不会放纵

随着人们生活水平的日益提高，一些社会现象让人很无语。且看下面三个真实的例子：

其一，一个大学毕业生的父母写打油诗，用以形容自己的女儿，并且无可奈何地将其上传网络。诗云："一直无业，二老啃光，三餐饱食，四肢无力，五官端正，六亲不认，七分任性，八方逍遥，九（久）坐不动，十分无用。"

其二，一位母亲对记者有苦难言般地说起自己的宝贝女儿："我们家的时髦小丫头，大学毕业两年了，在一个剧团当剧务，每月有两三千元收入。可她和我们签了个三年君子协定，每月支付她各项费用3 000元。不然，就住在外面不回家，打她的手机也不接。这不，前儿天，我刚把这月的3 000元打进她的银行卡里，她还没回电话呢！"

其三，一位姓何的老人，61岁了，每天仍要上班发挥余热，挣一些收入补贴家用。可他25岁的女儿却每天在家里上网看电视。何先生对记者抱怨道："我实在看不惯她，却也说服不了她。我自己17岁就参加工作，那时月薪38元还要给父母20元。现在有些年轻人缺少家庭责任感和社会责任感，更没有人生的危机感。是我们的教育制度出了问题，还是社会传统过时了？"

毫无疑问，中国现在的社会风气和教育制度都是有问题的。但是，这些家长在抱怨的同时，有没有想过自己尽责了吗？

当听到女儿来到世界上第一声娇嫩的啼哭时，父母都会为此感到欣慰和甜蜜，因为女孩是上天赐给父母的艺术品，美丽而娇贵，每一个女孩儿的降临，都给她的家庭带来一股恬淡的气息，时刻弥漫在父母周围。女孩儿可爱、温柔、乖巧，天性的敏感和细腻，需要父母付出更多的爱护与照顾，然而对女儿的呵护并非没有限度。宠爱女儿，但不娇惯，更不能放纵，要给女儿适当的爱。

中国著名儿童文学作家杨红樱，曾经做过教师、做过儿童文学编辑，出版过

不娇不惯富养女孩

《漂亮老师和坏小子》、《笑猫日记》等50多本童话书,可以说对家庭教育有着深入而独到的见解。

杨红樱有一个可爱的女儿,在孩子4岁那年冬天,杨红樱就带她登上了峨眉山。虽然那时正直寒冷的冬天,带着这么小的孩子,家里人都十分反对,然而,杨红樱还是带着孩子上了山。

当杨红樱和女儿与其他人一同下山时,已经是半夜了,坐在汽车里,女儿已经睡着了。谁知车子行驶到半山腰处,轮子一下子卡在了岩石缝里,车子就悬在陡峭的悬崖边,让不少乘客一阵胆战心惊。看到车子无法动弹,司机只好让大家下了车,登山的人都要自己走下山。

于是,杨红樱忍心叫醒了熟睡中的女儿,下了车之后,一阵刺骨的寒风吹来,女儿使劲地睁了睁惺忪的睡眼,跟着杨红樱深一脚浅一脚地朝山下走。但是孩子毕竟还小,哪里禁得起这样的折腾,走着走着,女儿就困得不行了。杨红樱看在眼里,疼在心上,然而四周一片冰天雪地,抱着孩子会更加不安全。于是她狠了狠心,把冰凉的雪放在女儿的脖子上。受到低温的刺激,女儿一下子精神了许多,也不再犯困了。就这样,女儿跟着杨红樱,在黑暗、寒冷的山路上摸索着,终于走下了山。

把冰凉的雪放在孩子的脖子上,对于每一位父母来说,特别是对于母亲,心疼的感觉都是无以言表的。而女儿就更让父母们想要用温暖去呵护,然而"宝剑锋从磨砺出,梅花香自苦寒来",女儿没有经历过磨炼和困苦,就很难成为坚强的孩子。所以对于女儿,父母也要敢于锻炼她,让她在磨炼当中成长,这样才能成为既坚强又美丽的女孩子。

对女儿不适当地娇惯和过度地纵容,都会让孩子渐渐失去自主能力,形成依赖性,你越是呵护她,她就会越脆弱。诚然,女人天生柔弱,男人天性坚强,这是个不争的事实,然而在这个男女平等、不容依赖的新时代,女人再也不需要依赖某个男人生活,女性独立自主,自己为自己负责,才是符合社会发展的原则和方向。

美国家庭教育中流传着这样一句话:让你的女儿经得起棒打。对于中国的父

第4章 女孩要富养，不要穷养

母来说，这样的语言听起来难免会有些严重，然而在现实教育中，教育女孩经得起风雨，经得起磨难，却是每一个家庭都应该去做的。那些不被父母娇惯、纵容的女孩，才会成长为一个乐观坚强、轻盈灵活、有热情、有能力的女子。

女孩是上天赐予父母的美丽珍宝，带给家庭无限的甜蜜，但孩子却不应该是一只瓷花瓶。娇气脆弱的女孩，无法走出自己美丽的人生，更无法适应社会。所以，作为父母，不能让孩子变得娇气，那么在家庭教育中，父母应该如何爱女儿呢？

最重要的是，要有理智的爱。这就是说，在爱孩子的过程中，要能自觉地控制自己的感情，克制那些无益的激情和冲动。苏联著名教育家马卡连柯的《父母必读》一书中的序言有这样一段话："子女固然由于父母方面的爱的不足而感受痛苦，可是，他们也会由于那种过分洋溢的伟大的感觉而腐化堕落。理智应当成为家庭教育中常备的节制器，否则孩子们就要在父母最好的动机下养成了最坏的特点和行为了。"这段话讲得十分深刻。然而，我们有些父母，尤其是相对年轻的父母，对待孩子的关系上，往往缺乏应有的"分寸感"。他们对待孩子往往是无原则的，过分地宠爱。有的对孩子姑息迁就，任其发展；有的只知道想方设法满足孩子的衣锦食美，却不懂得给孩子良好的精神食粮和思想营养。这样。势必把孩子惯坏、宠坏。这种"爱"是盲目的、有害的。

其实，热爱要与严格要求相结合。

严格要求也是热爱孩子的一种体现。所谓"爱之深，责之切"，就是说，严格要求正是出于深切的爱。所以，做父母的不应该受盲目的爱所支配，要"严"中有"爱"，"爱"中有"严"。当然严格要求并不意味着对孩子、动辄训斥打骂，而是要做到以合理为前提。同时，态度应该是耐心的、循循善诱的。

严格要求对孩子来说，是很主要的。这是因为，孩子们往往缺乏经验，是非界限有时不清，而且对自己情感和行为往往也不善于独立控制。如果家长对他们不严格要求，他们往往还不能主动、自觉地学习和按行为道德标准来行动。因而，这就更需要父母对他们的思想和行为有严格的要求，使他们养成良好的思想和行为习惯。但是只有爱不见得教育和培养出优秀的孩子来，而应该把热爱和严

格要求结合起来。

综上所述,父母对子女一定要怀着带有严格要求的热爱,千万不要溺爱姑息孩子、过分地迁就与宠爱孩子。一定要有理智,有"分寸感"。只有这样,才能把孩子培养成为有良好个性品行的人。

父母联手培养最完美的女孩

孩子是上天赐予父母的天使,当自己的孩子呱呱坠地,发出清脆的啼哭时,每一对父母都会感到无比的幸福和快乐,这预示着一个新生命的到来,也预示着父母开始有了一份坚定的责任和义务。面对这个从自己身体中剥离而出的小生命,父母们都会从内心升起一种无以言表的感情。

在父母眼中,孩子就是她们最美丽的小天使。然而当孩子渐渐长大,有不少父母都曾感到莫名的失落和不安,因为孩子在外求学、结婚生子,都让父母们犹如失去了一件属于自己的宝贝一样。其实,孩子本来便是独立的,从孩子降临伊始,就开始作为一个独立的个体而存在。

鲁思·奴妮维拉·斯坦能说:"孩子并不属于我们……她们是来到我们生活中的陌生人,给我们带来愉快和照料她们的责任,但我们并不拥有她们,我们要帮助她们成为她们自己。"

孩子来自于父母,然而却并不属于父母,而是属于她们自己,孩子的人生需要她们自己去创造。作为父母,在孩子不断成长的过程中,只能尽力帮助她们,却不能代替她们,更不能以自己的意愿强加于孩子身上。给予孩子独立的人格,尊重孩子的想法和心理感受,适时地帮助孩子,提醒孩子,让孩子们自己主导起自己的人生,是作为父母首先应该做到的。

在现实生活中,父母们都应该注意对孩子独立人格的培养,帮助孩子画出完整的生命轨迹。女孩有着她们先天的性别特征。所以每个爸爸妈妈给予女儿的应该是完全具有符合她们生理特征的爱和哺育。

第4章 女孩要富养,不要穷养

首先,母亲是自己女儿的艺术家。

从母亲那里,女儿得到的不仅是生命,还是自己绝对衷心的榜样。母亲的声音是女儿一生都不会忘记的歌。母亲的眼神里闪烁着女儿的心灵。

母亲抚养孩子是绝对神圣的。对于女人一生的评价,并不完全在于她的事业,应该还有她自己的身体、思想、自我、家庭。告诉她怎样去实现她的价值,这才是最重要的。女孩的成长应该分为四个阶段,第一阶段,女人有孩子以前,她在经历一种情感关系,取决对她对父亲和丈夫的评价。第二阶段,有了孩子,照顾孩子是她的最高使命。第三阶段,孩子渐渐长大,她又回到事业的追求中去。第四阶段,孩子长大成人,开始探索新的自我和职业。

母亲应该教导自己的女儿,她的一生中关于事业和母亲的事情都可以去做,但一旦做了母亲就没有什么比做母亲更重要的了。女性养育孩子是完全受尊敬的。父母应该如实告诉女儿,他们同女孩的不同之处,男性的一生要比女性简单得多,进入青春期以后没有女性的每月生殖周期,他们与生殖的联系不如女性更紧密。要教导女孩依靠男人是不健康的生活方式,要教导她们必须放弃自己的事业,也要教导她们男人不能在家带孩子,在给女儿展示她一生的蓝图的时候,要考虑所有的可能性,防止她产生迷茫。

母亲不仅要把母亲当成神圣的责任,也要把这种自信传输给女儿。

其次,父亲能给女儿的礼物。

(1)情感是一种礼物。创造和女儿情感交流的机会,一起去玩、互相鼓励和批评、讲睡前故事等。通过肢体接触给予孩子需要的身体上的交流,比如把女儿抛起来、再接住。有意识地表扬女儿。父亲也可以通过为女儿作出牺牲表达对女儿的爱。无论女孩有一个怎样的父亲,她都要知道父亲为她的安全和幸福放弃和付出了许多。

(2)身体的礼物。父亲经常会忽视对女儿身体发育的关注。女人自身形象的发展很大程度上给予她们对男人需要的设想。她们信任的男人会让她们更聪明。特别是青春期,主动的父亲给予女儿非常想要而且非常需要的性知识,她依赖于他建立良好的亲密关系,在危险时需要父亲的保护。

（3）冒险和欢笑是一种礼物。生活中没有欢笑是一种浪费，没有冒险的生活是不完整的。女孩子喜欢冒险，一般提供冒险机会是父亲的责任。女孩喜欢欢笑，有时讲笑话是父亲的工作。参与竞争，使女孩们获得成功、得到快乐。

（4）出席是一种礼物。要保证参加孩子重要活动的比例至少达到2/3，即使为此收入降低。经常和女儿一起谈天、放松和参加比赛，一个在父亲陪伴下长大的女儿能够体谅父亲在某些时候不能陪伴在自己身边，但她知道当她需要的时候，父亲能提供帮助。

（5）训练和自我约束是一种礼物。父母对于训练的要求往往是不同的。父亲会用强加的方式教会女儿自我克制。对于女孩子来说，了解和控制感情是保持女性精神需求平衡的重要内容。因为女孩的大脑负担了更多的感情和感觉因素，帮助女孩学会控制感情非常重要，而父亲往往更重视感情的"控制"。

（6）独立是一种礼物。父女关系中，父亲应该鼓励女儿进行独立的思考。研究表明，那些在成长中经过父亲培养独立思想的女孩往往在工作中做得更好，并且成长为充满自信的女人。女儿是父亲的追随者，她们通过观察父亲如何教导自己，培养她的领导能力。

以欣赏的眼光看自己的女儿

常有这样的事发生，许多家长在一起讨论自己的孩子。有些家长听到别人的孩子会弹琴、会画画，或者会识很多字，就会到家里数落自己的孩子，"你看某某家的孩子多聪明。你怎么那么笨，什么都不会。"

其实这怎么能怪孩子呢？哪个孩子一生下来就会弹琴，会画画，会识字呢？好多家长在责怪自己的孩子的同时有没有问一下自己，你在孩子身上花了多少时间？你陪着孩子学习了多少时间？

一个孩子的诞生就是一个希望的开始。作为父母不单要把孩子养大，更重要的是要把孩子教育好。哈佛女孩刘亦婷简直就是一个奇迹，人人羡慕，殊不知她

第4章 女孩要富养，不要穷养

母亲和她在一起的每分钟都是在有计划、有目的地进行教育。在这样的教育之下出现奇迹是理所当然的。所以孩子的成长不可能离开家长的悉心教育。

著名心理学家威廉·詹姆士说："人性最深切的渴望就是获得他人的赞赏。"被人欣赏，被人称赞，是人类心灵最根本的满足。同样，孩子也不例外。

作为孩子的父母我们是最了解自己的孩子的，不要用自己的孩子的短处去和别的孩子的长处比，这样你会对自己的孩子失去希望。学会用欣赏的眼光去看自己的孩子，每个孩子都有自己的个性特点，让他们把这个特点发挥出来他就能成为你的骄傲。

家庭氛围和父母的态度对孩子的性格以及一生的幸福都有着重要的影响。父母欣赏的目光和话语，常会激发孩子内在的自我价值和尊严感，形成良好的行为和性格，经常受到父母赞赏的孩子大多表现得更为优秀和出色。

对于内心敏感、细致的女孩，这种欣赏就显得更为重要。女孩是天生的公主，天性中的优越感注定着女孩需要获得更多的赞美与赏识，女孩更需要被认可、被尊重。女孩如同美丽的花朵，不仅需要雨露的浇灌，还需要阳光的照耀，可以说，来自他人的赞赏和鼓励，就是给予女孩最温暖、最美丽的阳光。而能够给予孩子最多阳光的就是和孩子朝夕相处的父母，父母的赏识和鼓励不仅能够让女儿健康茁壮地成长，也是激发她探索成功的原动力。战胜耳聋成为大学生的周婷婷、神奇的"哈佛女孩"刘亦婷，都是女孩们学习的榜样，而她们的成功就得益于父母的赞美和赏识。

即便是一个平庸的女孩，只要用欣赏的目光去赏识她、看待她，适当地赞美和鼓励她，那么孩子就能在这种温暖的阳光下变得鲜活起来，充满灵动的气息，成为格外有魅力的女孩子。

好女孩是夸出来的，在女孩的成长道路上，父母的欣赏与赞许对她们来说都是十分重要的。"哪怕天下所有人都看不起你的孩子，做父母的也要饱含热泪地欣赏他！拥抱她！赞美他！为自己创造的生命而永远自豪"。这是赏识教育家周宏老师的肺腑之言。所以，作为父母，在日常生活中，就要懂得欣赏自己的女儿，多赞美她，使女儿在明媚的阳光中无忧无虑地成长。那么在现实生活中，父

母们具体应该做些什么呢?可以从以下几个角度入手。

(1)从内心赞赏孩子。在赏识教育盛行的今天,许多父母以为,只要对孩子说"你真棒!"就是赞赏孩子了。实际上,赞赏孩子并不这么简单。

年幼的孩子也许并不知道父母是否真心赞赏他们,只要父母经常说"你真棒",经常向孩子竖大拇指,孩子就会认为自己值得父母骄傲。但是,对于大点儿的孩子来说,他们需要的是父母真正的赏识,从内心表现出来的赞赏。如果父母不是从内心来赞赏孩子,只是表面上通过"你真棒!"来夸奖孩子,孩子反而会觉得父母虚伪,对于亲子关系的改善并没有什么效果。

"知心姐姐"卢勤举过这样一个例子:

我有一个同事老打孩子,结果听了我的话,"太好了,你真棒!"回家她女儿正吃饭呢,就跟女儿说:"女儿,太好了!你真棒。"女儿说:"妈,你有病吧,我看你今天病得不轻,说胡话了。"

她下午就来找我了,说女儿不信。

我说这句话要发自内心地说才行。

如果父母没有发自内心,那么,所有的赞扬都是虚伪的,孩子会觉得父母是假惺惺的,赞扬的目的就不可能达到。

不管孩子是否优秀,做父母的都应该以平常心对待孩子,只有把孩子当做一个平凡的孩子,当你在发现孩子的优点和长处时,你才可能发自内心地去赏识你的孩子。

(2)欣赏女儿的每一个小进步。女孩心思细腻,一点小小的幸福,就能激发她全身的喜悦细胞。因此,父母要做有心人,细心地发现女儿成长过程中的每一个小的进步,并及时地给予适当地赞美和鼓励,一个鼓励的眼神、一句赞美的话、一个微笑、一个拥抱,都能让女儿感受到进步的喜悦,体会到幸福,并在父母这种积极地激励下,不断地发挥自己的内在能力。

辽宁省文科状元黄晓庆,就生活在一个充满鼓励和赞许的家庭中。从黄晓庆出生开始,无论是学说话、学走路,还是背诗、唱歌,只要有一点点进步,黄晓庆的父母都会给予及时的赞扬和鼓励。女儿每一次登台演出,他们都会拿起相

第4章 女孩要富养，不要穷养

机，将女儿可爱的样子记录下来。女儿的每一篇优秀作文和绘画作品，他们都会耐心地整理好，妥善地收藏起来。

在女儿每次为自己的成功感到高兴时，他们也会同女儿一样快乐，从不打击女儿的积极性，只是会适当地给予女儿一些提醒，告诉她还需要积极努力。

就这样，在父母一点一滴的关爱和照顾中，黄晓庆渐渐长大了，父母的赞扬和鼓励也在她的身上显示了成效。1999年，黄晓庆以辽宁省文科第一名的成绩考进了多少孩子梦想的学府——北京大学。

在父母一次次的鼓励与赞美声中，黄晓庆迈进了北大的校门，走向她生命中的又一段成功的道路。女孩的每一次成功，父母都在其中扮演着重要的角色。赞美和鼓励，是带领女儿走向更高台阶的助力器，这种赞美所提供的力量是强大的，所以每一位父母都要学会赞美自己的女儿，加强孩子对成就感的积聚和感知，让她一步步地走向人生的成功。

（3）赞赏要针对孩子的努力。有一位到北欧某国做访问学者的人曾经说过这样一件事：

周末，她到当地的一位教授家中做客。一进门，她就看到了教授5岁的小女儿。

小女孩满头金发，漂亮的蓝眼睛叫人觉得特别清新。她不禁在心里称赞小女孩长得漂亮。

教授叫小女孩过来问好，当她把从中国带去的礼物送给小女孩的时候，小女孩微笑着向她道谢。这时，她禁不住夸奖道："你长得这么漂亮，真是可爱极了！"

这种夸奖是中国父母最喜欢的，但是，这位北欧教授却并不领情。在小女孩离开后，教授的脸色一下子就变得非常严肃，她对中国的访问学者说："你伤害了我的女儿，你要向她道歉。"

访问学者非常惊奇，说："我只是夸奖了你女儿，并没有伤害她呀！"

教授却坚决地摇了摇头，说："你是因为她的漂亮而夸奖她，而漂亮这件事，不是她的功劳，这取决于我和她父亲的遗传基因，与她个人基本上没有关

系。但孩子还很小,不会分辨,你的夸奖就会让她认为这是她的本领。而她一旦认为天生的漂亮是值得骄傲的资本,就会看不起长相平平甚至丑陋的孩子,这就给孩子造成了误区。"

"其实,你可以夸奖她的微笑和有礼貌,这是她自己努力的结果。"教授耸耸肩,说:"所以,请你为你刚才的夸奖道歉。"

后来,中国的访问学者只好很正式地向教授的小女儿道了歉,同时赞扬了她的微笑和有礼貌。

这件事让这位访问学者明白了一个道理:赏识孩子的时候,只能赏识孩子的努力,而不应该赏识孩子的聪明与漂亮。因为聪明与漂亮是先天的优势,而不是什么资本和技能,而努力则基于孩子自身的认知。

当你需要表扬孩子的时候,最好针对孩子的具体表现进行表扬。

比如:"在今天的运动会上,我看到你在最后冲刺的时候,已经非常疲劳了,但是,你还是坚持到最后,并夺得了名次,你真棒!"

"今天放学后,你不仅按时回到家中,而且帮助妈妈洗好了菜,你真是个乖孩子!"

"在公交车上,你看到小偷正在偷一位阿姨的钱包时,能够不动声色地通知司机叔叔,让司机叔叔一起抓住小偷,这个方法真是聪明!"

这样,赞赏的效果针对于孩子的努力,不仅可以让孩子更加努力地保持自己的优点和优势,而且,孩子会认为你的赞赏是经过自己的仔细观察,表明你对她非常关注,情感上的距离也会缩短,这样的赞赏就是沟通的润滑剂。

(4)赞美女儿的五大原则。女孩天性更注重倾听,更注重言语,而且年幼的孩子在心理、思想的发育还显得稚嫩,正确的赞美会让女儿受益无穷,不正确的赞美便有可能对孩子造成误导,失去正确的教育意义。赞美也是一种技巧,所以父母在赞美孩子时也要讲究方法,正确地赞美女儿,从而为女儿营造一个好的成长氛围。

在家庭教育中,父母要注意遵守以下几点赞美原则。

要当众赞美女儿。在赞美女儿时,如果有外人在,对女儿来说有更多的益

处,因为自己的好成绩被更多的人知道,会让她变得更加自信。

及时赞美。对女儿的赞美要及时。不要让孩子在期待得到肯定时沉默不语,否则就会挫伤孩子的自尊心和自信心。

就事论事地赞美。赞美女儿要从具体的事情出发,让她知道怎样做才能得到他人的认同,才对她有好处,而不是夸耀女儿个人,否则孩子会渐渐变得自满起来,并沉溺于受赞扬的状态。

坚持原则。对女儿的赞美不应过于频繁,要掌握分寸。对于女儿没有做得很好的事情,父母应该给予适当的提醒,而不是一味地表扬和赞美,否则会使孩子容易变得骄傲。只有在孩子达到了既定的要求,才给予她赞美,从而给她增加自信。

给女儿一个宽松的生长空间

家庭是女儿成长的港湾,家庭环境好坏直接影响着女儿的个人成长和身心发展,今天是否能够给予女儿一个好的家庭环境,也在一定程度上决定着女儿明天的人生。女儿是上天赐予父母的小天使,在狭窄的空间里,她无法显现自己的美丽,也无法发挥自己的聪明才智,只有在足够的空间里,天使才能将她的可爱与灵动展现得淋漓尽致,给世界带来无限的美好。宽松的家庭环境,所能给予女儿的不仅是自由,更给予了她无限的想象力和创造力,心灵的驰骋和思维的活跃,可以促使女儿创造更多属于自己的东西,更好地形成自己对事物的见解和思考,无论是在学习上还是在生活上,都能起到积极的促进作用。如果总是禁锢孩子,约束孩子,不仅会埋没她的能力,也会影响到孩子的性格,变得内向,不善于表达,甚至胆怯,缺乏自信。

所以,父母要尽量给女儿一个宽松的家庭环境,让她在感受到家庭温暖和关爱的同时,也能感受到足够的空间,使女儿在一个良好的环境下,发挥才智,施展能力,健康快乐地成长起来。

不娇不惯富养女孩

女儿宽松的生长空间，是由父母共同营造的，能够在精神上给予女儿足够的空间是最重要的。那么，父母都应该怎样做呢？在家庭中，父母可以从以下几个方面来做。

（1）给孩子独立自由的空间。张小宇是个上小学四年级的女孩。因为父母对她疼爱有加，所有的事情都为她包办了，所以张小宇什么家务都不会做。父母还时刻担心她的安全，虽然学校距家很近，但是每天父母再忙也会抽时间去接送她。甚至在张小宇与别的孩子玩时，张小宇的父母也在一旁陪伴，怕张小宇与别的小朋友发生矛盾，被他们欺负。

父母几乎成了张小宇的影子，除了上学时间不跟着张小宇，剩下的几乎所有时间父母都陪伴在她的身边。张小宇没有一点自由的空间，她感觉到憋闷、压抑、不开心。本应是快乐的童年，在张小宇眼里却变得很沉闷。

张小宇不但不快乐，动手能力不强，还形成了懦弱的性格。不管遇到什么事情，她都向后退缩，没有自己的主见，没有独立的意识，没有向前的勇气……

父母应该给孩子独立自由的空间，只要孩子不伤害到自己，不侵犯别人，不破坏环境，孩子都可以自由自在地活动。父母还可根据条件给孩子安排一个独立的房间，在这里孩子享有充分的自由。孩子在其中休息、玩耍、学习、发泄不满等，父母不擅自去干预，这对于孩子身心的和谐发展以及能力的培养都非常有益。

（2）给孩子自由支配的时间。阿夏是个很贪玩的孩子，学习不用功，每一次都需要妈妈监督才回家写作业。为了改变她贪玩的习惯，阿夏的妈妈想出了一个办法。她知道孩子想要自由，就与阿夏商量，如果她每天放学后把作业保质保量地完成，剩下的时间都由她自由支配，想做什么就去做什么。

阿夏听妈妈这样说，非常高兴，就同意了妈妈的要求。从此以后，阿夏放学回家后第一件事情就是做作业，甚至有伙伴来找她玩，她也坚持先做完作业，然后才高高兴兴地跟伙伴们一起出去玩。一段时间后，阿夏的成绩不但提高了，也比以前快乐了许多。

在不影响孩子学习的情况下，给孩子充分的自由时间，有利于孩子学会自主

第4章 女孩要富养,不要穷养

地安排事情,提高生活的独立决断力。给孩子更多自由支配的时间,会使孩子更加快乐,学会独立思考,这些都可以为孩子创造能力的培养打下坚实的基础。

(3)让孩子自己去判断和选择。马晓波是个很有主见的孩子。她思路开阔,有很多的想法与主意,她的老师和同学都说她以后有发展前途,有创造天赋,将来肯定会成为一个有建树的人。

其实,马晓波同别的孩子一样,并没有什么特别的天赋,只是她的父母不管做什么事情,都让马晓波自己选择、决定,并且让马晓波说出这样决定的理由,同时还引导马晓波多从其他角度去考虑问题,让马晓波自己去判断哪一种决定正确。

这样坚持下来,马晓波养成了习惯,不管遇到什么事情和问题,她都会自己思考一番,自己去作决定,并且从各个角度去周密考虑,所以她的思路比别人开阔,点子比别人多,主意也比别人的好。

父母当然要当好孩子的参谋,但在孩子发展前途的关口,父母千万不要把自己的意愿强加给孩子,不要代替孩子选择,更不要让孩子为实现父母的理想作出不情愿的选择和牺牲。父母只有从小就给孩子多一些自由的空间,让孩子自己去思考,自己去选择与决定,有意识地培养孩子开阔的思路,才能全面提高孩子各方面的能力与素质。

(4)培养孩子独立生存的能力。有一位到美国探亲的中国学者,遇到了这么一件令人深思的事情:有一天,他正在家中看报,突然有人敲门,开门一看,原来是一个八九岁的女孩和一个五六岁的女孩。大一点的女孩对他说:"你们家需要保姆吗?我是来求职的。"

学者好奇地问:"你会什么呢?年纪这么小……"女孩解释说:"我已经9岁了,而且我已经有了14个月的工作经历,请看,这是我的工作记录单。我可以帮助你照看孩子,帮助他学习功课,和他一起做游戏……"

女孩观察到学者没有聘用她的意思,又进一步说:"你可以试用我一个月,不收工钱。只要你在我的工作记录单上签个字就可以,它有助于我将来找工作。"中国学者指着那个五六岁的孩子问:"她是谁?你还要照顾她吗?"

女孩的回答更令人感到惊奇："她是我的妹妹。她也是来找工作的，她可以用小推车推你的孩子去散步，她的工作是免费的。"

独立自主是健康人格的表现之一。从小学会独立生存的技能，对自己的生活、学习质量以及成年后事业的成功和家庭生活的美满都将产生重要的影响。父母应该尽早入手，培养孩子独立生存的能力，不能只关注孩子身体是否健康、学习成绩是否优异，而更应该关注孩子的精神是否独立、人格是否成熟。

让孩子在社会上能自立、自强地生活是教育的最终目的，所以要在实际生活中让孩子经过锤炼，学会独立生存。

每天传递给女儿幸福感

现今的孩子有太多的理由幸福——不愁吃、不愁穿，爷爷奶奶、外公外婆、爸爸妈妈宠着，要什么有什么，寒假、暑假说不定还有机会到名山大川、异国他乡散散心；现今的孩子也有太多的理由不幸福，奥数"全民皆兵"，琴棋书画少不了要学一样，从小学到高考，"名校"两个字成为爸爸妈妈话语中永恒的期待，做不完的作业，上不完的辅导班，走个神也得见缝插针。

一位女儿才上小学三年级的妈妈说："之前没算过账，仔细算了一下之后吓了一跳，每月花在孩子身上的钱绝对超过了2 000块，真的比上大学还要费钱。"

这位妈妈算了下，在女儿的所有花销中，辅导班是个大头，"周六的书法班每月差不多150块钱，英语补习班150块钱。我还让女儿课外学了古筝，一星期两三次，每月也要800多块钱。暑假寒假花的钱就更多了，拉丁舞、奥数、英语、书法都是少不了的。"

这位妈妈说，她和丈夫的收入并不算高，在当地只能算中等偏下，但孩子每月的教育开销她从来没省过，不过和钱相比，最大的问题还是时间。"像学古筝，我们住城南，找的老师住城北，几乎跨了大半个城，我又舍不得打车，每次

第4章 女孩要富养，不要穷养

都是乘公交车来去，单程就得花近一个小时。"妈妈说，练完琴小雨回家还得写作业，可有一次她在公交车上就睡着了，看得她心里直心疼。

有一次，女儿跟妈妈说："我都要累死了，如果能多一点时间玩玩电脑，那我就感觉很幸福了。"

如今，上面这样的事例在我国有很多很多，一个个活泼可爱的孩子每天疲于奔命，哪有什么幸福感可言！

当一个人感觉到幸福时，就会变得快乐，并在生活中充满动力。同样对于孩子来讲，拥有幸福感能让她们更加快乐健康地成长，生活在幸福感中的孩子，往往更加健康，也更加能干。特别是对于女孩子，感受幸福感更是她们成长过程中的一个重要因素。

心理学中解释道，任何一个孩子在成长的过程中，都会产生"首要幸福感"和"次要幸福感"两个阶段。孩子永远相信父母是爱自己的，并且完全地、明确地相信这种爱是无条件的、毫无疑问的，这便是孩子产生的"首要幸福感"，这种幸福感大约建立在3岁，无论孩子在这一时期接受的爱是多是少，都会成为一生难以动摇的心理基础。因此"首要幸福感"牢固的孩子，能够很好地面对生活中的挫折，不易被日常生活的动荡起伏所左右，常会充满信心，精力充沛。而"次要幸福感"是指在日常生活中孩子所感受到的快乐，例如弹钢琴、跳舞、做游戏等。

"次要幸福感"大多建立在"首要幸福感"的基础之上，如果孩子"首要幸福感"不稳定、不牢固，那么她的"次要幸福感"也很难获得健全，容易造成心理上和精神上的缺失。

在家庭生活中，孩子幸福感的建立完全来自于她的父母，孩子能否健康茁壮地成长，就在于她所接收到的"幸福感"。只有给予孩子足够的幸福感，才能为孩子提供一个好的成长环境。因此，父母要让孩子感受到更多的爱，对于女儿，就更要精心呵护和照顾，每天给女儿足够的"幸福感"，让孩子的生活始终与幸福相伴。要给女儿足够的幸福感，父母们可以从以下的几个方面来做。

（1）尊重孩子。女孩子需要父母的尊重，孩子是独立的人。外在强加的活动对孩子来说是痛苦的，尊重孩子比送她贵重的玩具更能让他幸福。

（2）微笑和拥抱。父母对孩子微笑等于对孩子说："我爱你！"在女儿身边的时候，一定要拥抱她。专家指出，每天给一个孩子4次拥抱，仅是生存需要；给她8次拥抱，她能保持好的状态；给她16次拥抱，她才会成长。父母要记住，每次微笑和拥抱对孩子都是有好处的。

（3）倾听，走进女儿的内心世界。对孩子来说，你能专心听她倾诉是很重要的事情，这表明你在关注她，即使她讲述的事情你可能已经听过一遍，但是不要打断他，只要把注意力放在她身上就好了。

（4）接触大自然。和女儿一起去滑雪，一起骑车，一起在公园里玩，这样可以让孩子更健康、更茁壮，还能让她拥有更多的欢笑与快乐。经常运动能让孩子身心放松，能让孩子有健康的体态，也能让孩子因为自己能完成一些体育活动而获得自豪感。如果你鼓励她去做他喜欢的运动，或许她还能从这项运动中得到更多的乐趣。

（5）向孩子表示爱意。把握爱的"质"和"度"，坚持物质的爱与精神的爱相结合，坚持"大爱"与"小爱"相结合。向孩子表示爱意，这是孩子最基本的需要之一，这能让她感到自信，感到安全。

（6）学会倾听孩子讲话。在家庭中，孩子从父母那里获得的不仅仅是爱和关怀，还有尊重与重视，对孩子表示重视和尊重的最简单办法就是专心地听孩子讲话。在多数父母看来，孩子的不少话对她们来说都是无关紧要的，甚至是妨碍了她们做正经事，于是常常会忽略自己的态度，对孩子爱答不理。但是对于孩子来说，这却是尤为重要的事，在孩子向父母诉说时，父母不专注的眼神和表现往往会使她们产生失落感，自尊心受到伤害。因此作为父母，不论你在做什么，当孩子希望向你简述一些事情的时候，都应暂时停下来，并且不要打断她的话，让孩子感觉到你的专注，给她一个完整的思路。

（7）教孩子关心别人。女孩子需要感受到她是集体中有价值的一员，所以父母要让孩子能够通过一些有效的方式触及别人的生活，给孩子更多接触别人的机会，让助人为乐的感受慢慢走进孩子的心灵。

第4章 女孩要富养，不要穷养

（8）让艺术走进孩子的心灵。古典音乐对促进大脑发育有着不可忽视的作用，而且接触音乐、舞蹈以及其他任何类型的艺术，都能丰富孩子的内心世界。弹钢琴、听音乐能给孩子一个情绪发泄的出口，这是孩子表达对自己、对世界的感受的一种创造性的方法。这种感觉来自于孩子对艺术的感受过程，无论是在学钢琴，还是参加幼儿园的演出，都能让孩子觉得她是优秀的。

（9）给孩子展现自己的机会。每个女孩子在某个方面都有天才般的本领，为什么不让她展现一下呢？她喜欢书吗？你做饭的时候让她读给你听；她对数字很敏感吗？购物的时候，让她帮你挑选价格最合适的商品。当你调动起孩子的积极性，并展现出你对她的表现很满意时，你就开辟了另一条让孩子更自信的道路。

（10）给孩子一些让步。每一个人都会有着这样那样的缺点，所谓"人无完人，金无足赤"。在父母心中，都希望自己的孩子尽量完美，成为别人眼中的焦点，上帝的宠儿。于是在家庭教育中，父母经常会给女儿指出这样那样的问题，不断地纠正她的做法，然而却不知道，这样事事苛求很可能会在不经意间挫伤孩子的自信心，而且还可能丢失不少与孩子进行情感交流的好机会。例如，当孩子充满干劲地擦过家中的地板之后，你又无所顾忌地重新擦一遍，你的行为就如同在质疑孩子的能力。因此父母要尽量多和孩子进行一些情感上的交流，不要太过苛求她，让她有一个轻松的精神状态，这样才能更好地成长。

第5章
"富"养，养出女孩的高贵

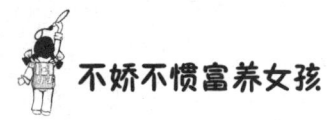
不娇不惯富养女孩

女孩的未来，是父母选择的

1981年7月29日，容貌高贵、体态优雅的戴安娜披着7米多长的婚纱，在圣保罗教堂与查尔斯王子立下永生相爱的誓言。无数的男女老少从四面八方赶来，他们中有人甚至昨晚就已露宿街头，只为亲眼目睹这场王子与公主的童话。

在近百万国民的狂热欢呼声与全球7.5亿电视观众的瞩目下，戴安娜穿着那件象牙色婚纱，成为了童话故事中幸运的"灰姑娘"。当查尔斯王子送上深情的一吻，戴安娜彻底沉浸在了幸福的喜悦和爱情的甜蜜之中。

戴安娜，一个永恒的名字，她是人们心中永远的"威尔士王妃"。

从平民到王妃，戴安娜的前半生走上了一段童话般的历程。当她出现在人们面前的时候，人们惊异于她的美丽、动人、高雅、端庄。尽管她并非显赫的家庭出身，但她的美已经征服了挑剔的英国人。良好的成长环境，给戴安娜的王妃之路铺上了鲜花。

16年之后，"英格兰玫瑰"戴安娜不幸在车祸中逝世，当死讯传来，同样是在威斯敏斯特教堂外，成千上万的人手捧鲜花为她祈祷。令举世同悲的，不仅因为她是容貌美丽，更重要的是她生前热衷于慈善事业，她在萨拉热窝访问战争致残的儿童、毫无间隙地与艾滋病人和麻风病人握手、在津巴布韦积极地为难民们分发食品、为抗艾滋病和抗癌协会筹款在纽约拍卖自己的服装……就在去世前的三个月前，她还访问了波斯尼亚。到戴安娜去世为止，她与世界150个慈善机构有着密切的联系，并且是许多慈善机构的直接赞助者或经理人。对慈善的关注让戴安娜的名字深深地铭刻在了人民的心中。尽管婚姻不如童话般完满，但没有人责怪戴安娜，她依然是正统的王妃代表，哪怕时隔多年之后，查尔斯王子再娶，人们也不禁不住回忆起当年戴安娜的美丽和优雅。

第5章 "富"养，养出女孩的高贵

戴安娜的人生，既有甜蜜的结合和对美好生活的向往，也有婚姻的失意和专注于慈善的崇高。这些跌宕起伏的人生，已经足够让人们记住她，怀念她；也足够让一个女孩展现自己的美丽和善心。

为何在众多英格兰女孩中，偏偏只有戴安娜有这样的机会？因为父母给她的容貌、家庭给她的气质和教育给她的品格。可以说，这个女孩的命运正是家庭决定的。古往今来的女子的命运，何尝不是如此？

有教养的家庭走出来的女孩大方得体，缺少关爱和教育的女孩往往不能得到好的婚姻和人生。即使是同一个家庭走出来的两个女孩，由于父母的关注程度和对待态度上细微的差异，也能导致两种不同的命运。

在一个普通的公务员家庭里有两姐妹，姐姐从小听话、温顺，父母总是对她很放心，也从不过多地关注她；妹妹性格倔强、淘气，而且长相很可爱，因此常常得到亲戚们的夸奖和父母的关注。正如"马太效应"一样，姐姐得到的关注越来越少，而妹妹却越来越出众。姐姐上了一所不太理想的大学，毕业后回到家乡继承父亲的"衣钵"，做起了公务员；妹妹则考上了很好的大学，顺利读完了研究生，在国外从事汉语教学。

虽然姐姐和妹妹的人生孰好孰坏还不能简单地判断，但是按照很多名人对人生的定义是要"多经历一些事情，明白一些道理"来说，妹妹的人生无疑更加丰富，她可以自由选择的舞台更加宽广。同样是一个家庭的孩子，但是父母不同的态度，成就了女孩不一样的人生。

虽然现在人们总是喜欢说不要"溺爱"孩子，但事实上很多家长不是在溺爱孩子，尤其是女孩，爱她越多越好，绝对不会把孩子爱坏了。现在看起来好像是父母很迁就孩子，实则是对孩子的关注不够。如果你的家庭中有一个小女孩，家长们需要格外注意对女孩子的关注。一方面是因为女孩的心灵比较依赖别人的关注，女孩的性格和对自己的看法往往来自父母的言语和态度；另一方面也是因为女孩有很多问题都是由于缺少关注造成的。

女孩子性格孤僻、倔强、缺乏自信、妒忌心重等等，这些心理问题都是因为父母没有及时给以关注、没有及时抚平她心中的不平衡造成的。

不娇不惯富养女孩

我们建议父母要在每天抽出一段时间来和女孩沟通,最好是在她入睡前的一个小时,可以和她谈谈今天的收获,给她讲讲童话故事,和她一起读一首小诗、听一段音乐等等。即使不是言语上的交流,但是父母和女孩在一起的话,也能起到很好的"关注"的效果。

对于长期工作在外地的父母而言,关注女孩有点力不从心。这时候父母最好能按时给女孩打电话,并且一定要守时。这样的行动看起来很简单,但是能告诉女孩,你一直在关注她,她是你生活中的一部分,你一定会出现在说好的时间里。这样有益于女孩找到安全感和归宿感。

有条件的父母,最好能够带着女孩去见见外面的世界,或者就是到自己工作的地方去看看,这样也是在增加女孩被爱的感觉。

仅有物质远远不够

几乎没有人会喜欢"拜金女""败家女""豪门艳女"这样的称呼,但娱乐圈中带着这种"头衔"的明星还真不少见,帕丽斯·希尔顿应该算得上其中最著名的一位。

帕丽斯·希尔顿的祖父是全球连锁的著名酒店希尔顿酒店的总经理,希尔顿国际酒店集团在美国经营管理着403家酒店,其国际酒店集团在全球80个国家内有着逾71000名雇员。就是这样一个大集团的千金小姐,给人的印象却是一个地地道道的"拜金女"。她不缺少奢侈品和财富,但她似乎永远缺少满足感,于是不断地制造话题,哪怕是成为不怎么好的话题。

希尔顿曾经因为驾驶执照被吊销后仍然开车被判入狱45天,一下子她成为媒体重点关注的对象。"希尔顿4.6亿遗产落空,其放荡给家族抹黑""帕丽斯·希尔顿极度自恋,主动给狗仔队爆料""希尔顿出狱后再泡夜店,改过自新宣言成泡影"这样耸人听闻的标题一夜之间长达三页!

希尔顿是20世纪70年代两位著名童星金·理查兹和卡仪·理查兹的外甥女,

第5章 "富"养，养出女孩的高贵

她与两位著名影星莎莎·嘉宝和伊丽莎白·泰勒也有着亲戚关系。祖父是著名希尔顿酒店集团现任主席巴伦·希尔顿。

小时候的帕丽斯与家人居住在不同酒店的总统套房，包括曼哈顿的华道夫-阿斯多里亚酒店、比华利山和汉普顿。曾到加州上流社区——雪曼橡树区（Sherman Oaks）的巴克利学校（Buckley School）念过书。后来由于美丽的相貌和出众的家世走向了娱乐圈。其实帕丽斯在娱乐圈中除了话题，能够彰显她的演艺才华的作品并不是很多，可以说这个女孩要成为费雯丽、奥黛丽·赫本那样的经典影星，还有很长的路要走。不过，她的家族财产帮她少走了一段常人需要艰苦打拼才能走好的起步阶段，而她张扬的性格又无形中减轻了她出名的压力。仅仅是入狱3天之后旋即出狱的新闻，就令她身价倍增。但这些外在的优势，对一个有志于表演的人来说真的会是优势吗？

因为无证驾驶入狱后，希尔顿尽显千金小姐的做派。她打电话向家里人抱怨监狱的伙食很简陋，自己根本就没有吃东西。"牢房冰凉冰凉的"，由于无法携带自己的枕头进监狱，希尔顿晚上失眠，不停地哭泣，令整个监狱的人都感到极度厌恶和不满。从总统套房到监狱，希尔顿当然有很多委屈要哭诉。

中国的"富二代"中，也不乏希尔顿似的人物。看一看香港的街头小报，就知道很多富人家庭的教育问题不少。普通家庭太宠孩子以至于酿成悲剧的故事，比希尔顿有过之而无不及。

有一个女孩从初中开始就喜欢上了一位著名的影星，并且一直幻想着要和他成为神仙眷侣。她为了追星放弃了读书，自己的小天地里面贴满了心目中的王子的海报。看着女儿痴情于明星的时候，让人惊讶的是父母也支持她，不惜卖血卖肾去换一张看明星演唱会的门票。

由于女孩陷入太深，他们举家都搬迁到了明星经常居住的地区，并且通过媒体要求那个明星对自己的女儿负责。从清纯的小女孩到二三十岁的成人，那个有着追星梦的女孩似乎一直没有长大，没有清醒。她的同学都已经工作、成家，可她自己还是沉醉在自己的梦中。

后来，女孩的父亲因为女儿追星被媒体放大后的一连串事情而跳海，他的

遗言不是对女孩的劝诫或者祝福,而是对明星的口诛笔伐。"你配不上我的女儿""我女儿为了你耽误了十几年的青春"等,让人不禁感慨:难怪女儿如此痴狂,只因为父母对她的爱太荒唐。

养育女孩,并不是满足女孩生活上的一切需求就够了,哪怕拥有国际连锁酒店的希尔顿家庭,也不能保障一个女孩能够终身幸福,受人尊重;养育女孩,也不是仅仅答应女孩的一切需求就可以了,为女孩在错误的道路上披荆斩棘,只可能通向悲剧。

我们一再重申,抚养女孩的核心就是关注女孩心灵上的成长,包括女孩的内涵提升、品质养成、道德培养和才艺培养等等。

但是现在有一个趋势就是,父母普遍给女儿的物质较多。一方面是生活条件上的,各种各样的玩具和衣服,让女孩子们一个个都很娇贵;另一方面是心灵上的,总是一味地满足,亲戚和长辈也总是争相表示宠爱,这样下去女孩子们缺少了"挫折教育",很容易养成唯我独尊的性格,遇到问题的时候总是习惯性地抱怨、找父母求救,用眼泪来拖延时间,这样的女孩子最终是不会让人喜欢的。

其实,有很多父母也明白这个道理,但是就不知道如何对女孩的一些坏毛病防微杜渐。一个人的习惯养成不是一朝一夕的事情,同样要培养一个女孩也不是一两次注意就能解决所有问题的。在以后的篇幅中,我们会详细地讲如何培养女孩的品质。只是在这里,要说明为什么把培养女孩的过程定义为"富养"、为什么富养的核心又是精神培养。

把钱和时间花在女孩需要的地方

正如现在社会所宣传的那样,真正会理财的人,不是赚了很多钱然后大手大脚的人,而是能够在有限的经济收入条件下,把日子过得有滋有味的人。同理,会教育的人不是一天到晚都守着孩子不放松的父母,而是在保证自己的生活和孩子的成长的条件下,教育得最轻松最自如的父母。

第5章 "富"养，养出女孩的高贵

我们常常看到一些不合常理的现象：经常被父母管这管那的小孩，反而什么都不会做；很少被父母批评和干涉的小孩，独立生活的能力更强。是因为"清者自清浊者自浊"吗？当然不是，而是两种家庭的父母在教育上的着力点不同而已。

当你找到了正确的教育点，可以像科学家说的那样，用一个支点撬起整个地球来。我们可以看看居里夫人的故事。

居里夫人本名玛丽，1867年出生于波兰华沙市，当时波兰正在俄国统治之下。她的父母都是教师，失业后承包了学生食堂，年幼的玛丽也要帮忙做饭。在压迫中降生、在铁蹄下长大的小玛丽不明白为什么波兰的孩子不准学波兰话，不准看波兰书，还要在沙俄监察员的监视下学习。这时候父亲只告诉他："你要热爱你的民族。"这句简短的话，对居里夫人一生都产成了无尽的力量。

中学毕业后，玛丽当了家庭教师。当时的波兰大学是不收女生的，所以她梦想去巴黎学习物理和化学，刚好姐姐幻想到巴黎学医，她们于是一点一滴地积蓄着去巴黎求学的费用。最后姐姐先到巴黎，她则留在波兰挣钱供姐姐上学。

玛丽不仅刻苦自学，而且不辞辛苦地到波兰农村给孩子们讲授科学知识，这样做是随时都有可能被密探们发现并被沙俄监察员抓走的。可是玛丽的心目中只有一个念头：为被压迫的祖国服务，为祖国的解放而学。5年后，姐姐获得了博士学位，玛丽来到巴黎索尔本学院求学，她穿着破旧衣服，住着简陋小屋，用面包和茶水充饥。大学的图书馆紧紧地吸引着玛丽，一次，她忘了吃饭，晕倒在图书馆。

玛丽每晚离开图书馆回到自己的小屋里，继续在煤油灯下用功，一直到后半夜两点钟。当她躺在床上休息的时候，又被冻得不得不爬起来，她只好把自己所有的衣服全部穿上，再重新躺下。艰苦的生活，刻苦的学习，弄得这位年轻的姑娘面色苍白、容颜憔悴。但是，在索尔本学院的学位考试中，玛丽以优异的成绩获得了物理学硕士第一名。

1914年当德国侵略军逼近巴黎的时候，居里夫人带着大女儿毅然走上了反侵略战场。居里夫人研究用汽车上的发动机发电，在汽车上安上一套X光射线设

不娇不惯富养女孩

备,士兵们亲切地叫它"小居里"。一天早晨,居里夫人乘坐的那辆"小居里"突然发生了事故,跌进了路旁的战壕里,居里夫人被摔昏了过去,这可把年轻的司机吓坏了,再也不敢开汽车。居里夫人开始刻苦学习驾驶技术。几个星期后,她又成了一名合格的司机。从此,居里夫人亲自驾着汽车,不知疲倦地从一个诊疗站跑到另一个诊疗站,一下车,就投入了透视、照相的紧张战斗……

几十年来,居里夫人由于长期从事放射性物质的研究工作,实验环境却很恶劣,对身体的保护也不够严格,放射性元素严重伤害了她的身体,她的血液渐渐受到了破坏,患上了白血病。她还患有肺病、眼病、胆病、肾病,甚至患过神经错乱症。在居里夫人看来,科学研究要比她本身的健康更重要。她曾为了能参加世界物理学大会,请求医生延期施行肾脏手术;她曾带病回国参加镭研究所的开幕典礼;她曾忍受着眼睛失明的恐惧,顽强地进行科学研究。直到她生命的最后一刻,由于恶性贫血、高烧不退,躺在床上的时候,她仍然要求女儿向她报告实验室里的工作情况,替她校对她写的《放射性》。居里夫人1934年7月4日病逝,她把她的一生完全献给了伟大的科学事业。

玛丽的父亲用一句话成就了女儿伟大的一生,一个热爱民族的女孩,还有什么问题不能解决呢?同样的,居里夫人也用一些简单的生活哲学,养育了一对优秀的女儿。

居里夫人的丈夫很早就去世了,政府提出帮忙她抚养两个女儿。年轻的居里夫人谢绝了,她说:"我不要抚恤金。我还年轻,能挣钱维持我和我女儿们的生活。"

在养育女儿的过程中,居里夫人没有把小孩子扔在家里让她和姐姐玩耍,以科学之名推脱自己身为母亲的责任。在笔记本上,居里夫人像做实验一样每天记载着小女儿的体重、吃的食物和乳齿的生长情况。"伊蕾娜长了第七颗牙,在下面左边。不用人扶,她可以站立半分钟。3天以来,我们给她在河里洗澡,她哭,但是今天她不哭了,并且在水里拍手玩水……"

在一本食谱的空白处她写道:"我用8磅果子和等量的冰糖,煮沸10分钟,然后用细筛过滤。这样得到4罐很好的果冻,不透明,可是凝结得很好。"

第5章 "富"养，养出女孩的高贵

居里夫人第二次获得诺贝尔奖时，特地带上了女儿伊蕾娜，让她与自己分享这份荣耀。"一战"爆发以后，居里夫人征求孩子们的意见，是否同意将保障她们生活的财产捐给国家，两个女儿都欣然同意了。随后，她们又加入战地救护的队伍当中。居里夫人用自己的专业知识，亲自创设并且指导装备了20辆X光汽车和200个X射线室。没有司机的时候，她就自己开车到外面营救伤员，遇到故障，她就下车自己动手修理。

作为一个年轻的母亲，居里夫人并没有比别人有更多的优势，她有科研项目，还是一个寡妇。但她坚强的意志和乐观勇敢的生活态度，使一切都不能将她击倒。这种品格，也影响着她的女儿们，最终，伊蕾娜也成了诺贝尔化学奖的获得者。

很多人担心，不知道怎样去教育孩子珍惜人生、积极进取。其实，只要你自己是一个积极进取的爸爸或者妈妈，孩子自然就能拥有阳光的心态和性格。孩子对人生的所有理解，都是从父母的身上慢慢感悟到的。正因为如此，家长们才更有必要去改变自己，提高自己。

如果你想要孩子不贪财，你自己先不要动辄谈钱；

如果你希望孩子能够自立自强，那么你就要给孩子做好榜样，自己的事情尽量自己做，不要留给爱人，也不要逼迫孩子去做。

如果你想要孩子性格上健康，容易相处，那么你自己首先不要有古怪的习性，也不要太在意甚至放大孩子性格上不太完善的地方。

知识是对女孩最有益的投资

据说，每个犹太人在小时候都会被问道，如果家里着火了会带什么出来，父母会引导孩子回答是书本。因为书本是最宝贵的财富。而书本最终能够带给人的，就是知识。想要让女孩一辈子过得幸福、充实，就要给她足够多的知识，去应对人生中的各种困难，争取各种机会。

不娇不惯富养女孩

我们都很熟悉的主持人曾子墨,就是一个典型的博学多才的女孩。她的自我介绍就能说明这一点:"我是曾子墨,曾子的曾,孔子的子,墨子的墨。"

翻开曾子墨的简历,你会发现上面有这样的记载:"参与完成了摩根斯坦利历史上最大规模的并购交易。1998年回到香港,加入摩根斯坦利亚洲分公司,1年后升任经理。2000年,加入凤凰卫视资讯台担任财经节目主播,主持的栏目包括《财经点对点》《财经今日谈》和《凤凰正点播报》。2001年采访于香港举行的财富全球论坛,3天内总共采访了8位大企业和财团的领袖,并参与制作专题节目《复关入世十五年》。2002年采访了亚洲开发银行35届理事会年会和'两会'。参与拍摄的纪录片《我们在朝鲜的日子》获得观众一致好评。现担任《社会能见度》《世纪大讲堂》以及《经济制高点》的主持人。"

如今,呈现在人们眼中的这个意气风发的女子,再也不是记忆中那个梳着小辫、用春秋战国时期的三个"子"来介绍自己的小女孩了。在她身上,人们所看到的,是一个美丽、坚定,有着巨大能量的都市女主播。

而她今天所拥有的一切,都与她扎实的学问和深厚的积累分不开。

从小,在子墨的观念里,在家就要做一个好孩子,在学校就要做一个好学生,就算工作,也一定要做一份最好的工作。高三时,当别的同学正在高考的煎熬下彻夜难眠,曾子墨就以北京市模拟考试前三名的成绩被保送到人民大学金融系。1年后,当别的同学正在托福中冲刺的时候,她以托福660分的高分被达特茅斯大学以全额奖学金的方式录取。1996年毕业后,曾子墨在美国华尔街的摩根斯坦利从事投资工作,在担任分析员两年中的出色表现使她成为该公司最耀眼的明星员工。出色的成绩,让子墨与众不同。

同样,著名的才女"老徐"徐静蕾也是一个凭借才气打开视野局面的女孩。她的博客点击量长年高居榜首,"这不是我的工作,也不是我最爱的一种表达方式,然而这无疑是我觉得最舒服的一种表达方式。"在自己的博客里,嬉笑怒骂、爱情、事业、朋友,徐静蕾既无话不说,也能调整好与大众的距离。

点开徐静蕾的博客,这个小小的地方和她的人一样,清新淡雅,白净的背景,简单的文字,没有浮躁和喧嚣,有的只是一丝安静、一点惬意,而这一点点

第5章 "富"养，养出女孩的高贵

的感觉就足以吸引无数博友每天来到这里，偶尔留留言，向对好友倾诉一样，和老徐成为朋友。

她写自己的喜怒哀乐，写亲人朋友，写剧组工作。做演员她拿过百花奖，做导演她拿过金鸡奖，更令人意想不到的是，她还唱歌、出书、开公司。对徐静蕾本人而言，向自我不断地探寻或许是她永远的追求。

观众第一次认识1974年出生的北京女孩徐静蕾，是她在赵宝刚导演的电视剧《一场风花雪月的事》中扮演的女警察。但是在演出了几部戏之后，她觉得如果一个东西完全变成一份很职业化的工作的话，就没有了创新，所以开始考虑拍电影。于是，她在1年内接了4部电影，并凭借主演的电影《开往春天的地铁》获得了百花奖最佳女主角。

2002年，徐静蕾又一次决定改变自己的人生。一向十分有主见的徐静蕾这次接受了一个好朋友的建议。她决定执起导筒，用自己最喜欢的方式来表达。这一次她夺得了金鸡奖最佳导演处女奖。就是这个金鸡奖最佳导演处女作奖让徐静蕾惊喜万分，因为这部《我和爸爸》毕竟是徐静蕾的第一部导演作品，能受到专家的肯定自然十分难得。自此，她的称号从"玉女"变成了"才女"。2004年，她荣获第52届圣塞巴斯蒂安国际电影节最佳导演奖；2006年，她荣获第14届大学生电影节最受欢迎导演奖。在经历了岁月的磨炼之后，徐静蕾终于由一个"玉女"转化为集表演、编剧、导演、制作于一身的"才女"。

"人大多数生活中95%的时间都是作为一个普通人活着。"回头再看徐静蕾，的确是个耐看的人。略施粉黛的亲切笑容，让人感觉犹如邻家女孩般亲近，正如老徐说的，现代人都具有漫长的青春期。不同于娱乐圈的繁华、艳丽，老徐是个清新、淡雅、内外兼修的人，这种气质源自一个人的内涵。

而老徐的这般花样人生，与她年幼时被逼着写字、逼着读书又是分不开的。在浮躁的娱乐圈中，她是一个真正有文化的才女。

知识改变命运，对女孩来说尤其是如此。可能很多父母并不知道美国的脱口秀节目主持人奥普拉·温福瑞。但她的成长，值得每一个家长细细体会。

奥普拉小时候生活的环境很糟糕，她逃学、吸食毒品，甚至在14岁的时候

流产一次,她的妈妈把她赶出了家门。奥普拉以为自己会像一个混混一样度过余生,但她生命的转折点,就出现在14岁那年。

对她忍无可忍的母亲把她扫出家门,扔到父亲那里。继母命令她每周背诵20个单词,否则别想吃饭。父亲与继母一唱一和,两人的执著让人敬畏,尤其是父亲,他制定了教育大纲,以大纲为基础来统领、构建和引导温弗瑞的成长。读书、读书、再读书,温弗瑞完成了继母布置的任务后,还要继续满足父亲的要求——每周写读书报告。

"有些人让事情发生,有些人看着事情发生,有些人连发生了什么事情都不知道。"她的童年是在黑暗中长大的,却意义非凡,温奥普拉永远记得父亲跟她说过的这句话。那时,她就开始反省自己到底属于这几种人中的哪一种,自己是不是也应该主动让事情改变。

于是,奥普拉改头换面,她参加了学校的戏剧俱乐部,并常常在朗诵比赛中获奖。在费城举行的有1万名会员参加的校园俱乐部演讲比赛中,她凭借一篇短小震撼的演讲拔得头筹,赢得1000美元的奖学金。1983年,坚持不懈的奥普拉终于遇上了自己的伯乐,慧眼识珠的"AM芝加哥"电视台老板顶着压力,史无前例地以23万美元年薪聘用了这位体重200磅的黑人女子当"脱口秀"主持人。奇迹出现了,30天后,奥普拉的访谈节目收视率直逼全台首位。

无论是曾子墨式的一路优秀,还是老徐式的"十项全能",抑或是奥普拉式的崛起,都在告诉父母,只有知识才能改变女孩的命运。

可能有的父母会说,我们也知道女孩应该有很多知识,但是我们家的孩子就是不爱读书,有什么办法?

其实,那只是父母的一面之词,其实很多女孩子还是爱读书的。学习是女孩天性中的一部分,但如果大人给孩子学习太大的压力的话,她们就会变得不爱学习。有时候,那些抱怨孩子不爱学习的父母,往往自己首先就是不爱读书学习的人。

"你怎么不能多看点书?"其实,这些孩子往往周围除了教科书没有什么书可以读。

第5章 "富"养，养出女孩的高贵

在这里提醒女孩的父母们，如果你想要女孩变得爱知识，首先你要尊重有知识的人，比如你们的很有水平的邻居、女孩的老师等；另外，父母最好是能够和女孩一起学习，让她们感受到学习的乐趣来。

正如我们上文中提到的优秀的女孩子们的成长经历中展示的那样，要么你的女孩是一个品学兼优的学生，要么让她多才多艺，要么逼迫她改变自己，找到自己的价值。其实，每个人的成功方式都不一样，最重要的是你能找到最适合你家女孩的那一种。

利用身边的资源对女孩因势利导

很多在北京读完大学的人，工作后都会说："我真后悔当初没有多去几家博物馆、多逛几个展览馆，多听听歌剧，多看看电影，多参加比赛……总之，北京这里的资源都被自己浪费了！"

确实，我们身边有很多的资源可以利用，在教育上也是如此。有人说，我想给女孩很多书，但是家庭条件不允许。那么你可以带女孩去市里最好的图书馆，那里有最丰富的图书和完好的保存图书的系统；如果你想要培养女孩的音乐天赋而苦于没有很好的乐器和教师来教她，至少你可以让她多去听听学校的音乐会，去音乐学院的小路上走走。

如果我们把教育看成是在一个封闭的空间中传授之时，那当然会让很多父母在精力上和能力上捉襟见肘；但是如果你将教育看成是女孩的"社会化"，那么其实你的身边就有很多的教育资源可以利用。

有形的资源，是图书馆、博物馆这类的公共设施。其实很多人都明白大城市的好处，于是不惜一切代价要将后代留在大城市里面。但是很多人即使身在城市里，也不能很好地利用其身边的资源。如果你连二三线的城市里面的公共资源都从来没有想过去利用，那到了北京这样的大城市中，又如何有能力去调配城市资源为你服务呢？

不娇不惯富养女孩

更重要的是，其实我们生活中还有更多比图书馆有价值、有能量的教育资源在被忽视。比如我们的成长环境、时代的背景等。也许这样说很多家长都不是很明白，那么我们来看看著名的记者法拉奇的故事。

法拉奇出生在"二战"中，当美国飞机轰炸她居住的佛罗伦萨时，她还是个孩子，蜷缩在一个煤箱里，恐惧得号啕大哭。一旁的父亲不但没有安慰她，反而给了她一记重重的耳光："女孩子是不哭的。"从那以后，法拉奇跟着父亲从事地下活动，学会了使用手榴弹，父亲的英勇形象，也成为让她骄傲和效仿的对象。

很多人说战争带给人心灵上的伤害是无法愈合的，同样，战争带给人的力量也是和平时代的人们难以理解的。亲眼目睹"二战"的法拉奇，一直无法摆脱法西斯的阴影，她厌恶德国，厌恶法西斯和一切形式的极权主义。"我不知道纳粹分子和德国人是两码事，所以我对德国产生了刻骨仇恨。"仇恨和反抗，是法拉奇从父亲那里学到的生存智慧，直到她成名之后，也承认："我永远忘不了那记耳光，对我来说，它就像一个吻。"这个吻擦干小女孩的眼泪，带走了她的懦弱，让她像一个勇士一样勇往直前。

法拉奇从16岁开始做新闻写稿人，22岁时，已经是个小有名气的记者，她的新闻稿不是普通的流水账，而是具有鲜明的个人色彩，这让她得到了在更大的媒体工作的机会。但是，她从不认为自己只是个记者，"想想吉卜林、杰克·伦敦和海明威，他们是被新闻界借去的作家"。法拉奇一直想像海明威那样，做一个虽然从事新闻工作，但是不失自己的作家才华和声誉的撰稿人。

也许是为了保持自己的个性，法拉奇做事情总是充满激情，不太在意别人的评价和感受，只在乎自己的感想。她采访皇室成员的时候，记者们要求她召开记者招待会，第二天报纸的标题是《她让皇后等待》。诸如此类的事件多了，人们渐渐感受到了法拉奇的风格。

这种风格为她赢得了读者，但也让她失去工作，因为她坚持自己的风格。"首先得让我听听他会说什么，我将基于他的演说来写"，可是编辑坚持要她写出讽刺性的文章。

第5章 "富"养，养出女孩的高贵

"如果那样，我就不写。"两小时后，她收到解聘通知单，编辑对她说："永远不要往吃饭的碗里吐口水。"

"我就要吐，然后给你吃。"

其实，法拉奇不是在往自己的饭碗吐口水，她不愿意弄脏自己的碗。她对自己的作品精益求精，在她的文学作品《印沙安拉》出版以后，法拉奇就不肯再谈论她早期的《好莱坞的七宗罪》和《无用的性别》。她觉得自己年轻时候的文章都不成熟，那些花俏"会损害严肃负责"的形象。这两本书她拒绝再版，还强烈反对选取她的文章出版作品集的行为，"我觉得这样做太可笑了"。

法拉奇从不向权利谄媚，越是想让她"冷静"的人，越容易引发她的报道热情。或许她一直不认为自己是在撰写新闻，而是在完成一部荒诞离奇的小说。

战争让法拉奇变得坚强，而把魔鬼一样的战争变成教育的阵地的，就是法拉奇的父亲。"你必须学会如何活下去，而不是流眼泪。"这样的话对年幼的法拉奇来说，就是一堂生动的生命课。

其实，我们生活中经历的任何一个困难，任何一次失败，任何一个新朋友，都是教育的绝佳机会。正如艺术家说的那样，生活中不是缺少美，而是缺少发现美的眼睛；生活中不是缺少教育资源，而是缺少发现教育资源的父母。

很多人会盲目地给孩子报班、换学校、换老师等，看起来好像是在说，我们现在生活的空间不够，资源不够，需要给女孩更大的平台。

但是很多人其实并没有利用好身边的教育机会。比如开的士的爸爸，为什么一定要让女儿和那些富翁家的女孩一样成长呢？你为了生活而到处奔波的行为，就是很好的教育课。如果你让女儿和你一起出车一天，甚至大胆地在自己的车上贴着"带着女儿体验生活"的招牌，相信没有人会因为你载着一个小姑娘而拒绝打车。

说到底，现在还是有很多父母缺少创造性，不能够很好地利用自己的生活经历去教育孩子。相信任何一个看过自己的母亲半夜起床准备早点、看到自己的父亲忍着病痛去上班的孩子，就不会一意孤行地还要奢侈品。

把眼前的生活过扎实，不要盲目改变自己，这才是真正高效教育的精髓。

不娇不惯富养女孩

培养女孩心灵上的富足感

西方有种说法，当人死亡之后，他的体重减轻了21克——那是灵魂的重量，他们还说，由于狗死后体重没有变化，因此狗没有灵魂。灵魂，被科学家们在完全密封的环境中称出来的这个数字，用更直观的说明是，不足两袋速溶咖啡的重量，但对人却有着至为重要的作用。

如果一个人活着没有原则，没有信仰，没有追求，我们就说他是没有灵魂的人，是行尸走肉。文学作品中有很多这样的形象，比如华盛顿鄂文的《魔鬼和汤姆沃克》中的汤姆，把灵魂出卖给了魔鬼，魔鬼对他说："你要勒索债券，取消抵押的赎回权，把商人逼到破产……"汤姆利用魔鬼交给他的方法，变成了一个有钱有势的人。他为了炫耀自己，给自己造了一栋大房子，然而由于他的吝啬，房子的大部分没有盖完，里面也没有家具。他给自己配了马车，但是却要把马饿死了；鄂文在文章中这样描绘："当那些没有上油的车轮在车轴上尖叫悲鸣时，你会觉得你听到了他压榨的那些借债人灵魂的呼喊。"

像汤姆那样的为了金钱而出卖灵魂的人，任何国家的历史中都有很多。他们不仅存在于作家笔下，更存在于生活中。一个人一旦没有了灵魂，他们的一生都将和罪恶、耻辱、贪婪相连。

然而，令人感到惊讶的是，往往越是富有的人越容易迷失灵魂。原本在贫穷的生活中能够勤勤恳恳的人，突然一下子暴富之后，往往会丢掉以前吃苦耐劳的习惯，贪婪懒惰到一发不可收拾。有时候，物质就像是灵魂的宿敌。隐居深山清贫度日的人往往志向高洁，身居闹市尽享荣华的人往往流于恶俗。

所以，我们在讲富养女孩的时候，似乎是在宣传一个矛盾的思想：既然要让女孩在物质上得到尽可能好的照顾，那又为何在意灵魂上的富足呢？

因为灵魂的贫富，才是生命的贫富标准。一个富有的人可能是一个精神上的乞丐，一个贫穷的人可以是思想上的富翁。

第5章 "富"养，养出女孩的高贵

金钱固然很重要，理财也是人生必需的课程，但金钱的最终目的是为了更好地生活，如果只看重富养的外在形式，而忽略了女孩的精神成长，就像一个人的两条腿一长一短，是不能匀速稳当走路的。越是在强调金钱至上的社会里，父母越是要保护好女孩的心灵，让她在精神上成长得健健康康。

王夫之又叫王船山，是历史上的大学问家，曾经组织过反清复明的运动，晚年在湖南西部的石船山上写书。他们家世代为官，家境很好，也很有名望。

他嫁女儿的时候，人人都想看一看王家的家底到底怎样，以为他会准备什么稀奇嫁妆。结果，新娘子上轿之前，王夫之拿出一个小箱子，交给女儿说："这是我为你准备了几十年的嫁妆。"媒婆打开一看，里面全是书和纸稿！

见到众人失望和惊愕的表情，王夫之对女儿说，别小看箱子里的东西，那是他一生研究的学问，说的是怎样做一个有骨气、有出息的人的，什么金银财宝也比不上有用的知识。

女儿明白了父亲的用意，顿时觉得非常骄傲，风风光光地上了花轿，热热闹闹出嫁了。

别人嫁女儿要求风风光光，但是王夫之嫁女儿只送书本。因为他坚信学问对女儿生活的帮助，比任何嫁妆都值钱。一个女孩到了婆家不明事理、不知道孝顺长辈体恤亲友，不能好好地扶持丈夫的事业，不能给孩子们树立正面的生活榜样，不能把做人的道理和读书的方法等等传授给孩子们，这样的女儿嫁出去也难得幸福。

把书籍当成女儿的嫁妆，在历史上并不多见，因为我们往往看重了物质在生活中的重要性，而没有看到人的幸福与否，更大程度上取决于精神上的满足与否。理性的家长在教育的过程中，更要注重培养女孩在精神上感受到被关爱、被呵护。

很多父母不知道如何表达对女孩的期待，其实，写信就是一种不错的方式。书信是一种非常隐私的行为，但是它也是最能传递感情的一种方式。女孩子天性浪漫，如果她们收到父母的来信，会非常惊喜，也很容易被感动和影响。

这里就有一个做得很好的母亲：

 ## 不娇不惯富养女孩

有一个很漂亮的女孩，在学习上很努力，成绩优异、人际关系也很好，是班上的模范生。但女儿越是优秀，妈妈越是担心，尤其是当她发现女儿花钱买一些小可爱的饰品、提包的时候，就更加敏感了。女儿这么耀眼，会不会在学习上分心呢？

有的周末，女儿做完了作业，就穿得很漂亮出去和同学唱歌、逛公园，妈妈给她的零花钱，她也总是不多不少地花完。这让妈妈觉得，女儿开始爱美、爱"好"了。

于是妈妈找了教育专家咨询。

"女孩到了上初中的年纪，爱美是正常的现象。她开始在意镜子里面的自己，有时候对着镜子傻笑，这都是正常的。给女孩零花钱，她花完了也没有再要，这说明她自己有一定的控制能力，但是不强。妈妈给多少就花多少，她的金钱意识还很淡薄。从整体来说，这是一个很正常的女孩，您完全不用担心。当然，您怕她分心是正常的。这个时候，您可以给她写一封信说说自己的想法。"

妈妈回去以后，铺开信纸，给女儿写了第一封家书：

亲爱的女儿：

看着你一天天长大，是妈妈最大的幸福。而且你总是这么优秀、自觉，从来没有让我们担心，我们觉得自己实在太幸运了！你带给了我们很多快乐，也让我们拥有为人父母的成就感。为这一切，我要深深地感谢你。

妈妈希望你的人生道路一直是一帆风顺的，但我也知道，年轻人总要经历一些挫折，才能成长。现在，你可能会渐渐感到一些新的生活困扰，比如如何和异性相处、如何管理好钱财、如何交朋友等。当你疑惑的时候，请记得妈妈一直在身边，随时准备和你分享一切。

信写好了，妈妈悄悄放在女儿的床头。

第二天，女儿很久才出门，然后给了妈妈一个拥抱，说这是她收到的最好的礼物。母女二人开始一起谈论生活、理财和感情。

上面的这位家长的做法，其实和王夫之的方式在本质上是相通的。给孩子精神上的鼓励，胜过任何物质上的奖赏。因为物质的东西总能弥补上，但是精神上

第5章 "富"养，养出女孩的高贵

的迷茫、孤独是阶段性的，等孩子过了青春期，他们就会自我蜕变，那时候孩子就不再需要父母的贴身帮助了。所以父母还需要抓紧时机来表达自己的关注。

写信也好、发信息也好，都是在传递感情，而感情上的丰富和理性，正是人成长的重要标志。一个在小时候得到足够的关爱的女孩，她的心灵是健康的、完善的，这样她就有能力去自己经营好人生。一个灵魂上饱满的女孩，就像一个健康的种子，只要你给她阳光雨露，她就能健康地成长起来。

公主是"富"养出来的

提到公主，很多人都会第一个联想到那些童话中美丽、善良、单纯的主人公。公主最大的美丽就是能够赢得别人的喜欢，而这放到现实社会，就是能够得到更多人的帮助、关心和信任。

富养女孩，就是要将女孩养育成一个"公主"。富养二十载，女儿必定美丽、温柔、贤惠，善察人意而又心地善良、纯真、诚实、不吝啬，多情而不软弱。自重自爱，平易谦和，彬彬有礼，富有同情心，能体谅人，正直，乐于助人，尊敬师长、老人，不忘乎所以，有自知之明。活泼而不放荡，稳重而不呆板，有内涵、坦白、洒脱、性情开朗，心胸开阔，不叽叽喳喳于大庭广众，不搬弄是非于朋友同事之间，具有现代青年人的文化教养。头脑灵活，虚心好学，不矫揉造作，事业心较强，谈吐不俗，热情开朗，不缩手缩脚、忸忸怩怩、羞羞答答。

莉莉安妮·贝当古的确是欧洲少有的"公主"级人物。不管是作为"欧洲最富有女人"，还是法国部长安德烈·贝当古的妻子，她都不可避免地成为媒体竞相追逐的对象。但奇怪的是，这位世界上最大的化妆品公司——法国欧莱雅集团创始人欧仁·舒莱尔的独生女莉莉安妮·贝当古，在媒体眼中一直是一个神秘的人物。

据英国的《欧洲商业》杂志报道，莉莉安妮拥有近1270亿法郎的资产，并

 不娇不惯富养女孩

且这一数字还以每年100多亿法郎的速度递增,这使她成为名副其实的欧洲女首富。但莉莉安妮谨慎、内敛的形象和普通亿万富翁的形象相去甚远。她将自己的私生活保护得很好,让媒体为她着迷,却又难以接近。如果不小心被记者逮到,她总是摆出很自然的姿态让他们拍照,但不会停留太长时间。

1922年10月21日,当莉莉安妮·贝当古出生在巴黎第七区的时候,她的父亲还只是一位敬业的企业家。15岁起,莉莉安妮就在父亲的公司里从贴标签开始学习,逐渐成为管理公司的董事。1957年,31岁的莉莉安妮正式继承了父亲的事业,拥有欧莱雅公司27.4%的股份和瑞士雀巢公司3%的股份。

在这期间,莉莉安妮受到父亲的极大影响,无论是在处理公司的业务上,还是在面对人生的态度上。而且,父母给莉莉安妮一个很好的成长环境,可以说当很多同龄人还在为付不起新衣服的价钱而担心时,莉莉安妮已经是一个手握几个部门的管理人员了。

25岁那一年,莉莉安妮患上结核病前往瑞士休养。在那个美丽宁静的度假胜地,她邂逅了安德烈·贝当古。生命中最重要的人出现,往往就容易一见钟情,于是他们开始了甜蜜的爱情。

安德烈一直在法国政府里担任重要职务,1970年,他率团到中国访问,成为第一位受到毛主席接见的法国部长级官员,莉莉安妮也陪同丈夫会见了毛泽东、周恩来等人。

在巴黎社交圈里,贝当古夫妇一直行事低调,不过作为时尚品牌的掌舵人,莉莉安妮也有前卫的一面。

20世纪70年代初,当香奈尔的时尚概念席卷全球的时候,莉莉安妮成为她生活圈子里第一个穿裤子的女人。每逢公众场合,莉莉安妮便会选择优雅的香奈尔礼服,与丈夫形影不离。这时,不知有多少人羡慕安德烈有这样一位有能力却不张扬、有钱却从不炫富、安静温柔的妻子。

工作之余,贝当古夫妇最大的爱好便是旅游,所以每逢圣诞节来临,他们就来到法国南部或者印度海岸,尽情地享受碧海蓝天。

在古老的圣莫里斯市,安德烈的祖父给这对幸福的夫妇留了一栋两层小楼,

第5章 "富"养，养出女孩的高贵

莉莉安妮很喜欢那栋蔷薇花盛开、飘荡着醉人芬芳的老宅子。

在巴黎，每天早上莉莉安妮都会按时去巴加特勒公园转一圈，看喂着鸽子的孩子们嬉戏玩耍、推着婴儿车的母亲们幸福漫步，这似乎已经成了莉莉安妮的生活规律。莉莉安妮还有一件让世人津津乐道的事情，那就是在世界五大洲的五位女首富中，她是唯一一个没有离过婚的。

莉莉安妮的最大爱好是做慈善事业。爱心就像燃烧着的火焰，照亮别人的同时也能够温暖自己，所以1987年，贝当古夫妇成立了"贝当古-舒莱尔基金会"，在旺多姆广场这所普通的屋子里，莉莉安妮任基金会主席，主要包括救助贫民、医学研究、历史遗产保护等方面。

也许，你觉得莉莉安妮实在是太幸运了，生在这样一个"有前途"的家庭里。但富有并不像很多人想的那样，带给人的就一定是好处。有时候大量的金钱和财产、权力，也是一个巨大的任务，如果你没有足够的底气和能力驾驭，极有可能被这些外物所累。对于一个富裕的家庭来说，教育女儿如何适应这种显赫、引人注目的生活，也是父母的责任。如果父亲没有及时手把手地引导莉莉安妮为自己的公司工作，没有交给她为人低调、踏实、忠于婚姻的品格，她也极有可能和很多富翁一样，沦为金钱的牺牲品。

女孩需要富养，但是富养更需要学问。

谁都不希望自己的孩子将来是一个一文不名的穷光蛋，更不想孩子的一辈子都由老爸来埋单。培养孩子的理财意识是大势所趋。会理财的人，能在有限的条件下生活得很好，而不会理财的人，不管挣了多少钱都不能提高生活质量。

女孩虽然要富养，少沾染一些"铜臭气"，但是父母也不妨和女孩说说钱是什么。

女孩一定有生活体验。拿着钱可以换到自己喜欢的东西。钱是社会的通行证之一，人们拿它来衡量不同的创造。也就是说，必须要有创造，才能有财富。没有创造，就没有财富的产生。无论是艺术家、科学家、演员还是建筑工人、农民，勤劳是所有人创造财富的不二法门。

条件相对比较好的家庭，一方面让女儿看到自己能够在她需要的时候拿钱解

不娇不惯富养女孩

决问题；另一方面也要让女孩知道，这些钱是来自自己的辛苦工作。很多女孩子被保护得很好，她们不知道金钱到底是怎么来的，好像只要自己开口，就一定能得到父母的支持。这其实是不利于女孩了解金钱、萌生理财意识的。

父母甚至可以和女儿谈谈"合作"，比如说如果她手工制作了一个花篮，妈妈可以按照市场价格来把它买下；如果女儿喜欢创作，妈妈可以鼓励女儿去投稿，让她自己管理稿费等。

"富"养并非是为女孩做好一切

被喂养惯了的动物接受放养时，通常自己不会捕食。生存法则告诉我们：动物如果学不会自己捕食的话，就有可能饿死。孩子也是同样。在父母的庇护下长大的孩子通常没有在社会独自生存的能力。一旦父母因为一些原因无法顾及他们，他们就只能被社会淘汰。

其实在面对工作机遇的时候，女孩和男孩一样需要主动争取，有时候女孩面临的考验更多，入门的门槛更高，这就更需要她自己去表现。这时候父母是帮不了什么忙的。

张丽是北京广播学院的一名毕业生，她从播音系毕业后，就找到中央电视台实习，而且希望到这儿工作，可到中央电视台实习的不只她一个人。

北京广播学院到中央电视台20多公里，每天早晨，她5点多起床，6点多第一拨离开学校。在赶着往城里上班的人群中，她是其中一个。顶着星星最晚回去的，也是张丽。

很快，台里便安排张丽播体育新闻了。

那是4月份的一天，风挺大。录了像，晚上6点多就可以走了，回到学院已经晚上8点多了。忽然，张丽想起一个字：镐。那个时候韩国下棋的小伙子李昌镐还不是很有名。"镐"有两个读音，一是"gǎo"，一是"hào"。张丽想，这个字有两个读音，就问老同志，这个字怎么读？老同志很果断地

第5章 "富"养，养出女孩的高贵

说："李昌镐gǎo，李昌镐gǎo！"实习生就跟着来吧，张丽就念："李昌镐gǎo……"

回到学院，张丽还在琢磨这事儿。买饭的时候，跟同学磋商，同学说，应该念"hào"！张丽说："我也觉得应该念'hào'！"回到宿舍查字典，地名的时候应该念"hào"，但没有注明人名的时候应该念什么。她还是拿不准，又给一个老师打电话，老师说："念'hào'，没错！"

坏了，念"gǎo"了，这怎么办？播音嘛，白字、别字、错字，一定要杜绝！上学的时候，都把一些播音员念白字、错字的经历当笑话讲呀。张丽想，念错字让人当笑话讲也就罢了，正实习呢，出这么大一个错，这还了得！

饭也不吃了，往回赶。风呜呜地刮着。赶到电视台，已经是晚上9点50分了。张丽顾不上休息就来到三楼的播音室，把录像带取出来，把"gǎo"改成了"hào"，还不放心，一直看着播完，才放心地走了。

在电梯间，张丽碰到了杨台长。

电梯间里只有两个人。张丽知道这是杨台长，就主动上前打招呼："杨台长，您好！"

"啊，小姑娘，怎么这么晚才走？"

张丽有点不好意思了，她低声回答："有一个字念错了，我回来改一下。"

杨台长说："你住哪儿啊？"

"住广院。"

"啊，很辛苦啊！"

"没办法，念错了字，就要回来改。"

"好好好，小姑娘工作很认真。"

到了大门口，杨台长上了专车，张丽挤上了公共汽车。

最后，在中央电视台实习的5个学生中，只留下了张丽一个。

改错是看起来很简单的一件小事情，但是这样小的事情，只有很少的人会愿意去做。张丽是一个责任心很强的孩子，她身上这种认真负责的态度，没有从小经过严格的教育是难以培养出来的。而这样的认真、迅速行动的精神，又为她的

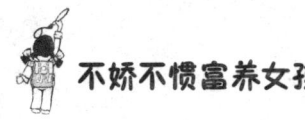

人生创造了更多的机会。

很多女孩的父母都会有这样一种观点：的确不应该对儿子进行过度的保护，但女儿娇嫩纤细、弱不禁风，一定要尽全力保护她。

在中国人的传统观念中，女孩向来是处在被保护的位置上的，男孩保护女孩，是那样的天经地义、理所当然。然而，在现在这个浮躁的经济社会，男孩的生存压力越来越大，他们连自己的生活都一塌糊涂，像"白雪公主"一般地天天仰头等着别人呵护照顾，遇到事情，坐在那里无助地痛哭流涕的女孩不再受欢迎。

富养女孩，不是把女孩培养成一个十足的小女人，习惯对外界依赖，对任何人都说"好"，缺乏分析、判断能力。这种教育就等于看低了女孩的创造力和学习能力，也看轻了女孩的生存能力。

对女孩而言，什么事情都帮她做好，不仅不能真正培养出有生存能力的女儿，也不能让父母的爱发挥很好的作用。

那么我们应该怎样做才是正确的呢？

1. 做力所能及的事情，培养孩子动手的习惯

家长不可能照顾孩子们一辈子，因此从小就应该让孩子学做一些力所能及的事情，比如洗衣服，收拾文具，帮父母拖地、洗碗等。只有从小事做起，才能逐渐培养起独立自主的精神。

2. 给孩子犯错误的机会，锻炼孩子的自立能力

要避免对孩子过度的保护，我们首先应该充分尊重孩子的想法和意愿，放手让孩子自己拿主意，如果我们对孩子过度保护，因为怕孩子犯错，就一味地为他铺垫一切，事事领着孩子的手，那么他永远都不可能长大。

"富"养出的女孩也要能吃苦

也许，当你看到这个标题的时候会很好奇，怎么一边说着要给女孩最多的爱，一边又要让女孩吃苦呢？其实，吃苦也是女孩子成为"公主"的一条必经之

第5章 "富"养，养出女孩的高贵

路。只有一颗经历过苦难的心灵，才能更珍惜幸福的滋味。

街道小护士、自学大专文凭、勤杂工、IBM华南公司总经理、微软(中国)公司总经理、TCL集团副总裁、中国企业家优秀代表，很难想象，反差巨大的这些字眼会同时出现在一个人的身上。然而，事实上，这所有的字眼堆砌起来，也只能勾画出这个女人无数特征的一角，在她的身上，我们更多的是看到一个女性顽强不屈的拼搏精神和改变现实的巨大勇气。

这个人，就是被中国经理人尊称为"打工皇后"的吴士宏。

吴士宏进入IBM还有一段冒险的经历。当时还是个小护士的吴士宏，抱着半导体收音机学了一年半许国璋英语，就壮起胆子到IBM应聘。当她看着长城饭店那扇透明的玻璃门，吴士宏几次产生退回去的念头。后来，好不容易鼓起勇气推开了那扇门，而笔试和口试吴士宏竟然都顺利通过了。

面试进行得也很顺利，就在快要结束的时候，主考官看着吴士宏说："你会打字吗？"

"会！"吴士宏条件反射般地说。

"那么你一分钟能打多少个？"

"您的要求是多少？"

主考官说了一个数字，吴士宏发现现场并没有打字机，于是想都没想就点头了。果然，考官说下次再考打字。

实际上，吴士宏从未摸过打字机。面试结束，她飞也似的跑了回去，找亲朋好友借了170元买了一台打字机，没日没夜地敲打了一个星期，双手疲乏得连吃饭都拿不住筷子了，竟奇迹般地达到了考官说的那个专业水准。但进入公司后，根本没有人考她的打字水平。

吴士宏说在人生的道路上，她最不能控制的事情只有两件：一件是她的出生；另一件是她一场历时4年的大病。病危报了3次，她的头发也脱光了，就在大家觉得束手无策时，她的病居然奇迹般地好了。

"病中方四载，世上已千年"，当她从医院出来的时候，突然发现世道变了，好像除了她所工作的椿树医院，哪儿都开始要"大专以上文凭"。要想改变

生活,拿到文凭是必须做的第一件事。

为了省钱和省时间,她决定自考,于是报了考试科目最少的英语。考试所用的书也都是向亲戚朋友借的,英语的听力和口语就靠听收音机自学。

自学考试一年考两次,三月和九月各考不同的科目,吴士宏为了赶上所有的科目,开始像个吝啬鬼一样,掰分掐秒地算计时间:一天24小时,2小时要花在路上,她住在工人体育馆附近,到南城琉璃厂上班,路上怎么也得花2小时,坐公共汽车也省不了时间,还是骑自行车省点钱;4小时连睡觉吃饭在内的一切生理需要,去厕所时是可以看书的,时间不会"浪费";8小时工作。这样,一天只剩下10个小时学习,怎么算怎么不够,于是她就设法"偷"时间:尽可能多地换成夜班,病房不大,没有重病人,半夜病人都睡得挺踏实。从凌晨一点左右到五点能"偷"出来4个小时。那时的搏命经验,为她以后十几年外企生涯打下了功底。

"若非一番寒彻骨,哪得梅花扑鼻香",正是早年的这些磨难和挫折,才造就了吴士宏日后领导千军万马的卓越能力。其实,任何一个成功的女性背后,一定有一段不为人知的吃苦的故事。

如果我们养育的女孩都像童话中的豌豆公主那样,因为几十层的毯子下面有一颗豌豆而失眠的话,那么她们将来又怎么能够微笑着面对各种各样的问题呢?

虽然我们说父母要给女孩一个温暖的成长环境,但这并不表示父母要为女孩扫除一切成长的障碍。有的父母会在孩子受委屈之后一起责怪让她受委屈的人不对,甚至小孩子摔倒了父母还去假装责怪让孩子摔倒的小板凳什么的,这些看起来像是在替女孩出气,其实是在误导女孩。

每个人都应该经受一些挫折,才能成长。女孩在家庭中一直安稳自在,在外面受点委屈才是正常的事情。这就像是植物的光合作用,产生氧气,也要吸收二氧化碳,才能达到平衡的状态。

如果同班同学误解了她,不要替她责怪同学;如果老师错怪了她,不要替她抱怨老师。因为这些行为是在告诉女孩:"你不应该受委屈。"而事实上,有人说心胸正是委屈撑大的。

第5章 "富"养，养出女孩的高贵

有一个崇尚"富养女孩"的家庭，一直对女儿呵护有加。有一天，爸爸带着女儿去好朋友家做客。好朋友进去给孩子拿水果的时候，一个热水瓶突然倒下了。客厅里就只有女孩和爸爸两个人。

当朋友出来之后，爸爸站起身说："真是抱歉，我刚才不小心将水壶弄翻了。"女儿在旁边很惊讶，但是爸爸用眼神告诉她"什么也不要说"。朋友当然没有责怪爸爸，但这件事情让女儿不得其解。

"爸爸，您不是教我做人要诚实吗？诚实就是做错了就承认，但不是自己做的事情，怎么能够承认呢？"

"有的时候，自己受一点点小委屈，却可以化解别人心中的不愉快。这比坚持是非曲直更有价值。"爸爸接着说，"如果将来有一天，你也遇到这种问题，不要急于替自己解释，最好和我一样'承认错误'。"女孩听了并不明白爸爸的道理。

但是当女儿长大成人之后，她越来越明白爸爸的用心，也从心底佩服爸爸做人的智慧。

其实，给女儿不抱怨的智慧，正是这样的人生智慧啊。

没有高贵气质的淑女会更俗气

喜欢刘若英的人，欣赏刘若英的人，都是被奶茶内在的丰富滋味所吸引，越品越迷恋这种久远的芬芳。就像杯温暖的奶茶，虽然没有红酒的高贵典雅，没有咖啡的精致摩登，却自有一种温润香浓的芬芳。就好比花中白莲，无牡丹之雍容，无玫瑰之妖娆，但却以淡定超脱的气质取胜，令人留恋。

刘若英的绰号叫奶茶。曾有人替她这样诠释这个绰号：

所谓的奶茶味，说白了就是这样的歌曲风格上大同小异，初听是一个味儿，但也许越听越有味儿，在最终被同化的时候，就会一发不能自拔。

就如同莲花的美，初看上去并不给人以惊艳之美，然而它清丽不媚的气韵，

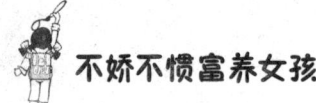

不蔓不枝的姿态，超脱自在的淡定却比惊艳更经得住把玩。美貌的容颜和诱人的身材，都容易在岁月中蒙尘，唯有女子的气质，才是一生典雅相随的根本。

足球运动员戈林斯基说："缺少优雅的风度，任何精致出众的容貌也都只是一潭死水。"优雅是一种味道，由内而外散发着迷人的芳香。言语中尽是撩人的思绪，举手投足间散发着成熟女人曼妙的气息。优雅不是先天的，它是悬浮于物质表面一种气度的展示。优雅是一种内在气质，优雅是一种风度，也是一个人独特的风格。优雅也许带有遗传基因的因素，更重要的是来自后天的修为，靠阅读和培养，靠不断的领悟和思考，更由生活的态度所决定。优雅是装不出来的，举手投足、微笑也许不会出卖你，但是言谈行为和思想能决定是否被别人认可为优雅一类。

优雅是一种感觉，这感觉更多地来源于丰富的内心，智慧、博爱，还有理性与感性的完美结合。

一个容貌美丽的女人未必优雅，而优雅的女人一定"美丽"，因为她的知识和智慧让你信任，她的细腻与关爱让你依赖。而这智慧、细腻、关爱，你会从她充满迷人女人韵味的举手投足、一颦一笑间体味。

优雅，仿佛是盛开在女人身上的花朵，芳香四溢；优雅，更像雕塑家手中的刻刀，从内心到外表雕琢着女人；优雅是一种恒久的时尚，它不因岁月的流逝而消失，也不因时空的转变而淡漠。

优雅的女人像一杯茶，品尝过后，令人回味无穷；优雅的女人像一口井，魅力总藏在最深处，给世人留下无穷的想象空间；优雅的女人是一幅画，让人欣赏，并为之流连忘返；优雅的女人是一本书，令人百读不厌，难以释卷。

优雅，是女孩最好的一种气质，也是最难学来的气质。

提到气质，我们也试着给它下一个定义：气质是指人相对稳定的个性特征、风格以及气度。性格开朗、潇洒大方的人，往往表现出一种聪慧的气质；性格内向、温文尔雅，多显露出高洁的气质；性格爽直、风格豪放的人，气质多表现为粗犷；性格温和、秀丽端庄，气质则表现为恬静。无论聪慧、高洁，还是粗犷、恬静，都是一种气质美。

第5章 "富"养，养出女孩的高贵

气质美看似无形，实则有形。它是通过一个人对待生活的态度、个性特征、言谈举止等表现出来的。走路的步态，待人接物的风度，皆属气质。

气质是女性征服世界的利器，就如同一座山上有了水就立刻显现出灵气一样。一个女性只要插上了气质的翅膀，就会立刻神采飞扬、明眸顾盼、楚楚动人起来。

但是，为了追求优雅而一味地盲目模仿，让女孩在保养、装扮、训练方面格外在意，而忽略了本身内在的气质，就会产生东施效颦的效果。因为，优雅的女孩一定是内秀的。

内秀的女孩心地纯净，乐观向上；崇尚知识，追求文明；热爱自然，热爱艺术；恪守规范，摒弃庸俗。就像女孩美丽的容貌、美丽的头发、美好的身段要靠内养一样，女孩的内秀更需要天长日久的刻意培养。

如果不想把你的女孩培养成不能开口说话的"花瓶"，想让她从容优雅的谈吐让听众为之赞叹，那就要重点打造她的内在气质。

1. 教孩子做一些安静的事情

随着女孩年龄的增大，父母可以逐步引导孩子做一些安静的事情，例如折纸、下棋、画画、钓鱼、照相、集邮等，这些活动有利于培养女孩安静专注的性格。

2. 妈妈要做好女儿的榜样

妈妈是女儿的镜子，要培养女孩的优雅气质，妈妈首先要做一个优雅的女人。如果妈妈说话的声音很大，又怎能对女儿说"小姑娘不可以这么大声说话"呢？

3. 让孩子知道怎样才叫优雅

要培养女儿的优雅，就要让她知道优雅的好处以及优雅的标准。

那么，怎样才能称得上优雅呢？

（1）仪容仪表。仪容仪表的整洁对女孩子来说非常重要，父母应对女儿做出如下几点要求：要把脸、脖子、手都洗得干干净净；勤剪指甲勤洗头；早晚刷牙，饭后漱口，注意口腔卫生；经常洗澡，保证身体没有异味；衣着要干净、整

洁、合体。

（2）行为举止。父母应对女孩子的站、坐、行以及神态、动作等方面提出一些明确的要求。例如，优美的站立姿势要求身体直立、挺胸收腹、脚尖稍向外呈V字形；要避免无精打采、耸肩、塌腰，千万不能半躺半坐；走路要昂首挺胸，肩膀自然摆动，步速适中等。

（3）表情神态。父母要教育女儿，与人交往要表现出对他人的尊重、理解和善意，要面带自然微笑，千万不要出现随便剔牙、掏耳、挖鼻、搔痒、抠脚等不良习惯动作。

（4）言谈措辞。父母要让女儿养成使用文明礼貌用语的好习惯，如经常说"您好、谢谢、请、对不起、没关系"等。父母还应告诉女儿，沉默寡言、啰唆重复，都是不正确的语言表达方式。

需要注意的是，父母向孩子讲解优雅举止的标准时，不要用教训、命令的口吻，而是要循循善诱、谆谆教导。当优雅举止成为孩子一种不自觉的习惯，孩子卓尔不凡的气质也就形成了。

4. 父母要多提示和表扬女孩

当女孩做出一些优雅的事情的时候，做父母的不应吝啬自己的表扬，女孩会在你的表扬中受到鼓励。

第6章
磨砺逆商，挫折利于女孩成长

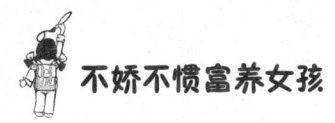
不娇不惯富养女孩

"输得起"的女孩是教出来的

在与孩子们接触的过程中，我发现她们大多经受不住生活中的起伏。例如，每当自己取得成绩或遭遇失败时，她们对自己的认识都会发生很大的变化。当取得成绩时，她们会认为自己是天才，无所不能；但遭遇失败时，她们又会觉得自己一无是处，甚至把自己看得一文不值。孩子对成败的认识，直接关系到她们的心理成熟度。为了让孩子坚强地面对未来，父母要正确引导孩子，如果需要，也可以给孩子人为设置一些障碍。

教育家陶行知先生说："不要担心挫折，应该担心的是，怕挫折而不敢让孩子做任何事情。"

我经常看到孩子输了以后神情沮丧，有的还会一蹶不振。孩子输不起，是一种渴望成功的表现，也是好胜心强的体现。面对成长过程中遇到的各种各样的小挫折，有输不起的心理的孩子往往会情绪低落，心理痛苦。这严重影响孩子良好性格的形成。因此，培养孩子赢不骄傲、输不气馁的绅士风度真的很有必要。

我们来看看这个家长是怎样做的。

周末晚上，爸爸和女儿下象棋下到深夜12点。

妈妈忙问："这么晚，你让她了吗？"

"没有，我一点也没让。"爸爸笑着说。

"那她会不高兴吗？"

当妈妈听说宝贝没有不高兴，而且输了之后还要战斗到底时，露出了满意的笑容。为什么她这么高兴呢？这还得从两年前说起。

那时候，爸爸和女儿下棋，目的是培养孩子对象棋的兴趣，因此总是让着宝贝。结果宝贝下赢了就高兴，下输了就生气，无法接受失败。

第6章 磨砺逆商，挫折利于女孩成长

有一次，女儿输了，脸色大变，大发一通脾气，大哭大闹。爸爸说了她几句，她把棋盘都掀掉了，气得爸爸狠狠地教训了她一顿，说了一大串"胜败乃兵家常事，哪有只赢不输的"。但是女儿一点也听不进去，最后两人不欢而散。以后一提到下棋，女儿就回避。

在这之后，爸爸花了很多心思才找到了培养女儿"输得起"精神的方法。比如，爸爸会跟宝贝商量，下三局只要女儿能赢一局，爸爸就给她讲故事；能赢两局，爸爸就送给她一本故事书。通过这种方式来刺激女儿，让孩子每次在三局中都会输掉一局或两局。渐渐地，宝贝明白了输赢的道理，也就看淡了输赢。

生活中，父母要警惕孩子"输不起"的心理，多和孩子讲一些勇敢接受失败、不断努力求胜的人的故事，让她知道输赢是每个人成长过程中都必须经历的。"输"并不是丢人的事情，根本不值得念念不忘。这样才能不断增强孩子的心理成熟度，以适应不断变化的环境，使孩子在输赢面前能坦然面对。

孩子输了之后，适度的安慰是必要的，此时父母应对孩子失落的心情表示理解。等孩子情绪稍稍缓和下来后，再主动邀孩子玩同样的游戏，并且故意输掉，然后表现出霸道、生气的样子，让孩子体会别人的心情，是孩子明白输了之后乱发脾气会给人留下不好的印象。再告诉孩子遵守游戏规则的重要性，相信孩子会容易接受的。

如果孩子输了发脾气，父母应先接纳孩子的情绪，然后告诉孩子："你想赢，别人也一样想赢，如果别的小朋友输了，不甘心，吵着说不算，或是阻止你赢，那你会不会生气，还会和她玩吗？"用这样的方式与孩子沟通，便于孩子反省自己，发现自己错在哪里了。

父母运用将心比心的方法来处理孩子的问题，孩子就比较容易反省自己，继而拓展各方面的能力。其实，每个人都是在和同伴大大小小的冲突中慢慢累积经验，学习与人相处的社会能力的。

我们要这样告诉孩子："这次输不代表每次都会输，只要尽力参与，总会有办法成功的。"让孩子正视失败，才能让她在失败和挫折中坚强起来，不至于被失败和挫折打倒。

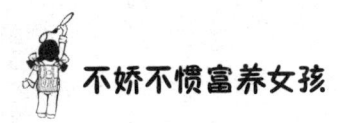

"我失败了三次"不可怕,可怕的是"我是失败者"

俗话说,胜败乃兵家常事。挫折和失败是任何人都无法避免的。如果孩子认识不到这一点,那么,在学习生活中一旦遭遇一点挫折就可能会一蹶不振,将自己划归到失败者的行列,这样错误的认知无疑是非常有害的。

就像我在教学过程中接触过的一个学生:

升入中学后,谢小娜学习比上小学时更努力了,可学习却总也不见成效。几次考试过后,她的成绩都不太理想。接下来的日子里,谢小娜学什么都没了兴致,整天垂头丧气的,还总是嚷嚷着,反正自己就是个失败者,怎么努力也学不好。任老师和家长怎么开导,她就是不愿意再学下去,没多久,她就辍了学。

因为一两次失败,就给自己打上失败者的烙印,这是非常不明智的。"我失败了三次"和"我是个失败者"之间有着本质的区别。失败并不可怕,没有失败之前心理却先失败了才是最可怕的。一个人只要心里不屈服,她就没有真正失败。如果你在失败时,仍能从失败中吸取教训,表现得像一个胜利者,信心十足,充满干劲,那情况就会大不一样。

失败虽然是痛苦的、无情的,但也是成功者重要的必修课,是考验和锻炼一个人的课堂和机会。我们每个人都应有这种心理准备,这样,当挫折出现的时候,就不至于被它轻易击倒。

我们应该认识到,在学生阶段,有几次考试不理想、学习不如意都是正常现象,没什么大不了。

一个坚强的人更容易获得成功。家长要培养孩子坚强的个性。

成功与失败的差距往往只有一步之遥,只要咬紧牙关坚持一下,胜利便在眼前。但是,许多人正是因为在前面的博斗中已经筋疲力尽,在最后的关头,即使遇到一个微小的困难或障碍都可能放弃,最终功亏一篑。

父母应该从小就重视培养孩子坚强的个性,让孩子在以后的人生道路上能够

第6章 磨砺逆商，挫折利于女孩成长

坚强地朝自己的目标走下去。

第一，不要把孩子当成弱者。

著名科学家居里夫人很注意培养孩子的坚强性格。在第一次世界大战期间，她把大女儿带到战争前线救护伤员，在艰苦的环境中锻炼。1918年，她又要两个女儿留在正遭到德军炮击的巴黎，并告诉孩子，在轰炸的时候不要躲到地窖里去发抖。这种把孩子当成强者的态度使她的孩子们成为了坚强的人。

想让孩子坚强，千万不要把孩子当成弱者来看待。只有让孩子自己去站立，她的双腿才会强壮，她的意志才会坚定。

第二，让孩子学会自己生活。

有的家长认为在生活方面多替孩子服务，让孩子把时间用在学习上会有好处。其实不然，生活上的依赖会干扰、阻碍学习上自强精神的形成，也是孩子形成软弱性格的重要原因之一。

家长必须改变对孩子包办代替的态度，多给孩子自主机会。不管是在生活中，还是在学习上，凡是应该孩子自己做的，家长就不要越俎代庖。家长应该坚持这样的原则：你能干的，我绝不替你干；你不会干的，我教你干；你让我干的，我要考虑该不该干。

第三，培养孩子的信心。

培养孩子的信心，使孩子了解并发挥自己的长处。天下没有十全十美的人，而正在成长的孩子们就更需要时间来体验挫折，享受成功，进而认识自己。家长应当从孩子小的时候就给她一定的空间，让她大胆尝试，并允许她在尝试中犯错误来获得经验。

家长在鼓励孩子大胆尝试的时候要注意，把焦点放在尝试的过程和孩子付出的努力上，不要过分强求完美的结果。父母要表扬孩子，让她有机会认识自己的优点和长处。这样，当孩子遇到挫折时，就不会轻易放弃了。

第四，教会孩子正确看待失败。

教会孩子正确看待失败，找出失败的原因，父母可以经常和孩子一起分析遇到的问题，教她们学会从不同的角度看待身边的事物，抓住问题的关键。

不娇不惯富养女孩

人的一生总会碰到不少自己力不能及的事和无法控制的情况。因此,家长除了教孩子正确分析和理解造成失败的原因及大胆尝试不怕失败以外,也要帮孩子做应付困境的心理准备。比如,孩子大一些以后,父母可以和孩子一起分析遇到的问题,看看其中是否也包含了一些有益的因素,让孩子学会从不同的角度来看同一件事。

乐观的女孩从失败中寻找成功

对待犯了错误的孩子,家长不能一味地批评、指责,而应像一个慈祥而又有经验的顾问一样,启发孩子自己弄明白为什么犯了错误,应该如何改正。这样,孩子在家长的指导下自己改正错误,解决自身问题的能力就会逐步提高。

史蒂芬·葛莱恩是一位著名的科学家,在医学领域有过十分重要的发现和成就。有个记者曾经采访过他,为什么他会比一般的人更有创造力?

他向记者谈起了小时候发生的一件事。

有一次,他趁着母亲不在身边的时候,自己尝试着从冰箱里拿一瓶牛奶。可是瓶子太滑了,他没有抓住。牛奶瓶子掉在了地上,摔得粉碎,牛奶溅得满地都是——看上去真像是一片牛奶的海洋!

他的母亲闻声跑到厨房里来。面对一片狼藉,母亲相当沉着冷静,丝毫没有怒发冲冠的样子,更没有狠狠地教训或惩罚他,而是故作惊讶地说:

"哇!葛莱恩!我还从来没有见过这么大的一汪牛奶呢!哎,反正损失已经造成了,那么在我们把它打扫干净以前,你想不想在牛奶中玩几分钟呢?"

听母亲这么一说,他真是高兴极了,立即将他的大头鞋踩在牛奶中。几分钟后,母亲对他说道:"葛莱思,你要知道,今后,无论什么时候,当你制造了像今天这样又脏又乱的场面时,你都必须要把它打扫干净,并且要把每件东西按原样放好。懂了吗?"

他抬起头看着母亲,眨巴眨巴眼睛,似懂非懂地点点头。"啊,亲爱的,

第6章 磨砺逆商，挫折利于女孩成长

那么下面你想和我一起把它打扫干净吗？我们可以用海绵、毛巾或者是拖把来打扫。你想用哪一种呢？"

他选择了海绵。很快，他们就一起将那满地的牛奶打扫干净了。

然后，他的母亲又对他说："葛莱恩，刚才，你所做的如何有效地用你的两只小手去拿大牛奶瓶子的试验已经失败了。那么，你还想不想学会如何用你的小手拿大牛奶瓶呢？"

看着他充满好奇与渴望的眼神，他母亲继续说："那好，走，我们到后院去，把瓶子装满水，看看你有没有办法把它拿起来，而不让它掉下去？"

在母亲的耐心指导下，小葛莱思很快就学会了，他发现只要用双手抓住瓶子顶部、靠近瓶嘴边缘的地方，瓶子就不会从他的手中滑掉。他真是高兴极了。

说完上面的故事，这位著名的科学家继续说："从那时起，我知道我不必再害怕犯任何错误，因为错误往往是学习新知识的良机。科学实验也是这样，即使实验失败了，但是我们还是可以从中学到很多有价值的东西。"

责备孩子要掌握哪些技巧呢？

父母可以用暗示来教育孩子。

孩子犯有过失，如果父母心平气和，借用别的东西来启发孩子，能使孩子很快明白父母的用意，愿意接受父母的批评和教育，而且还保护了孩子的自尊心。

孩子一旦做错了事情，就会担心父母责骂，如果正应了孩子所想的，她会有一种"如释重负"的感觉。对批评和过错反而不以为然了。相反，如果父母以沉默的态度对待，孩子会感到紧张、"不自在"起来，进而能反省并改正自己的错误。

当孩子惹了麻烦，怕被父母责骂的时候，往往会把责任推到她人身上，以此来逃避责骂。此时最有效的方法是在孩子强辩"都是别人的错，跟自己一点关系也没有"时，回她一句："如果你是那个人，你要怎么解释！"孩子会思考，如果自己是对方时该说些什么。这样一来，大部分孩子都会发现自己也有责任，而且会反省自己把所有责任推到对方身上的错误。

以低于平常说话的声音责备孩子。"低而有力"的声音会引起孩子的注意，也很容易使孩子听你所说的话。这种低声的"冷处理"，往往比大声训斥的"热

处理"效果好。

幼儿的时间观念比较差,昨天发生的事对于她们仿佛过了好些天,加上贪玩,刚犯的错误转眼就忘了。因此,父母责备孩子要趁热打铁,立刻纠正,不能拖拉,超时间就起不到应有的教育作用了。

目光要放长远,不能被暂时的挫折打败

王苗苗自立能力很强,学习也很主动,从来不需要父母盯着。王苗苗担任班级里的班长,以前成绩一直都很不错,但是最近不知道哪儿出了点问题,几次小考成绩不是太理想。王苗苗非常焦急。情绪低落,甚至想要辞去班长这一职务。爸爸知道了这件事情之后,觉得王苗苗抗挫折能力太差,性格不稳定,于是和王苗苗进行了一次促膝长谈。

王苗苗告诉爸爸,只要是老师要求的任务她必须做到,做不到她就会非常着急,如果表现不好,她就会非常失落,没有自信,觉得自己不适合做班长。

爸爸听了,对王苗苗说:"那你每次着急、情绪低落是不是也没有解决问题呢?遇到问题,着急不是办法,失落更不是办法,关键是你要学会去分析问题,发现错误在哪儿,争取下次不再犯类似的错误。失败和挫折在生活中是很正常的事,没有失败,哪儿来的成功?大家都会遇到失败和挫折,只有快乐从容地积极应对的人才值得我们学习,这样的人才会离成功越来越近。"

听了爸爸的话,王苗苗茅塞顿开,再也不像以前那样闷闷不乐了。她现在每天的生活都很快乐,努力学习,努力做到最好,即使考试没有考好,也会以积极的态度寻找问题,发现问题。

在多年教学过程中,我经常能够遇到这样一些学生:她们或者成绩不错,或者比较聪明,但有一样,平时学习顺风顺水还好,一旦遇到一点儿挫折,就好像天要塌下来一样,从此一蹶不振。就像我曾接触过的一个女孩:

整个小学期间,这个孩子不但成绩一直非常优秀,还在班里担任班干部,而

第6章 磨砺逆商,挫折利于女孩成长

且几乎年年都被评为"三好学生"。但在小升初时,她却在考试中出现了失误,没能考上最好的中学。虽然她的父母并没有给她太大的压力,但她却一直对这件事耿耿于怀,整天唉声叹气,好像到了世界末日,陷在失败的阴影里无法自拔,进而影响了整个中学阶段的学习。

如何提升自己的耐挫能力,避免这样的情况发生呢?眼光放长远一些,不要目光短浅。

一位复读一年最终升入北京大学的学生这样说起自己的经历:

"高考对于每个考生来讲都是一件异乎寻常的大事,它是我们人生的第一抉择,也是人生的另一起点。但是,这个起点,我却经历了两次。面对沉重的'黑色七月',我能从从容容地走过两次,也许正是心中那份不变的梦想和不灭的信念在鼓励我不停地追求。"

优秀者与平庸者的差异在哪里?很多时候就表现在看问题的角度上。遇到困难了,优秀者看到的是高远的目标和美好的未来,平庸者看到的则是眼前的失意和挫败。于是优秀者选择了坚持,而平庸者选择了放弃。

因此,当你在学习中也遇到了困难或者挫折时,不妨将目光放长远一些,多想一想自己的目标与未来,不要拘泥于一时的成败得失,或许你也就能领略"柳暗花明又一村"的境界。比如,一次考试失意了,想一想自己收获了什么,下一次是不是就能避免犯相似的错误?自己积累的经验又多了一些,是不是离自己的梦想就更近了一步?

当你不再将目光局限于当下,而是放眼更为高远的未来时,矢志不渝地坚持下去也就不是困难的事情了。

让女孩学会承担犯错误的后果,为自己的过失埋单

在失败面前有两条路:后退或前进。失败后,有些人怨天尤人,埋怨没有好的环境;有些人放弃了原来的想法和尝试,认为自己是异想天开;有些人则重复

尝试，坚信"铁棒磨成针"。不同的应对模式决定了创造力是发展还是消亡。这三种做法都是不合适的，一遇挫折就放弃是不对的，但一味地坚持也有可能钻牛角尖。

有个孩子非常热爱足球。有一次在跟别的学校比赛时，裁判误判了她，说她故意撞人，罚她一张黄牌。结果孩子很不服气，和裁判吵了起来。尽管后来比赛得以延续，但这个孩子在后面却发挥得很不好，踢得一塌糊涂，结果这场比赛输了。比赛结束后，其他人都走了，这个孩子留在场里不肯离开，她的父母一句话也不说，站在场外默默地等待，孩子在足球场里一次又一次狠狠地射门，直到射了101次，然后孩子什么也没说，和父母一起回家了。

上面故事中的父母很理性。除了等待，他们没有采取任何行动安慰孩子，因为最终孩子要学会自己处理自己的情绪。其实孩子失败后，最大的问题是胆怯和过多的自我批评。

因为失败，孩子不知道自己是不是像想象的那样能干，有点不敢再冒险了；失败的过程中可能有许多"如果……可能不会失败"。孩子会因此不断找理由责备自己，给自己造成很大的心理压力。

当孩子面临失败时，给孩子一段心理的缓冲期和独立时间是必需的。父母不必急于介入，有些情绪过去了就消解了，不一定要很正式地处理。孩子会接受不愿接受的东西。在这个过程中，孩子会变得坚强、宽容。如果遇到孩子无法自拔时，父母可以稍稍点拨一下。

帮孩子找到失败的原因也很重要，如果不知道原因就会给孩子带来压力。而且，只有找到失败的原因，孩子才有再取胜的可能。

失败的原因可能有很多，或者是自己的能力不足，或者是经验不够，也可能是努力程度不够，环境的条件不成熟等。父母可以帮助孩子分清哪些失败是自己的原因，哪些是外在的原因；哪些失败是可以避免的，哪些是不可避免的。父母可以听听孩子的想法，协助孩子一块儿分析方方面面存在的问题和可能。

找到失败的原因，如果是可以改变的，父母就要鼓励孩子找到至少两种相应的改变措施，然后试着去做，并检验效果。例如，孩子由于粗心大意把本来

第6章 磨砺逆商，挫折利于女孩成长

会做的题做错了，感到很难过，同时还感到不服气。而且会因此难以原谅自己：我考得不好，不是因为我学得不好，而是我不够细心。父母可不能与孩子同样有这种想法，因为粗心大意也是一个很不好的毛病，它反映出孩子比较浮躁，缺乏耐心，学习不够扎实。父母可以根据自己孩子的特点帮助她找到适合她的改进措施。

在我们的生活中，没有人会不犯错误。犯错其实并不可怕，只要勇于承认错误，想办法进行补救，犯错反而是一件好事，可以说是一种成长的代价。孩子由于缺乏是非价值观，对于世界上的一切懵懵懂懂，作为孩子的启蒙老师，家长应当帮助孩子分析她们的过错，使她们健康成长每一天。

人非圣贤，孰能无过。每个人都会犯错，大人都不可避免，更不用提孩子了。当孩子犯错的时候，家长要给孩子多一点的宽容和耐心，少一点严厉和打骂。打骂孩子只会让孩子更加恐惧，更加不敢告诉家长事实的真相。相信孩子，给孩子一次自省和补救的机会，让孩子记住这次教训要比打骂有用得多。作为家长，不妨放下你的威严，放下你手中的棍棒，耐心一点，采取一定的教育方式，使得孩子认识到自己犯的错误。

帮助孩子认识到错误，也要讲究一个时间问题。孩子无法将注意力长时间地集中在一个点上，如果孩子犯了错误，家长没有适当采取一定措施，那么可能错过了最佳时机，往后的教育也就起不到什么效果；错误还没有发生时，家长往往只是给孩子打预防针，效果也是不明显的。只有经历过了，才能深刻地认识错误。因此，当孩子犯错的时候，家长不要操之过急。要不温不火，让孩子在对比中发现自己的错误。

面对困难，女孩比我们想象的要坚强

笑笑和曼曼是北京某所小学的学生，是一对很好的朋友，父母也都是同事，关系特别要好。在一个风和日丽的周末，笑笑一家和曼曼一家约好骑自行

车去郊外。

笑笑一大早就开始准备郊游需要的东西。从吃的到用的,只要她能想到的,就会先找出来放在一边,等会儿让妈妈检查一遍。而曼曼则是睡到出发的前十分钟,在妈妈的督促下,不情愿地起床。

由于前天刚刚下过雨,路上有些泥泞。两家人骑着自行车,笑笑不小心陷入泥地里,笑笑看看父母,父母只是简单说了一句:"自己想办法骑过去。"说完自己先骑走了。笑笑实在是骑不动了,只好从自行车上下来,踮着脚尖,慢慢地推过去。当笑笑满头大汗地赶上父母的时候,父母向笑笑伸出了大拇指。

曼曼不小心也陷入了泥泞中,还没有等到曼曼呼喊,她的爸爸一看在泥泞中左右摇晃的曼曼,立刻扔下车子,一手把曼曼扛在肩上,另一只手推着自行车。曼曼在泥泞面前不费吹灰之力就渡过了难关。

随着年龄的增长,笑笑变得很独立,不怕困难,而曼曼却总像个娇贵的小公主,动不动就叫父母来帮自己解决这个解决那个,弄得父母身心疲惫。

想让孩子坚强,千万不要把孩子当成弱者来看待。只有让孩子自己去站立,她的双腿才会强壮,她的意志才会坚定。

有的家长认为在生活方面多替孩子服务,让孩子把时间用在学习上会有好处。其实不然,生活上的依赖会干扰、阻碍学习上自强精神的形成,也是孩子形成软弱性格的重要原因之一。

父母应该从小就重视培养孩子坚强的个性,让孩子在以后的人生道路上能够坚强地朝自己的目标走下去。

家长必须改变对孩子包办代替的态度,多给孩子自主机会。不管是在生活中,还是在学习上,凡是应该孩子自己做的,家长就不要越俎代庖。家长应该坚持这样的原则:你能干的,我绝不替你干;你不会干的,我教你干;你让我干的,我要考虑该不该干。

家长在鼓励孩子大胆尝试的时候要注意,把焦点放在尝试的过程和孩子付出的努力上,不要过分强求一个完美的结果。父母要经常表扬孩子,让她有机会认识自己的优点和长处。这样,当孩子遇到挫折时,就不会一蹶不振,轻易

第6章 磨砺逆商，挫折利于女孩成长

放弃了。

父母可以经常和孩子一起分析遇到的问题，教她们学会从不同的角度看待身边的事物，抓住问题的关键。

人的一生总会碰到不少自己力不能及的事和无法控制的情况。因此，家长除了教孩子正确分析和理解造成失败的原因并大胆尝试不怕失败以外，也要帮孩子做好应付困境的心理准备。

为了让孩子在克服困难中前进，孩子就会获得多方面的发展，孩子也会更加积极地去奋斗，去努力。现实生活中，孩子往往经历不到什么挫折，此时，父母可以给孩子设置一定的障碍。

"设置障碍"可以产生正反两方面的效应，如果运用得不好，反而会刺伤孩子，抑制孩子的积极行为。因此，父母应该慎重选择这种方法。在使用时要注意以下几点。

采用这种方法，必须根据孩子年龄的大小，受挫经验的多少，加以严格的区别。年龄越小的孩子，设置的障碍需要就越小，障碍发生的频率应该越低。受挫折越多的孩子，设置障碍的需要就越少，甚至不能设置障碍。

设置障碍要和鼓励和表扬结合起来。当孩子排除了障碍，战胜了挫折的时候，父母要及时给予赞扬，强化孩子的这种积极行为。

对于那些"一帆风顺"的孩子，这些孩子因为经常受到赞扬，所以要给她增加一些挫折。对那些受到挫折比较多的孩子，性格过于内向脆弱的孩子，是不宜采用这种方法的。

孩子遇到障碍，受到挫折是难免的，有时可能产生一些不良的情绪反应。父母应该有这种思想准备。对一般的不良反应，父母可以不去理会。但是如果孩子情绪反应过度，父母要进行必要的心理上的支持。

不娇不惯富养女孩

该放手时要放手,给温室花朵一个挫折历练的机会

在孩子成长的道路上,每一个孩子难免都会跌倒,只要每一次跌倒后都能自己爬起来,就会站得更稳,走得更好。父母要懂得对孩子放手,这样孩子才能学会如何面对困难,才能学会坚强,才能明白责任意味着什么。如果看到孩子遇到一丁点的困难,就介入其中,把孩子给解救出来,充当孩子的保护神,那么这样的孩子如同温室里的花朵,经不起风吹雨打,失去了一次次成长的机会。

人的本领都是在挫折中、在困境中练就的。挫折是人生的一笔财富,只有经过挫折洗礼的孩子,才能变得睿智,变得成熟,变得完美。因此,家长应当引导孩子树立积极向上的人生观,正确地面对挫折和痛苦。同时,家长更应当关注孩子克服挫折的过程,关注孩子在做事的过程中怎样克服困难,引导孩子学习处理问题的方法,让孩子时刻做好应对挫折、困难的思想准备。

挫折就像人的影子,只要有生命就会有挫折。挫折会伴随孩子的一生,并且成为孩子人生的一部分。倘若从小不让孩子经历一些挫折,那么她们长大后就不知如何面对这个社会。家长应该从小对孩子进行挫折教育,引导孩子树立正确的人生目标,勇敢面对挫折,最终克服挫折。

有这样一则新闻:

某学生考取了国内某知名大学。可是入学后,她不会洗衣服,不敢去食堂吃饭,更无法适应没有父母照顾的集体生活,无法在宿舍入眠。入学不久,便打电话把母亲叫来学校照顾她的起居生活。

我们想不想看到自己的孩子也这样没有自立能力?爱孩子的父母应该放开手,让孩子自己做自己的事情,引导孩子学习、掌握独立自主的能力,培养孩子的自理能力。父母要牢记,对于孩子可以完成的事情,坚决不代劳。

第6章 磨砺逆商，挫折利于女孩成长

快乐的女孩抗挫折能力更强

乐观是成功的一大要诀。而失败者遇到挫折时，常常以悲观的思绪解读事物，丧失斗志，不思进取。因此，每个父母要重视培养孩子的乐观精神。

孩子乐观的性格是可以培养的。孩子的乐观首先来自于家庭和谐、幸福的气氛，来源于父母的乐观、自信、幽默、豁达，来源于父母能够切实地帮助孩子正确对待并战胜她们面临的困难，父母要用自己的乐观精神感染孩子。这样，即使在她们以后的生活中碰到困难挫折，她也能始终保持健康的心态，具备心理承受力，克服困难，实现既定的目标，因为父母已使她相信在困难和挫折后面，还存在许多美好的东西。一个有着童年的幸福与温馨回忆的人，在人生道路上才能更有信心。

那么如何培养孩子的正面性格呢？美国儿童教育专家塔尼可博士提出如下建议。

第一，家长不要对孩子控制过严。

作为家长，当然不能对孩子不加管教、听之任之。可是"控制"过严却又会压制儿童天真烂漫的童心，对孩子的心理健康产生副作用。不妨让孩子在不同的年龄段拥有不同的选择权。例如，对于两三岁的孩子，应该允许她自己选择早餐吃什么，什么时候喝牛奶，今天穿什么衣服；对于四五岁的孩子，应该允许她在家长许可的范围内挑选自己喜欢的玩具，选择周末去哪里玩；对于六七岁的孩子，应该允许她在一定的时间内选择自己喜欢看的电视节目，什么时候学习等；对于上小学的孩子，应该允许她结交朋友，带朋友来家玩等。

第二，鼓励孩子多交朋友。

父母要鼓励孩子多交朋友，为孩子创造和同龄人交往的机会。例如，带孩子到邻居家串门，邀请其他孩子到家里来玩，让孩子多到同学家去玩等。另外，父母可多搞一些活动（如带孩子外出游玩）；也可让孩子做一些创造性的活动（如

利用废物制作小作品），通过丰富孩子的精神生活，让孩子在各种活动中体会到生活的乐趣，增强对生活的信心，培养孩子乐观的性格。鼓励孩子多交朋友，特别是同龄朋友。本身就性格内向、抑郁的孩子更应多交一些性格开朗、乐观的同龄朋友。

第三，教会孩子与他人融洽相处。

与他人融洽相处有助于培养快乐的性格，因为与他人融洽相处者，心中的世界更光明、更美好。但要与他人融洽相处也并不容易。家长可以带领孩子接触不同年龄、性别、性格、职业和社会地位的人，让她们学会与不同的人融洽相处。当然，首先要学会跟父母和兄弟姐妹融洽相处，然后再学会跟亲戚朋友融洽相处。此外，家长自己应与他人相处融洽，做到热情待客，真诚待人，不势利，不卑下，不在背后议论她人，给孩子树立一个好榜样。

第四，生活不宜过分优裕。

千万别以为源源不断地为孩子提供高档玩具、美味食品和名牌时装就会给她们带来幸福。实际上，物质生活的奢华反而会使孩子产生一种贪得无厌的心理，而对物质的追求永远不会满足，这就是为何贪婪者大多并不快乐的真正原因。相反，那些过着普通生活的孩子往往只要得到一件玩具，就会玩得十分快活。

第五，让孩子爱好广泛。

开朗乐观的孩子心中的快乐源自多个方面。一个孩子如果仅有一种爱好，就很难保持长久快乐。只爱看电视的孩子如果当晚没有合适的电视节目看，她就会郁郁寡欢。相反，如果孩子爱好广泛，当孩子看不成电视时却能读书、看报或做游戏，同样乐在其中。对只有一种擅长的孩子来说，鼓励孩子多几种爱好就更加必要，以免她们对某项爱好过分关注，而对其他活动兴趣索然。父母要鼓励孩子广泛地阅读，让孩子在阅读中增加知识、升华思想，可以选择阅读伟人的故事、童话、小说等文学作品。

第六，为孩子创建快乐的家庭。

家庭的气氛、家庭成员之间的关系在很大程度上会影响孩子性格的形成。研究表明，孩子在牙牙学语之前，就能感觉到周围的情绪和氛围，尽管当时她还不

第6章 磨砺逆商，挫折利于女孩成长

能用语言来表达。可以想象，一个充满了敌意甚至暴力的家庭，是绝对不可能培养出快乐的孩子的。

平时，父母应该让孩子明白，令人快乐的事情总是更多、更长久。一旦有不愉快的事情发生，那也只是暂时的，不具有普遍性，只要乐观对待，生活仍然是美好的。

第七，引导孩子摆脱困境。

人不可能事事称心如意，再乐观的人也不可能"永远快乐"。但乐观者的可贵之处在于她们能很快从失意中重新振奋起来，并把一时的沮丧丢在脑后。当父母的最好在孩子很小的时候就着意培养她们应付困境乃至逆境的能力。当孩子遇到困境时，父母要多留心孩子的情绪变化。如果孩子闷闷不乐，父母无论自己多忙，也要挤出时间和孩子交谈，教育孩子学会忍耐和坚强面对，鼓励孩子凡事多往好的方面想，不要总是往消极的方面想。

第八，让孩子拥有自信。

一个自卑的孩子往往不可能开朗乐观，这就从反面证实拥有自信与快乐性格的形成息息相关。对一个智力或能力都有限、充满自卑的孩子，家长务必多多发现其长处，并审时度势地多表扬和鼓励。来自家长和亲友的肯定有助于孩子克服自卑、树立自信。

即便女孩"不才"，也要给她们无偿的爱

有的家长喜欢拿别人的孩子跟自己的孩子比，以学习成绩来评判是好孩子还是坏孩子，这对孩子不但没有帮助，还可能让她们和父母的关系越来越远。

我们不要以成绩来评判孩子，不管孩子是什么样的，我们都应该接纳孩子的不优秀。我们要善于发现孩子身上的闪光点，只有这样，孩子才能跟父母的距离越来越近。

一项社会调查显示，不少孩子犯罪就是因为在家受到父母的歧视，从而产生

了挫败感。在得不到赏识的环境里，孩子无奈下产生了破罐子破摔的想法，自暴自弃。其实，不论孩子的年龄大小，父母对她们前途的否定，都会对她们造成极大的打击。特别是叛逆期的孩子，父母的否定可能会导致她离家出走，走上不健康的路。

很多人眼里的"问题少年"，其实不一定是个坏孩子。老师们发现，那些所谓的不争气的孩子，都有着丰富的内心世界。

积极的期望是孩子成材的重要动力，父母切不可处处"否定"孩子。要多鼓励孩子、帮助孩子，不管孩子优秀与否，都接受她，帮助她走上正确的道路，而不是处处为难她。

有一个女孩成天一言不发，看上去酷酷的，可经过老师与她的接触，发现她内心世界特别温驯、细腻。她在一篇作文中写道：

人们总说少年没烦恼，可他们不知道，我的烦恼却很多。只是我并不把烦恼说出来罢了。

这次考试成绩十分不理想，我很难过，怕亲戚朋友们笑话，更怕父母当着亲友的面说我，让我下不来台。可怕什么就偏偏来什么，放学一回家他们就看我的成绩单，看完后妈妈就唠叨个不停，我努力克制着自己，忍受着无情的责备，而爸爸在一边火上浇油。他们俩对付我一个，真使我有口难辩。说实话，我也付出了，每天我都在认真地学，可是……爸爸妈妈，我想对你们说，我的心已经不止一次地被你们伤害。面对这些，我一滴眼泪都没有掉过，一点苦都没有向你们倾诉过，我怕你们伤心。我这么体谅你们，你们难道就不能维护一下我的自尊心吗？每次我的成绩理想时，你们就说："这有什么，成绩还是太低了……"成绩不好时更是一顿批评。我不止一次地想：难道上了这么多年的学，我就没有成功过一次吗？我什么时候能听到你们说："嗯，还可以，别骄傲，下次再拿好成绩！"或者"别灰心，加油干，咱们追上去！"

爸爸妈妈，我已经长大，给我一点自尊和自信吧！

小时候你们对我倍加爱护和体贴，让我感到生活是那么的充实，又是那么的愉快。可长大后，你们都像变了一个人似的，不但不理解我，还时常用一些刺耳

第6章 磨砺逆商，挫折利于女孩成长

的话刺伤我，常常使我觉得无地自容。这到底是为什么呢？

记得一次数学考试，因为那时姥姥刚刚去世不久，妈妈心里万分难过。可我偏偏又没考好，回到家后，我胆怯地从书包里慢慢地拿出卷子，然后小心翼翼地放在桌子上。妈妈看了后竟然大怒："75分，怎么考得这么差？真是不争气！"您大喊着，我被你吓哭了。可是您却说："还有脸哭呢！"我刚想向您认错，您就对我说："去，我没有你这样的孩子！"这句话，使我深感痛心，我想这不过是一次小小的考试，难道我真的就那么无可救药了吗？我心里乱得一团糟，觉得什么都无法挽回。忽然之间，我觉得自己成了一个废人，再也没有变好的机会了。我只得走出里屋，无力地推开自己的房门，静静地坐在那里。

像这样的事情，还有很多，也正因为这样，我的家庭变了，变成了一个经常吵架的家庭。

亲爱的爸爸妈妈啊，你们对我的了解还太少太少，我不希望在一个总是被批评、责备、否定的环境中生活。我想快乐成长，我希望家庭能像以前那样温馨。

很多父母都希望高投入能有高产出。可是，许多父母遗憾地发现，自己是高投入低产出，甚至产出了相反的东西，于是，父母便恼怒起来。父母的恼怒又往往先用语言发泄，一恼怒就什么都说，越说越狠，让孩子无法接受。

也许父母没有意识到，这些对孩子否定性的言论，效果是非常糟糕的。孩子的自尊心会受到严重伤害，甚至攻击性行为增多，与父母冲突频繁发生，从而使父母陷入更大的烦恼之中。

经常有家长说——"你真是个废物！""你将来还会成个什么有用的人？鬼都不信！""你还想有什么作为，做梦！""你将来等着扫大街吧！"

虽然是父母一时的气话，但却足以构成对孩子终身的伤害。因为孩子的心理承受能力还很弱，父母的气话会毁掉孩子对自己未来的希望和美好的憧憬。一个人对前途失去了信心，自以为一个没有前途的孩子，她还能好好读书吗？读了书干什么呢？

胜不骄，败不馁，正确对待考试成绩

考试的目的是查漏补缺。父母应该懂得要对孩子的考试成绩给予积极的响应，尤其是在孩子考得不好的时候，更要帮助孩子找出不足的地方，这样才有助于孩子改正错误，提高成绩。有父母的支持做后盾，孩子学习的动力才会越来越足。

现在，父母体罚孩子的情况越来越少发生了。但是，一些诸如讽刺、挖苦、谩骂的语言暴力却增多了。尤其在孩子考试成绩不理想的情况下，父母总是习惯性地对孩子进行一番"耳提面命"，想以此来激励孩子下次取得好成绩。但是，这样的语言起到的效果甚微。我们设身处地地想，孩子考不好，自己的心里就已经很难受了，父母的讽刺挖苦很可能使孩子的自尊心和自信心遭受到严重的打击。

那么，怎样做才有效呢？"胜不骄，败不馁"，这才是健康的考试心态。

有了健康的心态，下一步就要认真分析考试结果，分析得正确与否，关系重大。

分析之前，假定这次说明不了什么问题，这样能够使分析错了的不良后果降到最低。

第一步，想一想，这次考试自己满意不满意，对什么满意，又对哪些方面不满意。再想想，这次考试有没有什么特殊的，例如：第一次考试、没有复习的考试……如果有这种特殊情况，那么这里就可以得出结论了：

考得不好，说明不了什么问题，我努力，我就不信下回我考不好的！

考得好，说明不了什么问题，一时侥幸，还得努力，看下次才是印证我的实力的时候！

如果一切正常就进行下一步。

第二步，自己是不是偏科了。这时就要开始对弱项多加练习。

第6章　磨砺逆商，挫折利于女孩成长

第三步，自己是智力因素还是非智力因素导致的丢分。智力因素就要调整自己的方法，非智力因素就要端正自己的态度。

第四步，作下一步学习的计划。

第五步，认真修改自己的分析。

最后，看看自己在年级里是进步了还是退步了，不要太在意，不过大幅度的下降需要一些非常手段。

考试的目的是检验孩子在平时的学习中存在哪些问题，以便查缺补漏，帮助孩子进步。所以对孩子来说，善于总结与归纳是非常重要的学习本领，也决定着孩子能不能进步。父母一定要给予重视，帮助孩子养成考试后总结的习惯。

让孩子学会考试后进行总结，可以帮助孩子找出自己的薄弱环节，并加以修补。孩子养成总结归纳的习惯，就可以加深对薄弱知识点的理解和记忆，不在同一个地方摔倒，同时也可以从中得出许多非常有用的结论或者是更好的解决方法。

孩子考不好时，通常有三种表现：第一种，从此一蹶不振，成为让失败一次性击垮的懦夫；第二种，并不知反省自己，总结教训，只凭一腔热血，勇往直前，往往事倍功半，即便能取得一点进步，也只是昙花一现；第三种，能够从自己的失误中找到原因，积极思考对策，保证自己下次不再犯同样的错误。第三种表现会让孩子变得坚强而有斗志，也是最能让孩子走近成功的方式。

作为父母，应该引导孩子问问自己：为什么会做错？有没有可能不犯错？怎样才能不再犯错？让孩子想清楚犯错的真正原因。只有这样，才能让孩子避免在考试中再犯同样的错误。

当然，孩子经常会有惰性，认为试题做完了，错误改过来了，就是完成任务了，不需要再想其他的，其实这样是不对的。每次考试以后，父母都应该督促孩子用一点时间来回想一下考试的过程，看看有没有达到预定的成绩。如果达到了，总结经验，看有没有可以改进的地方，争取更大成功。如果发现这次考得不好，那就更需要总结教训，让自己知道错在哪里，该吸取哪些的教训。不断在考试后总结，会在短期内提高孩子的学习水平。

不娇不惯富养女孩

不拿别人家的孩子来教育自己的孩子

不可否认,做父母的没有谁不爱自己的孩子,经常拿别人家的孩子与自己的孩子相比,虽然出于好意,想让自己的孩子能以他人为榜样,但是,说得多了,孩子的内心就会受到伤害,使得她认识不到自己的优点和长处,丧失了自信心。对父母表扬过的同学会产生忌妒非常地憎恨,无形中,孩子的心灵扭曲了。如果这样,后果是很严重的。

"她们整天拿我和我们小区的同班同学比较,总是和我说,'你看人家怎么怎么,你又怎么怎么';'为什么同一个班,你这次考得没人家好'之类的'质问',让我感到非常厌烦,感觉我什么都不如她,一点儿自信都没有,对学习就更没什么兴趣了。"一个孩子这样对我说。

许多父母都有这么一个习惯,喜欢拿自己的孩子与别人家的孩子做比较,常常觉得自己的孩子没有人家优秀,或者没人家努力,不知不觉地会用其他孩子的优点来比自己孩子的缺点。

田丽和赵晓梅是邻居,经常在一起玩。期末考试刚过,田丽又跑到赵晓梅家玩去了。没想到田丽刚一进门,赵晓梅的妈妈就问起考试成绩来,田丽告诉赵晓梅的妈妈,挺好的,各科成绩都是95分以上。"你学习总是那么好。"赵晓梅的妈妈很温和地表扬了田丽。这时,赵晓梅早已在楼梯上听到了下面的对话,踌躇着不愿出来。还在想着怎么办的时候,听到妈妈叫她:"赵晓梅,期末考试考得怎么样?成绩单在哪里?"

赵晓梅不得不来到客厅,胆怯地告诉妈妈:"在我房间里。"

看着她无精打采的样子,妈妈有些生气了,"是不是又是坏成绩?去把成绩单拿来,我要看一看。"成绩单拿来了,没有一科上90分。"你真让我感到羞愧,赵晓梅。"妈妈忍不住大声训斥起来,"你的成绩为什么总是这么糟?你为什么不能像田丽一样,你看看人家的成绩!你的学习环境哪一点比她差?你就是

不爱学习！天天注意力不集中，不专心听讲，真是气死我了！"虽然已经不是第一次在田丽面前受训了，赵晓梅还是感到下不了台，羞愤不已。

从此，赵晓梅就觉得自己像一只丑小鸭，情绪总是不高，她多么需要得到父母的鼓励。但她从小就感到来自田丽的压力，觉得自己无法比得过她，成绩更是大幅度下滑。任凭父母、老师怎么教育，就是不爱学习，后来仅仅上完初中，便辍学在家了。

经常被父母与别人做比较的孩子，通常会有很多负面情绪，如不开心、无安全感、愤怒和嫉妒等。由于受情绪困扰，她的学习可能会越来越不好。孩子觉得得不到父母注意，父母不爱自己，就是看自己不顺眼。还可能做一些出格的事件来吸引父母，而这些事情往往是父母不愿意看到的。于是父母更认为孩子顽劣不值得疼爱，从而更加拿别的孩子比较，造成恶性循环。

对待考试失利，父母的平常心更重要

当女孩考砸了，遭到父母劈头盖脸地训斥："怎么回事？你怎么又不及格？隔壁家童童怎么考得比你好？还说想去游乐园，考试都不及格，取消！"

让我们来看看明智的父母是怎么做的：

女孩考砸了，回到家后，她就进了自己的房间。晚饭后，爸爸妈妈什么也没说。女孩实在坐不住了，她心想：难道是爸爸妈妈没有发现我的成绩单？于是，她悄悄地来到客厅，发现在她的成绩单旁边，爸爸妈妈给她留了一张便条。

宝贝：爸爸妈妈知道这次没有考好，但是你不要难过，也不必紧张，爸爸妈妈不会骂你。因为爸爸妈妈相信你肯定不会放弃努力的，所以，在下次考试时，我们不要求你考得多么好的成绩，只要下次比这次的成绩前进一点点，我们就会很满意。

落款是：永远都支持你的爸爸妈妈。

读了爸爸妈妈的便条之后，这个女孩在自己的日记里这样写道：

不娇不惯富养女孩

我是轻易不流泪的,但我被爸爸妈妈的理解和尊重感动得流泪了。在带着成绩单进家门的那一刻,我都做好了与父母吵架的准备。但现在我知道了,是没有必要的,我的父母是天底下最好的父母!

考试过后,纠结于考试分数是没有任何意义的,关键是要找出自己未能考好的原因在哪里,下一次避免出现类似的错误。从教多年,我将大家考试失利的原因归纳了这样三点。

考试心态不好,过分紧张。

通俗一点儿讲,也就是怯场。怯场一般是由于过分紧张所致,在紧张的状态下,人的大脑皮层中形成了优势兴奋中心,从而使记忆中枢处于被抑制的状态,具体表现是回忆不起熟悉的知识。严重的怯场还可能导致行为失调或晕场。如果是由于怯场导致考试发挥失常,可以采用这样几个摆脱焦虑、解除记忆中枢被抑制的方法:

语言调节法。在怯场情绪刚出现时,可以通过简单、具体,带有肯定性的言语调节自己,比如"我有信心!""我准备得已经很充足了,一定能考好!"在暗示自己的同时,不妨联想自己成功时的情境,以激励自己的考试信心。

转移注意法。如果在考试中遇到较难或没有见过的问题或题型时,应先采取主动的注意迁移,减少焦虑,回避一时解答不了或暂时回忆不起来的问题,当其他问题解决完后再回过头来研究。这种做法可以使优势兴奋中心得以转移,从而使抑制状态在一定程度上得到缓解。

呼吸调节法。当自我感觉十分紧张时,有意识地控制自己的情绪。深呼吸,注意放松,在头脑中对自己说"放松",连续做几次,直到感觉镇定为止。

平时不够努力,知识掌握不牢。

实际教学过程中,我经常能够遇到这样一类学生,学习并不努力,只是将希望寄托在考前的几天突击,结果因为她们平时知识掌握得不牢,成绩总是不理想。

如果是因为这种情况导致了考试的失利,那么,你就需要在平时多用些功,将知识学扎实,以防自己进了考场因为准备不足而惨遭失败。

答题技巧有不足。

第6章 磨砺逆商，挫折利于女孩成长

有些同学并非基础知识掌握不牢，而是因为不了解一些答题技巧，或者是计算不够精确，或者是速度不够快，或者是理解上有偏差，又或者是思维不够严密……结果也就导致了考试成绩不理想。找出自己失误的原因，再进行针对性的训练，就能较好地弥补我们在答题过程中存在的一些不足。

关于各类题型的答题技巧问题，我们在前一小节中已经做了详尽的说明。如果你的答题技巧存在不足，不妨参照我们前面所述，在课下做题的时候多加练习。将这些技巧运用纯熟，想要取得高分也就并非难事了。

成绩只是孩子成长中的一部分，是一阶段学习的结果，没有重大的意义。父母在对孩子评价时，除了成绩，还有很多。比如她是否有个阳光的性格和健全的人格，她是否有很强的生存和自理能力，她是否有很强的阅读能力等，或许她乐于助人，那她也是一个优秀的孩子，在别人有困难的时候伸出手帮别人一把，比会做几道题更值得夸奖；或许她很爱劳动，做事情有板有眼，把自己的东西整理得井井有条，这比能死记硬背对以后的生活更有帮助；或许她孝敬父母，拳拳孝心在懵懂之时已有彰显……父母培养的应该不是一部只会做题目的考试机器，而是一个拥有较高素质的人。

紧张与成绩成反比，适时消除紧张

"我怎么又紧张了？别紧张！"
"紧张就紧张吧，一会儿就好了。"
"睡不着怎么办呢？睡，快点睡着，明天还要早起考试呢！"
"睡不着，没关系，放松，再放松，慢慢会睡着的。"

这是好多人面临考试时表现出来的紧张心理，在大考之前紧张心理更为严重。

紧张心理不是天生就有，这是后天形成的。形成紧张心理的原因大致有四种。

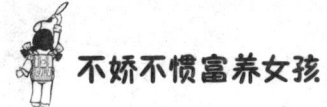
不娇不惯富养女孩

对考试期望过大，怕达不到目标而辜负父母的期望，影响自己的前途；对自己信心不足，缺乏一种必胜的信念；自尊心过强，担心一旦考得不好会受到别人嘲笑；对考试准备不足，还存在知识上的缺陷和漏洞。

由于这些原因，有人就会在考试时产生紧张心理，其表现为心跳加快，身体不适；思维出现障碍，有些平时熟记了的知识一下子想不起来，甚至脑子里一片空白；严重的甚至会出现头晕、出汗、昏厥等症状，严重影响考试成绩。

考试是每个学生都要面临的对自己学习效果的检验。考试成绩常常成为评判学生优秀与否的重要标准，而优秀又和很多奖励联系在一起。所以，面对考试，考生们都会紧张。适当的紧张感会形成一种时间上的紧迫感，增强孩子的兴奋性和自觉性，提高注意力和反应速度。很多孩子在考试前都有紧张的情绪，只要控制好度，每次考试成绩都很优秀。所以，孩子维持一定程度的紧张是有必要的，也是正常的。但当紧张超过了一定限度，就会给孩子的正常生活和学习带来不利影响，导致孩子考试失利。

好学生面对考试，也不例外，她们也会紧张，所不同的是，好学生能针对原因，减弱甚至消除紧张心理状态，做到考试时心静如水，即使偶尔有些许紧张，也似微风吹过水面而起的涟漪，片刻又会重归于平静。

但达到这种境界，好学生是要经过一些训练才能奏效的。

首先，考试前考生要正视自己，对自己的能量有个正确的估计，不要期望过高。

自己只能达到90分，就不去奢望100分，只要努力了，就没有遗憾了，家长不会责怪，别人也不会讥讽。自己心安理得，当然就不会紧张了。

然后，要消除紧张就要树立信心。

如果一开始你就想到这事成功不了，失去了信心，就不会去奋斗、去争取了，那就必败无疑。信心足了，精神抖擞，前面的胜利在向你招手，你就能进入最佳状态，发挥出最好水平，自然就消除了紧张心理。

避免紧张的最好方法是留出一定的时间去做做运动、搞搞文体活动、与别人讨论你的复习情况，总的来说生活要有规律。如果你不去进行任何社会交往，试

第6章 磨砺逆商，挫折利于女孩成长

图整天埋头学习，也从不参加下午的体育活动，从不与兴趣相投的伙伴一起玩，就很难从学习和难题中解脱，很难使头脑得到平衡。

女孩有了进步父母不能无动于衷

上初二的王莹学习成绩一直在班级的后几名徘徊。尽管她一直想提高自己的成绩，但由于基础太差，她的努力丝毫没有成效。她对自己是彻底失望了，从此做什么事情都提不起精神来。

王莹的爸爸是某公司的老总，他看到女儿萎靡不振的样子，便决定与女儿深谈一次。一天，爸爸下班回来，看到女儿情绪还好，就与女儿聊起天来。

"今天有好多大学生到爸爸的单位去面试，但他们的表现让爸爸很不满意。"爸爸平静地说。

"大学生你都不满意，你想找什么样的人才呀？"王莹的话中带着不满。

"其实爸爸的单位对职员的要求很简单，仅仅是勤奋、认真、踏实、真诚就可以，但那些大学生凭着一纸文凭，还不知道自己的能力如何就要求这、要求那，他们走到哪里都找不到满意的工作。"王莹眉头紧锁，像是在沉思什么。

爸爸接着说："其实，人生的路有很多条，但无论走哪条路，都必须认真、踏实地去走。就拿你来说吧，也许走学习这条路对你来说确实有点困难，但你可以试着走其他路呀。例如，你可以在你最喜欢的音乐方面发展，将来即使你成不了音乐大师，但因为这条路你感兴趣，美好的机遇之门终究会为你打开的。"

看着女儿惊讶的表情，爸爸接着说："当然，由于你懂音乐，将来我们还可以搞一个乐器行，以音乐艺术会朋友。整天与那些搞音乐的人来往，相信这样的生活一定也会有滋有味。"

听爸爸说完这些后，王莹才恍然大悟，原来世间真的可以有这么多路可以走，王莹为这一重大发现而感到兴奋。

家长们都说，有了大学文凭，孩子进入社会就有了"敲门砖"。的确，有了

这块"敲门砖",孩子能够很快地被社会接受,但仅仅有一块"敲门砖"还是不够的。就像王莹的爸爸说的,如果这些大学生在工作单位表现得很浮躁、傲气十足,最终还是会被用人单位"炒鱿鱼"。

因此,当孩子因为学习成绩而对自己失去信心的时候,家长不妨用一些"大学生被炒鱿鱼"的事例来教育她们,并借此机会培养她们一些优秀的品质,如踏实、谦虚等,以此来增强她们的自信。最主要的一点是,要让孩子知道,学习成绩不好,她们还有很多路可以走,绝不能让她们对自己失去信心。而不让孩子失去信心的关键就是,帮孩子找到一个合适的方向,并引导她们去努力。

成功的孩子们的自信,往往来自于她们所受的家庭教育。

于艳,上了初中才学画画,一开始,她画的那些东西苹果不像苹果、西红柿不像西红柿,但她的妈妈告诉她,那叫创意。结果画到现在,这个孩子成了一位小有名气的画家。

孟猛,上了初中后,她跟父母说将来想当记者,父母马上回应她:"你将来想去中央电视台,还是想进凤凰卫视?"现在的孟猛虽然没有当成记者,却成了某电视台的一位编辑。

父母用赏识、鼓励的家教方式来对待孩子,孩子就会朝着父母希望的方向努力。在这种环境下,孩子就能够收获一份自信。

让女孩学会欣赏自己

在成长的过程中,孩子难免会有失误,会遭遇挫折和失败。我们不能仅凭这些事就断定孩子没有前途、没有志气,做父母的必须学会给她们以耐心的、正面的引导。一味地指责"没出息",是一种负向的心理暗示,只能使孩子走向自暴自弃,走向真正的"没出息"。其实,孩提时调皮甚至顽劣,但长大后成为名垂青史的大家和大师者,不乏其人。

《半月谈》上刊登一篇文章,讲述了作家叶兆言与女儿之间的冲突。一方

第6章 磨砺逆商，挫折利于女孩成长

面，身为父亲的叶兆言一直用自以为是的"理论"管教女儿；另一方面，女儿却在潜意识里与父亲进行着多方面的抗争。直到有一天，看过女儿临出国前交给自己的日记本，叶兆言才在震惊之余开始反省自己的父亲角色。面对女儿的内心表白，他说："小女曾说过，我这个当作家的父亲让她还没有学会欣赏之前，就先教她学会了批评。这一点真让我汗颜。"

叶兆言面对女儿的"批评"感到汗颜，我们许多父母面对叶兆言这样的自责，是否也会有同感呢？从严要求孩子没有错，但一些父母却曲解了严格要求的本义。有些父母最爱用"没出息"这句话训斥孩子。孩子考试没得满分，是"没出息"；孩子写不好作文，是"没出息"；孩子没有完成作业，是"没出息"；孩子上课说话，是"没出息"……在这些父母眼里，孩子们没出息的事实在是太多了。

在孩子成长过程中，如果经常使用带有惩罚性质的语言，会使她养成自卑胆小的性格，或者产生对立情绪。孩子虽小，心中也有一杆秤，成人的每一句评语，都能让她那敏感的心灵快乐或者悲伤。奚落、讽刺、挖苦孩子，表面上看要比体罚"文明"，但它带给孩子的伤害不比体罚小。体罚伤害的是孩子的身体，而"心罚"伤害的则是孩子的心灵。受"心罚"的孩子被摧毁的往往是自尊心，被打击的是自信心，被扼杀的是智慧。在一个孩子面临重要的人生选择时，指导和鼓励是非常重要的。女孩子的心，尤为敏感与脆弱，与其居高临下地严加管束，不如平等善意地以诚相待。所以，成功的父母在教会批评之前，先教会孩子欣赏自己，欣赏她人，欣赏人生。他们善于观察与揣摩子女的心态处境，当孩子沮丧时，会用热情的话予以鼓励；当孩子自卑时，不忘用她的"闪光点"燃起她的自信心；当孩子痛苦时，尽量设身处地说些安慰的话……这样，孩子的理想之花就会渐渐开放。

让我们记住叶兆言先生的话："奉劝天下父母，多给孩子一点赞美，让她们从小就会欣赏世间的一切。对于父母，孩子无论成功与否，都要接受。能不能出人头地，是她自己的事，各人头上一方天，没必要强求孩子干什么。人生是一步一步走出来的，能把每一步都走踏实了，这就很好。"

第7章

世界险恶,女孩安全教育不可少

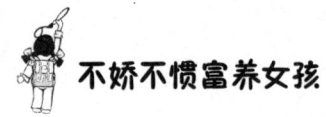
不娇不惯富养女孩

坚决不咬铅笔头，香味学习工具最好别用

10岁的吴小莉有个坏习惯，那就是爱咬铅笔头，每次都将铅笔咬得乱七八糟，有时连漆都咬掉了。对于孩子的这个习惯，吴小莉父母不止一次地提醒过，但是孩子一时难以改变，也就由她去了。

最近，父母发现吴小莉的情绪有点暴躁，经常乱发脾气。这让父母有点纳闷，也有点担心，生怕孩子身体出了什么问题。趁着周末陪孩子去医院做了做检查，医生问了问孩子有没有吃什么东西或者有没有什么坏习惯。父母想到孩子爱咬铅笔头的习惯，连忙说出来。医生建议孩子做一个血液检查。检查结果出来，吴小莉的父母很惊讶，孩子血液中的铅含量已经超出了安全范围，属于轻度的铅中毒，原因在于咬铅笔头。

咬铅笔头是普遍存在于小学时期孩子身上的一种现象，她们习惯于在写作业过程中，咬咬铅笔头。这只是一种本能的行为，就像刚出生的孩子习惯吸吮手指一样。但是这种行为是有害身体健康的。此外，在孩子的学习工具中，不仅仅只有铅笔存在安全的隐患，涂改液等学习工具都可能对孩子的健康造成损害。

学习工具使用不当给孩子带来的安全隐患分为显形和隐形两种。

翻看小学生的铅笔盒，很容易发现像圆规、直尺这种学习用具，如果使用不当，就很容易扎伤孩子。如果孩子拿着这些玩具闹着玩，稍不小心，可能会扎伤自己或别人。

孩子的学习工具中还有很多隐形杀手，例如涂改液、铅笔、香味笔等工具。

涂改液：含有二氯甲烷、三氯乙烷和对二甲苯等物质。它们非常容易散发并且游离在空气中，一旦被人吸入，会引起慢性中毒，使血液组成发生变化，影响神经系统，使人产生头痛、恶心等症状；如果吸入量过大，就会危及生命。这些

涂改液滴到皮肤上时也会出现问题。

铅笔：铅笔中的铅对孩子危害其实不是最大的，最大的危害在于外面涂的那层油漆。油漆涂料中含有甲苯、二甲苯等中等毒性溶剂，对人体具有麻醉、刺激作用，即使少量吸入也会给身体造成极大的损害，让人出现不同程度的铅中毒。

香味文具：现在孩子很喜欢散发着香味的铅笔盒、荧光笔等文具，殊不知，这些文具对身体有极大的损害。专家称，大部分香味文具中都含有不同程度的苯酚、甲醛、汞、烷等有毒化学物质。如果苯浓度超标，使用者轻则会出现头痛、恶心、眼鼻咽喉发炎，严重的可能引发白血病。

孩子的学习用具存在着许多隐患。因此，父母教给孩子正确地选用学习用具，并合理地利用，对孩子的健康和安全有着重要的意义。

第一，合理选择学习工具。

现在的市场上，孩子的学习用具五花八门，应有尽有。为了吸引孩子的眼球，不少商家推出香味文具，例如涂改液、荧光笔等。这些用具味道很香，却含有超量的有毒化学物质。为此，父母给孩子选择学习用具时，尽量选择普通、没异味、有国家安全认证的用具，为孩子的安全把好第一关。

第二，纠正孩子的不良习惯。

孩子爱咬铅笔头、爱用圆珠笔在身上乱画、用手指按涂改液头等，都是不良的使用习惯。家长发现，一定要及时纠正，告诉孩子这么做的危险性，不能让这些坏习惯继续下去。

第三，让孩子不把学习用具当成玩耍用具。

孩子们在一起嬉戏玩耍时，经常将直尺、圆规、三角板等学习用具当成自己的"武器"攻击别人，随时可能出现误伤的情况，一旦发生，后果可能很严重。因此，告诉孩子一定不要把这些危险的学习工具当做玩耍的用具。

为了孩子的安全，父母一定要提高警惕，及时教给孩子正确使用学习用具的常识，让孩子免受来自于学习用具的隐形和显性危险，使它们真正成为孩子学习上的好帮手。

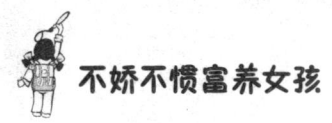

不娇不惯富养女孩

女孩要知道的基本户外避险常识

在户外活动,是存在风险的,尤其是孩子,对风险认识不够,自我防范意识不强,很容易在玩耍时发生意外,受到伤害。

第一,户外活动隐患多。

在放学或者假期的闲暇时间,很多小朋友爱在自家的门外嬉戏打闹,孩子们一起玩耍既能增加感情,又能给自身带来健康和快乐。一般来说,孩子在自家门口玩,父母会特别放心,总觉得在自己眼皮底下玩不存在什么安全问题。其实不然,在自家门口玩,也存在很多隐患。

雷击是户外常发的一种自然危险,多发于高地、高树下、比较孤立的平地上、宽阔多水的河谷、高压线塔周围以及地下金属矿藏丰富的地区。很多孩子在户外玩耍时,遇到雷雨天,爱到大树下避雷、躲雨。这种躲避方式不仅不能有效地躲避雷电,反而使危险更大,有的孩子因此失聪甚至死亡。

第二,教给孩子一些避险常识。

在户外,孩子常遇到的自然灾害主要是雷电灾害和火灾。面对雷电灾害,让孩子在雨天时尽量避免出门。

如若在路上遇到雷电天气,就要教孩子一些躲避雷电的常识,告诉孩子一定不能选在高树下、比较孤立的地区避雨;如果躲避不开,要尽量双脚并拢蹲在低洼处,或者坐下,双脚或臀部与地面接触,手和臂不要接触地面。这样都能有效地躲避雷击。

对于火灾,首先让孩子在户外玩耍时尽量不要玩火。如果发现远处有不寻常的火光、浓烟或闻到有火烟味,应立马提起警觉,尽可能向远火端撤离。如果山火已经很近,或已经被包围,就捂紧嘴,朝逆风方向并且火势相对较小的地方跑,这样利于逃生。

户外活动隐患很多,父母要有意识地将避险知识告诉孩子,并且教给孩子一

第7章 世界险恶，女孩安全教育不可少

些基本的避险方法，让孩子远离户外活动所存在的隐患，避免发生意外，让孩子拥有健康、安全的童年生活。

保护自己，在运动锻炼中不受伤

"杨阿姨，彤彤被车子撞到了，您快点来看看。"小伙伴冯彪急急忙忙地对彤彤妈妈说。

"怎么会呢？你们不是在楼下的花园一起玩的吗？"杨妈妈有点不相信地说。

"是真的，我们一起在路上玩滑板，彤彤没看到过往的车辆，结果被撞了。"冯彪解释道。

"说过多少次了，玩滑板去小广场玩，怎么不听话，又去路上玩。"杨妈妈又生气又着急地说道，脚步明显加快，朝出事地点跑去。

彤彤已经被吓傻了，半坐半卧地在地上捂着腿，司机正在问她怎么样，彤彤一句话也不说，看到妈妈来了，"哇"的一声就哭了。杨妈妈连忙哄着孩子，司机告诉她已经叫了社区的医生，马上就到。

经过医生的检查，彤彤没什么大碍，只是腿擦伤了皮，不严重，养两天就没事了。彤彤通过这次教训，再也不敢在路上玩滑板了。

运动对孩子的成长有很多好处，但是孩子在运动中受伤的情况也屡见不鲜，这是由于孩子还没有对适当运动有一个清晰的概念。父母在鼓励孩子多多运动的同时，还需要对孩子加强运动方面的安全教育，避免孩子因为过度运动或者其他因素发生危险。

孩子爱好运动，这是件好事，既可以锻炼孩子的身体，磨炼孩子的意志力，又能促进孩子的生长发育。可是运动不当的孩子却有很多，孩子的身体发育还尚未成熟，很容易受伤甚至造成后遗症。作为父母，要注意孩子在运动中的状况，让孩子注意在运动中保护好自己。

第一，谨防运动中存在的安全隐患。

孩子处于好动的年纪，几乎一刻也静不下来。父母也知道让孩子多做运动对孩子健康成长有非常大的好处，所以对孩子的运动给予支持和鼓励。但是，很多父母和孩子都忽略了这样一个问题：运动中也存在很多的安全隐患，孩子运动不当会造成严重后果。

（1）体育课上的安全隐患。孩子在上体育课的时候，由于不听从老师或者教练的指导，错误使用体育器材，或是自己不注意，容易发生跌伤、夹伤、刺伤等多种意外情况。孩子在玩球类运动的时候，会遇到和对方球员在比赛中有冲撞推挤的情况，会给孩子造成伤害。

（2）游戏中的安全隐患。孩子在嬉戏的时候，很容易失去控制，进而造成不必要的损伤。比如，孩子在玩打雪仗的时候，稍微不注意分寸，就有可能因为用力过猛，击中朋友的要害，而造成伤亡事件。

（3）业余运动中的安全隐患。孩子穿不合适的服装或鞋进行运动时，会增加孩子受伤的概率。比如孩子在玩滑板的时候，没有戴头盔和护膝，稍不注意，就会给孩子带来极大的伤害。

孩子在运动中，事先没有做好热身运动，空腹或者吃得太饱，也会发生意外。

第二，父母加强孩子的安全教育，告诉孩子在运动注意保护自己。

（1）根据孩子的年龄和特点帮助孩子选择合适的运动项目。孩子对各种运动都有着浓厚的兴趣，但是不能任由孩子的兴趣做选择。父母要针对孩子的年龄特点和承受能力帮助孩子选择合适的运动项目，比如年龄还小、身体柔弱的孩子就不适合选择举重之类的运动项目等。

（2）运动前仔细检查。认真检查孩子的运动场所和运动装备，检查孩子的身体状况和服装，让孩子掌握正确的饮食方法，保护孩子不受运动伤害。

（3）不要让孩子做太危险的动作。孩子看到电视上或者专业演员表演的高难度动作，会觉得刺激、好玩而去模仿。父母一定要对这种情况给予重视，在孩子看此类节目的时候，要在旁边教育孩子：这是专业人员经过长期训练才能达到

第7章 世界险恶，女孩安全教育不可少

的，此外还需要搭档的配合和各种安全道具，普通人不能擅自模仿。

（4）给孩子报正规的运动培训班。父母看到孩子热爱体育运动，或者受到奥运会的刺激而想让孩子多一项特长，会在孩子的业余时间或者寒暑假给孩子报一些运动培训班。这时候，父母需要注意：虽然社会上开办的舞蹈、体操、滑冰等培训班很多，但是培训班和教练存在水平良莠不齐的情况，所以，父母不要因为急于将孩子送去受训，忽略了孩子接受不正规训练所带来的恶果。

（5）告诉孩子，要在老师或者教练在场的情况下运动。由于孩子缺乏自我保护能力，出现意外伤较多，应该告诉孩子：运动时，要有老师或者教练在场。这样即使发生意外，老师或教练也会及时采取急救措施，防止伤害扩大。

玩危险游戏要有父母陪同

玩是孩子的天性。但是有很多游戏不能让孩子自己单独玩，比如说玩水、滑冰等。孩子贪玩往往就忽略这些安全方面的注意事项，作为父母，应该在平时就充分重视，让孩子知道，有些游戏只能和家长和老师一起玩，孩子自己玩不得。

第一，孩子一个人玩存在安全隐患，有些游戏孩子不能单独玩。

孩子爱玩，却没有形成必要的安全意识，特别是孩子一个人玩某种有潜在危险的游戏时。一旦发生危险，没有人知道，孩子又不具备自救的能力，很可能产生可怕的后果。

随着暑假的到来，不少小学生喜欢到水库、池塘等地方游泳，由于这些场所大多没有安全防护措施，容易发生意外事故。如果小学生单独行动的话，往往缺少自救能力，会使危险系数大大增加。

冬季时，孩子喜欢滑冰，出于经济问题的考虑，一般都会选择水库或者路旁的池塘，如果孩子没有同伴一起，可能会发生掉进冰窟窿而没有人救援的情况。

如果孩子喜欢探险，对登山等一些户外活动比较感兴趣的话，也需要同伴陪在身边。特别是离城镇很远的野外活动，如果没有同行的人，一旦发生意外，后果不堪设想。

第二，加强孩子的安全教育，告诉孩子怎样保护自己。

对爱游泳的孩子，父母要及时开展安全教育，对孩子讲清楚到水库、池塘等场所游泳的危险。比如告诉孩子水库和池塘地形复杂，深浅难测，稍一大意就会发生危险，禁止孩子单独到水库、池塘等场所游泳。平时要不厌其烦地对孩子灌输这方面的意识，做到警钟长鸣。如果孩子要游泳，让孩子约小伙伴们一起去正规的游泳池。

告诉孩子在游泳之前，一定要做好热身准备。下水前先热身10~15分钟，可以防止在水中发生腿抽筋。

父母在孩子假期期间要注意加强孩子的安全教育。据调查，由于假期时间比较宽松，孩子无事可做，导致许多安全事故大都发生在寒暑假。针对这种情况，父母可以多给孩子安排一些假期活动，让孩子既可以享受到娱乐的轻松，能远离危险。

父母可以用周围的真人真事对孩子敲响警钟，也可以用图片或者影像资料让孩子加深印象，防止孩子听过之后就忘到了脑后。父母可以多带孩子去听听这方面的讲座，教育专家对孩子的心理把握得比较准备到位，说出来的道理也比较符合孩子的"口味"。

孩子的安全意识比较淡薄，有时找不到玩伴，就可能兴起独自去探险的念头，这很容易把孩子推向求助无门的境地。作为父母，应该在孩子的安全意识方面加强教育，平时通过叮嘱、听讲座等方式让孩子知道，有些游戏只能和朋友一起玩，孩子自己玩不得。

和女孩一起进行安全演习

父母单靠说教并不能让孩子对安全知识自觉自发地重视起来，孩子大多有逆反心理存在，对于越是不能接触的东西，越想接触；越是不让知道的事情，越

第7章 世界险恶，女孩安全教育不可少

想知道。这是人们心理发展的一般规律，由于孩子心智不成熟，这种欲求也更强烈。这个时候，父母就不能只是单纯地说什么不能做，什么是不对的，父母应该想些更生动的教育办法，和孩子一起进行安全演习，就是一个不错的选择。

通过安全演习，可以给孩子一种自我参与、自己是主角的感觉，这种主人公意识更能让孩子对知识的内容提起兴趣，产生研究的动力。

安全演习过程中，孩子有了直面危险的机会，有助于孩子在相对冷静和刺激的状态下回想需要的知识，做出自己的评价，是有用还是可以找到更适合的办法？

张佳佳和同学们利用暑假到森林中参加夏令营，她看什么都感到新鲜。突然，她发现一只美丽的大蝴蝶，她想也没想，抄起捕虫网就追了过去。也不知道跑了多久，最后终于抓到那只大蝴蝶，可她周围已经找不到一个同学了，也听不到一点同学们的谈笑声，甚至连那条森林中的小路也不知去向了。她迷路了！这时，她想起曾经和爸爸进行过此类情况的演习，她告诉自己不要慌张，按照安全演习中的方法来做。"在森林中迷路时，千万不要惊慌，一定要冷静。"想到这，张佳佳做了几次深呼吸，平静了一下心情，开始为如何走出困境思索起来。不久，她就制定了一套方案：她先是回忆起自己离开队伍的时间，然后仔细观察附近的地形地貌，找到自己跑来时踩出的脚印，接着根据方向沿着脚印一步步慢慢走，终于走回到来时的那条小路。沿着路没走多久，就听到了老师和同学们的呼喊声，张佳佳激动得都要哭了，她成功了！

像张佳佳这样的情况并不见少。孩子很容易遇到一些紧急情况，也可能会因为缺乏逃生知识而发生危险。这就给了父母们一个提醒：平时多注意培养孩子的安全意识，和孩子一起进行实战演习，是一个非常有效的方法。

父母要和孩子进行安全演习。

第一，父母故意犯错，让孩子纠正。

父母在演习中故意扮演失误的一方，让孩子看出并指出出错的地方。这对孩子来说，就是一次成功的经历，会让孩子对自己有足够的信心，也更愿意去学得更好，以此来换取在父母面前显耀的机会。在这个过程中，就达到了父母想让孩

子学好安全知识的目的。

第二，把指挥权交给孩子，让孩子做演习的总设计师。

父母要相信孩子有独立处理事情的能力，尽可能支持她们。把安全演习的指挥权交给孩子，让孩子开动脑筋，精心设计各种情节，准备道具，注意演习的各种细节，对演习的整体过程进行推演，准备备用方案应对演习中可能出现的突发状况等。这些都能让孩子对所需的安全知识进行消化和归纳，对孩子的安全知识水平是一次极大的提高。在孩子遇到困难、失败时，父母应给予鼓励和安慰，成功了要立即对孩子进行表扬。

第三，利用孩子崇拜偶像的心理特点。

如果孩子崇拜偶像，父母可以利用这一特点，多给孩子播放一些有偶像参演的灾难片或者动作片，让孩子看看偶像是怎么处理危险情况的，父母可以让孩子扮演偶像扮演过的角色，给孩子制造影片里类似的场景，让孩子模仿偶像来处理危机。

对于枯燥的安全知识，即使父母反复强调如何重要，孩子也不会提起足够的重视。这就需要父母采取一些比较生动的教育方法，比如说，和孩子进行安全演习训练，让孩子充分体会到作为主角的参与感和演习成功之后的成就感，让孩子从思想上对安全知识接受并力求学得更好。

在劳动中保护好女孩

劳动是孩子成长的必修课，孩子热爱劳动本是一件好事。但是据一份报告称，近年来小学生在劳动中受伤事件时有发生，已经成为了未成年人安全的重大隐患。因此，父母要充分意识到劳动中存在的隐患，谨防孩子受伤。

孩子在劳动中频频受伤的原因可归结为两点。

第一就是孩子很少劳动，一时无法掌握劳动技巧。现在的孩子娇生惯养，很多父母舍不得让孩子做一点儿劳动，生怕把孩子累坏，因此事事代劳。这样一

第7章 世界险恶，女孩安全教育不可少

来，孩子对劳动的技巧知之甚少，当然会操作不熟练，因而在劳动中受伤。

第二点原因就是父母缺少对孩子劳动内容的把关。一些父母能够意识到劳动的重要性，放手让孩子去做，而这种放任自流的态度忽视了孩子的年龄和能力，把一些本来不适合孩子的劳动强加给孩子去做，在力所不能及的情况下，孩子当然很容易受伤。

父母怎样才能避免这种情况的发生呢？

第一，教给孩子一些必要的劳动技巧。

孩子在劳动之前，父母应该将基本的操作技巧告诉孩子。家务劳动大体上分为两类。

清洗类。清扫地面、洗衣服时，切忌手上沾着水去插插座，避免孩子用过冷或过热的水洗抹布，以免冻伤、烫伤等。

厨房劳务。有时候，孩子喜欢去厨房帮妈妈做饭，这时父母一定告诉孩子远离菜刀等炊具，以免被割伤；在刷碗时，也要小心操作，以免割伤自己。同时，还要让孩子学会正确使用燃气器具。

第二，帮孩子筛选劳动内容。

孩子爱劳动是好事，既能培养孩子热爱劳动的意识，也能使孩子在劳动中磨炼意志、增长知识。但是让孩子做劳动，不能什么都不考虑，避免将不适合孩子做的劳动分给孩子做。

孩子参加劳动，对孩子的成长有着极其重要的意义。为了使孩子既能从劳动中受益，又避免受到伤害，父母要在平时加强对孩子劳动安全意识的教育和培养，让孩子掌握正确的技巧，安全、高效地进行劳动。

使用玩具注意安全

马上就是徐然的生日了，爸爸妈妈特意带她去玩具市场挑选生日礼物。徐然高兴极了，经过千挑万选，最后挑中了一对磁力珠。滑溜溜的珠子摸起来很舒服，离得远远的就可以相互吸引，最后粘到一起，好像有魔力一样，很神奇。

爸爸妈妈看孩子喜欢，也没仔细阅读说明书，二话不说就买了下来。

回到家后，徐然迫不及待地拆开包装玩了起来。过了一会儿，妈妈过来叫徐然吃饭，却发现她看起来怪怪的，手里面就只剩下了一个磁力珠。原来徐然把珠子放在嘴里玩，不小心吞下去一个！

最后医生帮徐然取出了吞食的磁力珠。医生严肃地告诉妈妈：幸亏孩子没有一下子吞进两个，否则磁力珠相互吸引，孩子就危险了！妈妈听了，不由得一阵后怕。

徐然在玩玩具的时候，不小心吞食入肚，幸亏及时发现，否则将会造成严重的后果。孩子在玩玩具的时候，很容易因为玩具自身存在的安全隐患而发生危险。这也给做父母的一个提醒：在给孩子玩具的时候，一定要注意玩具的安全性，千万不能马虎大意。

玩具是孩子成长过程中不可缺少的伙伴。父母在给孩子选购玩具时，更多的是注重孩子是否喜欢，是否对孩子的能力有所帮助，很少去关注这些玩具是否符合孩子自身的特点，对孩子来说是否安全。

有些玩具商为了获取更大利润，常常将翻新的旧玩具放在市场。这些玩具存在严重的质量问题，一些小部件如眼睛、鼻子黏合不牢固，可能会造成小孩误食。

有的喷漆玩具中含有大量的铅等化学成分，孩子的胃肠道对铅的吸收率比成人高5倍左右，铅会严重影响孩子中枢神经系统的发育。如果孩子经常接触这类玩具，很容易发生铅中毒，家长不能掉以轻心。

有些玩具噪声过大，会损伤孩子的听力，使得孩子听力下降，产生头痛、头昏、耳鸣、情绪紧张、记忆力减退等症状。比如，有些电动玩具车的噪声会达到70～90分贝；玩具机动车和连射的机关炮等，在10厘米内噪声会达到80分贝以上，还有一种大型"音乐枪"，噪声可达110分贝以上。这些玩具所产生的噪声，对身体尚未发育成熟的孩子而言，会产生巨大的危害。

第7章 世界险恶，女孩安全教育不可少

在给孩子挑选玩具做礼物时，父母要以安全性能为重。

随着生活水平的提高，孩子的玩具需求也越来越大了。父母在为孩子挑选玩具时，要把玩具的安全性能作为挑选重点。

第一，仔细阅读玩具的使用说明。

父母要仔细阅读玩具的使用说明，国家有关标准规定，为了帮助使用者正确、安全地使用玩具，避免发生由于使用不当而造成伤害，国内市场销售的玩具必须有使用说明。玩具使用说明书包括：产品名称、型号、主要成分或材质、年龄范围及安全警示。父母在给孩子买玩具之前应该仔细阅读说明，这样就能清楚所选玩具是否适合孩子玩，孩子玩的时候要注意什么事项。

第二，不要选带有很小零件的玩具。

注意不要选带有很小零件的玩具，以防零件掉了以后孩子吃进嘴里。有些玩具的材质比较硬，孩子吃进玩具的零件后，就可能对孩子的食道造成严重的伤害。此外，玩具的零件还有可能卡在孩子的嗓子里，造成孩子窒息。

第三，还应当考虑玩具的质量和安全问题。

首先看一下玩具是否有质量合格的标识，如果没有，就要放弃购买。仔细检查毛绒玩具表面是否一拉就会掉毛；看看玩具的尖锐部件是否能够划伤孩子的皮肤；检查玩具的零部件黏合得是否牢固等。

第四，要注意玩具对孩子的健康影响。

比如，避免给孩子选购有严重噪声和带有刺激性气味的玩具。一定要提前告诉孩子，不要把玩具放入口中或抱着玩具睡觉，在玩完玩具后，要立刻洗手。

父母给孩子买玩具作为礼物，已经成为很平常的事情，但是，孩子因为玩具存在的问题而发生危险的事情时有发生。这需要引起父母的警惕，在给孩子买玩具时，不能孩子喜欢什么父母就一定要给买什么，而是要以孩子的安全为前提，选购一些适合孩子玩耍，并且对孩子的健康成长没有损害的玩具。

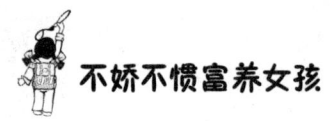
不娇不惯富养女孩

出门过马路都要注意交通安全

公安部交管局曾经做过这样一个调查：2008年中小学生在交通事故中死亡的有3000多人，占了总死亡人数的3%左右。这个比例令人震惊。目睹上学、放学路上的种种惊险场景，耳闻一桩桩交通事故，留给我们的绝对不仅仅是遗憾、惋惜，更多的是长鸣的警钟：孩子的交通安全不容忽视。

据调查，中小学生之所以发生如此高的交通事故，一般归因于以下几方面：首先是学生安全意识的淡薄，许多学生并未从内心认识到交通事故的危险与危害；其次是学生对交通规则不够熟悉，往往凭想当然行事；最后，一些父母对孩子的言传身教比较差，耳濡目染容易让孩子养成不遵守交通规则的习惯。

情景一：放学了，一个小学生骑着单车从校门箭一般地冲了出来，一手扶把一手拿手机，在行驶的车辆中穿行……

情景二：上学路上，几个穿着校服的小学生并排骑车表演大撒把；还有几个同样穿着校服的学生脚踩滑轮转遍大马路小胡同……

情景三：几个身穿校服的女孩一边骑车一边夸赞自己的车技，于是她们决定以飙车比高低。只见她们在车流中四处乱窜，还冲着经过的汽车、自行车叫嚷，完全无视交通安全。她们的车铃声一直长鸣于机动车之间，车如流水的马路似乎成了她们的赛车场。

一到放学的时刻，马路上似乎显得更加热闹，校门口围得水泄不通；马路上表演单车特技的穿着校服的学生；马路中央时不时用脚踢小石子、饮料瓶的爱玩小孩……马路上变得热闹非凡，"路况"也变得更为复杂，可是，学生的这些行为存在着巨大的安全隐患。

面对中小学生交通事故的高发现象，如何有针对性地对小学生进行交通安全教育，使她们养成自觉遵守交通规则的良好习惯，强化她们的交通安全意识呢？

首先是增强孩子的交通安全意识，让孩子对交通事故带来的危害有清醒的认

识。学生的交通事故主要集中在上学和放学的路上,从而可以看出孩子的交通安全意识比较薄弱。据调查,很多学生认为交通事故距离自己比较遥远,对于事故带来的危害也没有一个清醒的认识。因此,作为父母,首先要培养孩子的交通安全意识,通过周围的事例,电视、报纸等媒体的报道教育孩子,增强孩子的安全意识。父母在周末或寒暑假期间,不妨陪孩子看有关方面的录像、参观展览并且让孩子参与交通安全宣传活动,让孩子真正从思想上增强安全意识。

其次,从始至终要向孩子灌输交通规则。培养孩子的安全规则应该从小开始,比如告诉孩子"红灯停,绿灯行""一站二看三通过""机动车道与非机动车道分别过"等。随着孩子年龄的增大,活动范围的扩大,父母要有意识地提前教给孩子有关方面的规则:过马路要走人行道;不要穿越、攀登或跨越隔离设施,如栏杆等。从小向孩子灌输交通规则,让她们懂得遵守交通规则的重要性。同时,父母对于孩子违反交通法规的行为要及时给予纠正。

最后,父母更应该起到表率作用。作为孩子的父母,一定要成为遵纪守法的模范。交通部门反映,许多孩子之所以不遵纪守法,原因在于家长的言传身教,有些家长主动带着孩子闯红灯,跨越栏杆等,这些行为给孩子带来了坏的影响。要让孩子遵纪守法,父母首先要做好表率,这样才能为孩子营造遵守交通法律法规的氛围。

从小学习安全逃生技能

2008年5月12日,汶川发生了特大地震,轰然到来的天灾,掠去了数万人的生命。那天,正处在上课时间的孩子们,在突来的灾难面前,有的丧身废墟,有的却能够逃过灾难。

张楠的爸爸妈妈从那一天起,开始重视对孩子安全意识和逃生技能的培养。他们通过各种方式对孩子进行了安全教育,轮流对张楠灌输有关怎样避免灾害、怎样把危险系数降到最低的知识。

爸爸妈妈的努力没有白费，张楠几乎被她们训练成了一个安全逃生的小专家。针对张楠的这项特长，老师还专门开设了一节安全逃生课程，让张楠来做"顾问"。孩子们学习安全逃生知识的积极性空前高涨。

地震灾害给张楠的父母敲响了警钟，他们开始重视对孩子的安全逃生技能的培训。作为父母，关心下一代的健康成长，不应该只是对孩子进行知识的传授和身体的照顾，还应该尽到维护孩子安全的责任，教会她们如何应对灾难，如何处理突发危机，如何渡过难关。教会孩子一些必要的安全逃生技能，不失为一个最正确的选择。

第一，地震灾害逃生。

地震具有突发性，常会使人措手不及。在这种突发情况下，大人都很难做出正确的反应，更何况是孩子。所以，父母要在平时就给孩子传授地震时的逃生知识。

屋内：告诉孩子地震发生时，如果正在屋内，不可试图冲出房屋，因为墙壁可能断裂跌落砸到身上。最有效的方法是躲在坚固的床或桌下，或者是站在门口，门框可以起一些保护作用；同时切记远离窗户，因为窗玻璃可能被震碎；记住保护头部，可利用沙发垫、被子、枕头等柔软厚实的物体盖住头部，以免砸伤头部。

室外：告诉孩子当地震发生时，不要靠近楼房、树木、电线杆或其他任何可能倒塌的高大建筑物。尽量跑到空旷场地，然后躺在地上，避免地震摇晃时身体失去平衡。倘若附近没有空地，应该暂时在门口躲避。隧道、地下通道以及地窖等地方不要进去，因为地震可能会将出口堵住。

公共场所：遭遇地震时，聚集在公共场所的人会因意外而下意识地惊恐，导致拥挤，堵塞出口，父母要告诉孩子，这时不要慌张，不要乘电梯，按照公共场所标记冷静逃出。

第二，火灾逃生。

作为父母，应随时随地对孩子进行安全逃生教育，不管是在家里，还是学校，甚至是公共场所，教会孩子识别安全出口，培养安全逃生意识。在遇到火灾

第7章 世界险恶，女孩安全教育不可少

时，要选择进入相对较为安全的楼梯通道。除楼梯外，还可以利用阳台、窗台、天面屋顶等地方，攀到周围安全地点，或者沿着水管、避雷线等物滑下楼。要提醒孩子：切勿乘坐电梯！

火灾发生后，很多人往往不是因为被火烧死，而是被烟熏死。所以，在逃生时为防止浓烟呛鼻，可以在头部、身上浇冷水，用湿毛巾、湿棉被等物体把头部、身体裹好，匍匐撤离。烟气较空气轻，会飘在上部，贴近地面撤离是避免烟气吸入、滤去毒气的最佳方法。

告诉孩子，假如在室内用手摸房门已感到烫手，千万别开门，一旦开门火焰与浓烟势必迎面扑来，这时只可固守待援了。应当首先关紧迎火的门窗，打开背火的门窗，用湿毛巾、湿布塞堵门缝或用水浸湿棉被蒙上门窗，并不停浇水淋透房间，防止烟火渗入，直到救援人员到达。

同时告诉孩子要通过一些尽可能的暗示方式如敲击墙壁等，及时发出有效的求救信号，引起救援者的注意，不可轻易跳楼求生。

第三，水灾逃生。

河谷、沿海地区以及低洼地带，常因遇到风暴吹袭或大雨，遭遇严重水灾，所以长住在这些区域的孩子，应在父母的教育下，熟悉区内的水灾报警系统，随时做好应急准备。

如果遇到严重的水灾而来不及转移时，千万不可惊慌，可多多储备一些食物、饮用水、衣物等，向高处比如楼房屋顶、大树上等地转移，等候救援人员营救。

如果水位仍旧不断上涨，孩子可以想办法自制逃生工具。任何入水能浮的东西，如床板、箱子、衣柜、门板等，都可以用来做木筏使用。如果一时找不到绳子，告诉孩子可以把衣物撕开来代替。

自然灾害说来就来，而且冰冷无情。父母们对这些灾害的发生不可掉以轻心，要重视孩子的生命安全，从小培养她们的安全逃生意识，教导她们掌握必要的安全逃生技巧。以免在灾害发生时，孩子因为安全逃生知识的贫乏而失去获救的机会。

不娇不惯富养女孩

增强女孩的自我保护意识

保护孩子，最重要的就是培养孩子的自我保护能力。有的家长为了孩子的安全，对孩子严加看管，不准她们外出，限制她们的交往。这不但不能防止万一，还不利于孩子的发展。积极的做法是增强孩子的自我保护意识和自我保护能力，这才是根本解决问题的途径。

家长怎样增强孩子的自我保护意识和能力呢？

第一，让孩子与邻里保持必要的联络。

邻居之间若能加强联络，对于保证孩子的安全作用极大。一旦发生意外，如家中失火、遭遇窃贼、煤气泄漏等，孩子立即可以向邻居求助，这一点对于城市的孩子尤为重要。家长应允许孩子常去邻居家串门，或与邻居家孩子共同玩耍，增加感情交流；应让邻居知道孩子及自己家庭里的基本情况，以便及时联系；对于那些经常独处的孩子，更应引导她们养成在遇见危险时马上向邻居家求助的习惯。

第二，教孩子学会应对陌生人。

家长应教育孩子尽量与熟悉的同伴在一起。独行时路遇陌生人搭话，必须保持镇静和警觉。从多起孩子被拐案件中分析得知，犯罪分子往往从胆小、慌乱不安者下手。一些拐卖儿童的不法分子，常常在孩子单独行动时，以认识孩子父母或亲友、带孩子出去玩儿等为由拐骗孩子。家长要明确告诉孩子：不能跟陌生人到任何地方去，如果是认识的人也表示要回家告诉爸爸妈妈，如果遇到危险就大声呼救。

通常，孩子往往被要求服从和尊敬长者。因此，那些以"关心孩子""代为接送""让我进来做客"为幌子行骗的不法分子，往往容易在"乖孩子"处得逞。针对这一情况，在对孩子进行思想品德和礼仪教育的同时，家长应教孩子学会明辨真伪、保持警觉、提高安全防范意识。家长则常以故事、游戏等形

第7章 世界险恶，女孩安全教育不可少

式，告诉孩子目前的治安现状以及犯罪分子的惯用伎俩，潜移默化地提高孩子的辨别能力。

此外，家长在不得不让孩子独处家中时，应仔细叮嘱孩子：若陌生人敲门，不可随意开门，最好的办法是隔着大门告诉对方，父母正在休息，请你以后再来。

第三，教育孩子谨防各种骗子。

现在，社会上有一些不法分子专门骗孩子的钱，甚至诱惑孩子走歪门邪道。有的骗子诱惑孩子赌博，有的以赊账的方式卖给孩子吃的东西和玩具，有的用讲故事的方法散布封建迷信或淫乱思想，有的向孩子兜售摇头丸、迷幻药等毒品……家长要给孩子分析这些社会现象。告诉她这些坏人、骗子的真实面目，遇到这类事，一定动脑子想一想，绝不盲从。回家以后要跟家长说清楚，还要向老师汇报。

第四，经常对孩子进行自我防护训练。

家长让孩子牢记父母的姓名、家庭和学校的地址及电话、邮政编码；懂得匪警、火警、交通事故急救等重要电话的打法；知道辖区内或学校附近的派出所（报警点）位置等。在孩子有可能独处、独行之前，更应教会她们熟记以上这些事项。家长可在家中显眼处贴上写有基本情况和事项的大纸片，以便独处的孩子在遇上危险时及时获得帮助。

实践证明，使孩子免受突如其来灾祸的伤害，经常对孩子进行自我保护的训练和教育，让她们学会面临危险时的脱逃和应对技巧，对于保护孩子的人身安全是非常重要的。

女孩成长必修课，教她们警惕"性骚扰"

女孩正如含苞待放的花蕾，因为单纯和无知，最容易成为"色狼"攻击的对象。作为成人，我们有必要向女儿灌输一些自我防卫方面的知识。

不娇不惯富养女孩

王小美今年初三,一段时期以来一直感到非常不安,原来,她担任地理课代表后,与地理老师的交往多了。地理老师经常在放学后将王小美单独留下来,有时是"谈心",有时是让王小美帮助自己登记成绩。开始时,地理老师经常摸王小美的头发,说她长得漂亮,王小美并不在意。但后来地理老师不仅言谈轻浮,讲一些出格的语言,而且还对王小美动手动脚。王小美感到了问题的严重性,不仅严词抵制并警告他说,如果再这样就要告诉自己的家长和校长,这使地理老师不敢再肆意妄为了。以后凡是地理老师叫王小美帮忙,王小美总是让同学和她一起去。就这样,王小美的态度震慑了地理老师,同时也使地理老师无法单独与王小美在一起,从而有效避免了来自地理老师的骚扰。

什么是性骚扰呢?比较普遍的定义如下:

任何人对其他人做出不受欢迎的性要求或不受欢迎的获取性方面好处的要求。

他们做出其他不受欢迎的涉及性的行径,而这些行径使一个正常的人感到受冒犯、侮辱或威胁。

总而言之,任何以言语或肢体,做出有关"性的诉求"或"性的行为",使得对象(受害人)在心理上有不安、疑虑、恐惧、困扰、担心等情况,均属性骚扰。美丽的女孩是异性关注的对象,很容易引起一些坏人的注意。女孩在遇到性骚扰的时候,应采取措施保护自己,但最好的办法还是尽量避免性骚扰。应当像王小美那样,积极行动起来,勇敢面对性骚扰,采取预防措施。即使面对性骚扰的现实侵害也不要一味地害怕,应当学会审时度势,针对不同的情况,找出对策,然后采取不同的措施。

那么,怎样才能避免性骚扰,让自己远离性侵害呢?

(1)对于那些总是探询你个人隐私,过分迎合奉承、讨好你,甚至对你的目光和举止有异样反应的异性,应引起警觉,尽量避免与其单独相处。

(2)服装不要过于透明、裸露,举止切忌轻浮。

(3)挤公共汽车时,如果发现有可疑的男性,最好在靠近司机或售票员的地方站立,不要挤在人群中间,尽量避免和这些人同站下车。

（4）尽量避免单独去男性宿舍，如果向男教师请教，最好约伴同去。

（5）在网上用QQ聊天时，最好将系统设置为"需经过允许才可以加为好友"这一选项。如果对方的留言有"有色"的成分，或者其网络名称本身就取得比较暧昧，可以马上拒绝她或者不理她。

（6）当有人对你非礼时，要沉着冷静，设法脱身，情况紧急时要大声呼救，千万不要做"沉默的羔羊"。

十几岁是女性一生中最宝贵的时间，是人格的塑造期。女孩对社会还未形成一个深入全面的认识，应尽量避免性骚扰，远离性侵害，让自己健康、快乐地成长！

第8章
琴棋书画,为女孩的未来投资

不娇不惯富养女孩

对待女孩的兴趣不能太功利

一位哲人说过:"兴趣是最好的老师。"对于正处在身心发育关键时期的孩子说,兴趣显然是更加重要的老师。

假设一个孩子很聪明、很机智,可是她对所见事物没有丝毫兴趣,那么这个孩子又能如何呢?专家们做过这样一个实验:他们把20多个孩子集合起来,教他们打乒乓球。可是过了一段时间,专家们对这些孩子进行测试,发现在这么多孩子当中只有近一半的孩子学会了打乒乓球,这些孩子学会的重要因素就是他们对乒乓球有着极大的兴趣。由此,我们可以看出,兴趣是孩子最好的老师。孩子只有有了内在的动力——兴趣,学习的行为才能高效地持续下去。

有位教育专家说:"家长是天生的教育人才。"研究杰出人物的成长史,你会发现在他们成长的过程中,他们的兴趣爱好都会得到父母的尊重,而且他们的父母还会在适当的场合给他们展示自我的机会,锻炼他们的能力。那么在现实生活中,我们的家长应该如何培养孩子的兴趣呢?

第一,培养孩子的好奇心,在活动中促进孩子兴趣的生成。

好奇心是孩子兴趣的源泉。好奇、好问、好动,渴望通过自己的探索来了解世界是孩子的天性。有了好奇心,就有了追寻兴趣的基础。作为家长要十分注重孩子对什么事情表现出好奇心,然后让她参加一些他自己感兴趣且有益的课外活动。在活动中,孩子的兴趣和爱好倾向会表露无余。同时,孩子的可塑性也是很强的,只要家长通过适当的活动注重正确引导和培养,就能促进孩子兴趣的生成。

第二,引导孩子的兴趣向纵深发展。

作为家长在对待孩子兴趣方面,不能只给孩子一个方向、一本书,而应该掌

握一套科学的、行之有效的方法，正确引导孩子让她的潜能得到充分发挥，必要时还要以身作则，带着孩子一起做，让孩子切实感受到成功的喜悦。

第三，帮助孩子保持兴趣的持久性。

家长要关注孩子的兴趣，看到孩子的一点一滴的进步，要及时鼓励及表扬，增强孩子的自信心；要注意在适当的场合给孩子一个展示自我的机会，锻炼孩子的能力；同时，还要为孩子创造一个愉悦的环境，让孩子在宽松愉悦的环境中不断受到启发，逐渐建立持久的兴趣。

女孩的灵性从绘画天赋开始

绘画可以让孩子抒发感情，学会欣赏生活中的美；可以培养其认真做事的态度和不怕困难的精神；可以促使其自信心的建立。同时，通过欣赏自己和别人的画，孩子可以学会欣赏自己，学会欣赏和尊敬别人，并提高自己的审美能力。

另外，绘画还可以使孩子的潜能得到充分的开发。专家研究提出，人的左脑喜欢进行清晰、连续的逻辑性思维；右脑则专门处理视觉、形象、空间等感性思维。在学校的学科中大部分都以开发左脑思维为主，在各种考试压力下，艺术课如绘画、音乐一直处于边缘化，到高中甚至取消了艺术课，导致孩子右脑功能逐渐退化。让孩子学习绘画，可以有效地开发其主管视觉、形象等的右脑的思维，能平衡地发展其左、右脑思维，将孩子的潜能充分开发出来。

为孩子挑选绘画班应遵循的三条标准。

第一，看教学风格。

教师的背景宣传只能作为参考，重要的是考察他的教育理念和课程内容。教育理念必须体现重启蒙开发、轻技能传授。课程内容考查则需要看老师在课中是以开启孩子的想象为目的，还是每次课只教孩子画具体内容。而这两方面均可从对教师教学风格的观察中得出结论。因此，我们在为孩子挑选绘画班时可以先和教绘画的教师交流一下，或和其他正在学习的学生家长交流一下，了解该绘画班

的教学风格。

第二，看教学方法是否科学。

这主要包括：是否尊重孩子的差异性和创作的过程，能否针对每个孩子的不同特点给予相应的启发；是否针对不同年龄段孩子有不同的课程设计，或者同样主题的课程对不同年龄的孩子有不同的要求；课程的设计是否具有符合孩子思维特点的跳跃性和交叉性，最好是既有平面的绘画又有其他丰富的立体动手内容，可以满足孩子多方位的需求。传统的教学方法以模仿和示范为主，没有教会孩子观察，所以，老师教了的孩子会画，没有教的就不会画。如果让孩子学成人创造的符号，如临摹老师的范画、卡通画、简笔画等，时间长了，孩子就不会观察，也不会思考，这无疑限制了孩子创造力的发展。所以，科学的美术启蒙方法是给孩子提供大量的观察资料，启发和引导孩子自己画，而不是让孩子临摹。

第三，看是否重视提高孩子的审美水平。

孩子的审美修养是一种潜移默化的教育，优秀儿童画对孩子表现主题也是一种借鉴。如果你选择的绘画班不能提供良好的审美环境，甚至老师连儿童画都看不懂，建议你不要送孩子去学。

从色彩认知训练女孩绘画基本功

一般来说，孩子绘画时最早对色彩感兴趣。这时轮廓只是为色彩帮忙的，要是允许孩子把一些图案涂上色彩，孩子会感到很高兴。不只是孩子喜欢色彩，许多成人也是如此。先色彩后形式被心理学实验所证实。如果一开始就用一些繁复的形式让孩子去画，他很快就会觉得力不从心而放弃。孩子没有形状最终是不行的，那么先选择一些简单的形式，然后再由简到繁。

应该鼓励儿童去努力表现一些有趣的事实，这样就可以使所模仿的东西逐渐有点像现实中的东西。开始画得不准确是符合演化规律的。不论那些形状多么古怪，色彩多么刺眼，问题不在于孩子是否创作出了一幅画，而在于在这个过程中

第8章 琴棋书画，为女孩的未来投资

孩子动用了手指、眼睛和思维。我们不只是愉快地培养了他们辨别颜色的能力，同时也使他们用笔的手多少学会了控制和保持平稳。

在这个阶段，那些各种各样照样"描图"的方法，和一开始就用那些直线、曲线、复合概念教育的方法一样都是有害的。前一种方法让孩子从小就失去自己选择描摹对象的机会；后一种方法则让孩子望而生畏，很快厌倦。

只要依据上面的这些原则，等到孩子拿笔的手平稳了，也开始有一些比例感觉的时候，就可以开始"透视"课了。这听起来有点吓人，其实每个孩子都喜欢也愿意去做。

把一块透明的玻璃垂直放在桌面，摆在孩子面前，对面放上一本书或者杯子，让孩子透过玻璃看对面的物体，眼睛不动，然后用墨水在玻璃上按照物体的形状作点，再把这些点依照物体的轮廓连成线，使这些线盖住物体的轮廓，使它们重合。最后把一张衬纸放在玻璃后面，再让孩子比较玻璃上的画和物体之间的区别。孩子会惊喜地发现它们形状相似。

这是培养孩子仔细观察对象，并把对象描摹下来的方法。慢慢地，孩子不再需要玻璃片，自觉去描摹那些孩子感兴趣的事物。

绘画的兴趣对孩子来说，会持续很长时间，不管孩子是否会在这方面发展，鼓励和培养这种兴趣对孩子都是有益的。

随着年龄的增长，孩子可以把这种才能用在自然笔记上。他们可以为自己插图、装饰。也可以用绘画来表达内心的情感和想法，如送给朋友或父母的生日贺卡（自制的），慰问病中的亲人。孩子还可以用绘画来讲故事，在家庭通讯上记事。每一次运用都会给他带来无穷的乐趣和真实的成就感。

欣赏和赞美女孩的绘画作品

在引导孩子学习美术的时候，父母有非常重要的一项工作，就是对孩子完成的每一件作品进行评价和欣赏，激发孩子对绘画的兴趣和自信心。

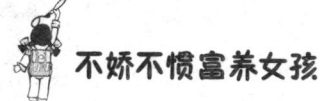

孩子画完一幅画，或者做完一件手工制作之后，父母一定要和孩子一起欣赏作品并提问，引导孩子对作品进行讲解，让孩子讲解作品，可以补充画面不完善、不连贯的内容，使作品充分反映她的主题思想；可以引申画面内容，锻炼和提高孩子的口语表达能力，使父母了解孩子对事物的认识程度和理解水平，了解孩子的兴趣爱好和愿望，为制订下一步的学习计划做好准备。

父母对孩子的作品，应以赞美和欣赏为主。不要因为孩子画面比例失调，颜色搭配不当，或者线条不流畅就责备孩子，避免说孩子天生不是画画的料，应该以学业为重来刺伤孩子的自尊，降低孩子的积极性，为人父母要懂得发现孩子身上的闪光点，增强孩子绘画时的自信心和自尊心，帮助孩子挖掘潜能，更好地成长、成才。

给女孩一个自由想象的空间

绘画是儿童本身的一种情感宣泄，体现了她们天真的童心、童趣，其中也折射着智力的萌芽、性格的动向。她们更多的是为满足自己情感的宣泄，所以想怎么画就怎么画，无拘无束，自由自在。如果把他们这种本性限制，让她们按照既定的意图画这画那，她们会感到不知所措，感到画画很难，有压力，慢慢地就会失去兴趣。

让孩子学画画，不是想让孩子当画家，而是要通过绘画活动，培养孩子的审美能力和高尚情操，开发孩子的想象力，锻炼手的灵活性。另外，不管教孩子画画，还是做手工，都要根据孩子的年龄特点，使活动的形式生动活泼，富有娱乐性，这样才能不断培养起孩子的兴趣和热情，使孩子乐此不疲。有时家长带孩子去田野，去爬山，去动物园，让孩子随身带着画笔，在观察浪花、树木、建筑物、旷野、天空以及天上翱翔的飞鸟、动物园里的走兽，产生创作的欲望时，马上画上几幅。这样做，比让孩子待在家里画画效果好得多。

现在各种少儿美术培训班乃至幼儿园、小学的图画课，大部分从临摹入手，

第8章 琴棋书画,为女孩的未来投资

强调以"教师为主导",限制了孩子想象力的发展。那种单纯把绘画技术、技巧作为美术启蒙教育重点的做法是脱离儿童生活实际的,也是违背儿童心智发展规律的。例如,美国的孩子画太阳可以画红的、白的、黄的,而中国的孩子画太阳只能是红的,这充分说明了限制儿童想象力造成的弊端。

曾经有一个女孩,在小学一年级的一次绘画课上,老师让画一只大公鸡,而且老师还画了"样板",要求同学们按照样板画画。但是,女孩子没有画大公鸡,而是画了一座高楼,在大楼的最高层画了一只大公鸡,大公鸡昂头引吭高歌,楼顶上还装着扩音喇叭,楼内有电视机、录音机,楼下还有绿绿的树木和一群正在散步的鸡娃娃。虽然画得不甚美观,但应该说这是一幅充满想象力的彩色画。这幅画出自一位不满7岁的孩子之手已非易事,但因为没按要求去画,老师只给了个"丙"的成绩。这个小女孩委屈得哭了起来,但老师却教育小女孩以后要按照要求去画画。放学之后,小女孩又哭着把画拿给爸爸看,爸爸没有责怪他,并用红笔给他打上了鲜红的"甲",然后把这幅画裁下来,贴在小女孩的床头,并对她的想象力给予了充分肯定。这时,女孩破涕为笑,她认为爸爸的评判是最公平的。爸爸后来告诉她,老师判了"丙",可能是一时疏忽,也可能是你画得不美观,以后再上图画课时还要尽量按老师的要求去做。

有些家长不能理解孩子们这种心理特点,用成人的眼光看待儿童的绘画,用"像不像"为标准,来评价孩子绘画的水平,这是很不明智的。这种教育方法,往往会扼杀孩子的想象力。作为父母应经常鼓励孩子,让孩子充分发挥自己的想象力,这不失为促进孩子成才的一个秘诀。

培养舞蹈才艺,给女孩一个展示美的舞台

舞蹈起源于劳动,与文学、音乐相伴而生,是人类历史上最早产生的艺术形式。舞蹈活动不仅可以培养教育对象具有健美的身体姿态,动作的协调、灵活,富有节奏感和表现力,而且可以丰富、抒发、表达情感,起到良好的健身、健心

作用。舞蹈对人们（表演者、欣赏者）的心态、生理、情感、品德等多方面都能起到潜移默化的促进作用。

如何为孩子挑选舞蹈特长班？

第一，掌握孩子的真实舞蹈水平。

对此，给家长介绍两个简单的方法：第一，自己目测一下孩子腰腿的软开度。测试腰时，因为孩子从未学习过舞蹈，一定要用卧式来测试；测试腿时，可采用坐式来测试。第二，给孩子一段音乐让她自由起舞，观察她的节奏感、表情和动作协调性。掌握了自己孩子的这些基本信息后，家长要再听听孩子的意见，有必要时去请教舞蹈专业人士，然后再决定给孩子选择哪种类型的舞蹈特长班。

第二，对几个舞蹈特长班进行比较。

多做比较，自然就会有一个准确的评价。学习任何一项学科，启蒙都是最重要的。家长有必要多考察几个特长班，并同老师及学生家长进行交谈，为孩子选择具有启蒙性质的舞蹈特长班。

第三，不妨先试课。

有的特长班提倡透明教学，家长可以先带着孩子体验一下，看看这个教师的教学风格是否适合自己的孩子。这主要从两方面来观察：

（1）要看该教师上课是否正规。舞蹈课不是教师想怎么上就怎么上，而是每堂课都应有固定的套路。此外，一般舞蹈课的顺序是基础训练—技巧训练—表现力训练—新课教学，当然各个年龄段的班的教学内容是不一样的，前两项一般家长是看不出好坏的，家长关键要看的是教师在教舞蹈表演时是否认真、讲的语言孩子是否听得懂、教师是否跳得好。有好多孩子学了一两年，竟然跳不出来一个完整的舞蹈，这是因为有的教师，一堂课的大多数时间都是让学生练基本功和技巧，只有快下课时才领学生简单地学习一些舞蹈的小组合。这样的舞蹈班当然是不能选的。

（2）要看教师的专业素质和人品。有的老师自己跳得很好，可是根本就不会教或不用心教，所以家长领孩子试课时要看教这个班的老师语言表达能力和组

织课堂的能力。当然，教师的表演能力也很重要，老师跳得好，学生模仿起来效果也会更好。

给女孩接触音乐的环境

音乐是一门灵动的艺术，更是一门情感的艺术。音乐的世界丰富多彩，人类任何复杂的情感都可以在音乐中找到相似的感受。音乐可以陶冶学生的情操，启迪学生的智慧，激发学生对美的爱好与追求。

音乐能够开发儿童的智力。美国加州大学的科学家证实，接受音乐训练的儿童的智商明显高于其他同龄儿童；日本幼儿开发协会证明，给孩子听《莫扎特小夜曲》能使他们更加活泼聪明；美国国会议员及世界五百强企业的高级主管中，近90%在幼年受过音乐教育。

另外，音乐还有助于促进孩子智力的发展和提高，并对其一生起到潜移默化的深远影响。倾听音乐可以发展孩子的感觉和知觉，提高对于节奏、音色、音高、力度等的辨别力，提高对于旋律、情感和音乐结构的感知，而感知的发展是孩子提高学习能力的基础。同时，音乐有助于增强孩子的记忆力。在不断倾听、感受、理解和表现音乐的过程中，孩子的注意力、想象力和创造力也会得到锻炼和发展。

如何让孩子接近音乐？

第一，让家庭沐浴在音乐中。

当我们去一家好的餐馆时，我们注意到由于音乐的围绕让室内有了不一样气氛。同样我们也可以通过添加音乐，使我们的家庭变得更加温馨。同时，在家中播放一些音乐作为背景，相当于让孩子在无意中上了一堂音乐课。正如孩子小时不懂得她们周围交谈的内容，她们或许同样不懂得周围的音乐，而这种方式恰恰可以让她们在潜移默化中领悟音乐的要素，并将这些要素融入到她们的理解中。

第二，和孩子一起聆听音乐。

就像阅读时我们需要精读一些文章，也需要泛读一些文章，听音乐也是一样。"让您的家庭沐浴在音乐中"便是"泛读"的过程，而"和孩子一起聆听音乐"是指集中注意力与孩子一起欣赏音乐，可谓是"精读"的过程。

挑选一些您真正喜欢的音乐，尽量挑选一些短小的，和孩子一起听，并共同探讨。讨论各自喜欢音乐的什么地方，它使我们有什么样的感受，它是什么颜色……把你们对音乐的感受表达出来，不必担心是对还是错、音乐术语是否准确，或别的什么东西。家长要努力向孩子传递这样一种信息：我热爱音乐，并想和你一起分享。

第三，和孩子一起感受现场音乐。

对于喜欢音乐的人来说，没有什么可以和经历、感受现场音乐相提并论。演奏者及他们的乐器、观众、灯光等，都是这一盛事的一部分。这些足够使孩子们激动不已。

所以，如果孩子已足够大，就应尽力时常带她去参加音乐会。

发现和挖掘女孩的音乐天赋

音乐作为人类美好情操和智慧的结晶，是一种美的艺术。音乐能使人插上想象的翅膀腾空翱翔，飞到一个美好、纯洁、幸福的境界中去。音乐会唤起人们对生活的执著追求。生活不可没有音乐，孩子的成长更离不开音乐。不少做父母的都有这样的发现，婴儿在出生后最初几个月里首先表现出的是对音乐的特殊"兴趣"与"厚爱"。一个三四岁的孩子未必能识几个字，却会哼曲唱歌，其原因就在于听觉是儿童感知客观世界最早、最多的感觉。充分利用音乐对孩子进行必要的早期教育，是开发孩子心智、造就人才的重要途径。强调对孩子进行早期音乐教育的原因，还在于音乐能净化孩子的心灵，陶冶孩子的情操，唤起他们善良、温柔、活泼向上的情感。

你的孩子有音乐方面的天赋吗？不妨从以下几个方面观察。

第8章 琴棋书画，为女孩的未来投资

音乐感受力的早期发现。如在音乐声中会手舞足蹈，面露微笑或者会入神倾听，哭闹和伤心时一听到音乐就会安静下来。

听觉的敏锐于对音乐要素的特殊辨别力。对不同的音高、音色、节奏有不同的反应，并能准确地加以模仿。

音乐记忆力特别好。对于喜爱的歌曲或者乐曲主旋律能够在听几遍之后马上记住并模仿学唱。

对各种形式的音乐表演有积极的要求。表现出比较强的音乐表演的欲望，即使在陌生人面前表演也不感到拘束。

表演中反映出自发的乐趣。包括对歌曲表演的处理，努力追求优美的音响以及对音乐形象的想象力等。

学习音乐的主动性和坚持能力。不需要父母的督促和强迫，自觉表现出渴望音乐学习的心理，并能够较长时间放弃玩耍而坚持学习。

音乐的创造才华。除了模仿学唱之外，还喜欢哼自己随口编的曲调，或在琴上弹奏自编的曲子，父母如果发现自己的孩子具有上述音乐才华，要尽力培养。

音乐兴趣需要父母的培养

如果一个家庭有音乐，并不意味着这个家庭的孩子一定会成为音乐家，但如果一个家庭没有音乐，那几乎可以肯定地说，孩子不会成为音乐家。

父母要根据孩子的年龄特点和接受能力，安排她的音乐活动，创造良好的音乐环境。家长应该根据孩子特别喜欢听童话故事的心理，有意放一些配乐故事，在听配乐故事的同时，有意识地把她的注意力导向音乐，然后再有目的地找些与配乐故事里相似的音乐让孩子听。这些似曾相识的音乐能够引发孩子对故事的联想，易于让孩子接受。给孩子放一些童话音乐，如《龟兔赛跑》《动物狂欢节》等作品，在听的过程中，同孩子一起编故事。

还有，有选择地购买了一些儿童歌曲光盘，放给孩子听，有时和孩子一起

唱。这些歌曲很有教育意义，如《小蚂蚁》《拔萝卜》，教育团结起来力量大；《小金鱼》告诉孩子要合群；《小青蛙》《小蝌蚪》《我和星星打电话》等知识性强，有助于孩子增长知识。经常引导孩子唱这类歌曲，可以使她从中得到品德情操的陶冶，培养孩子对音乐的兴趣。

　　在教孩子唱歌时，家长要选内容好、有教育作用的，而且好听易唱的。孩子最好经常和家长一起唱歌，如在幼儿园经常唱一些小手、小脚、小猫、小兔、小山羊等内容的歌曲；到了小学一年级，要经常唱一些游戏性较强、有情节或培养孩子关心别人的歌曲，如《小鸭和小鸡》《大公鸡》《我的好妈妈》，还唱一些教育孩子要诚实、爱护树木、文明礼貌等品德的歌曲，如《让座》《好孩子要诚实》《小树苗》、《对不起，没关系》等。这些歌曲不仅内容有积极教育意义，而且曲调好听、主动，音域不宽，节奏不难，适合一年级学生学唱。在唱的同时教孩子一些优美的表演动作，不仅有利于帮助孩子理解歌曲内容，而且能发展孩子的创造力和表现力。音乐对孩子的魅力是无穷的。不仅陶冶了孩子的情操，也活跃了孩子的课余文化生活。

第9章
体贴入微,做女孩的心理医生

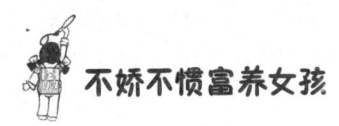
不娇不惯富养女孩

做错事后拒不认错的女孩怎么教

许多孩子犯错后死不认错,即便身处"案发现场,证据确凿"也矢口否认自己的过错,有时还会将错误转嫁到一些"科幻人物"身上,让父母哭笑不得。面对死不认错的孩子,有些父母实行棍棒教育,十八般武艺用尽,但效果甚微;有些父母则糖衣炮弹,连环攻击,结果不但起不到相应的效果,还助长了孩子的"士气"。对此,许多父母苦不堪言。

孩子犯错后拒不认错是一个普遍的现象,在独生子女身上尤为常见,几乎每个独生子女家庭都遇到过类似的情景。由于孩子年龄较小,心智不够成熟,尚不能形成明确的判断意识,随着年龄的增长,开始追寻一种所谓的"青春价值",一旦遭到父母否认,她们便觉得"成长"的进程受到阻碍,觉得如认错就等于否定了自身价值和处理问题的能力,所以她们就会坚决不认错。

虽然孩子拒不认错是成长过程中的正常现象,但是如果父母放任孩子,让孩子不爱认错的坏习惯一直发展下去,那么将会对孩子价值观、人生观、交友观产生不可估量的负面影响。因此,父母应当仔细分析原因,善用引导方式,在了解孩子的基础上给予正确的教育,帮助孩子在认错与学会认识错误之间画上等号。

孩子死不认错的原因不外乎以下几方面:首先是孩子的个性问题,往往这种孩子性格比较任性、霸道、执拗、爱面子;其次孩子怕承认错误之后面对的将是严厉的惩罚;最后是孩子和成人看法不一致,孩子不知所"错"。以上几种情况都有可能导致孩子拒不认错,对此父母应该具体问题具体分析。

因个性问题而拒绝认错的孩子,父母应当尊重孩子的个性,告诉孩子承认错误是一种美德,如果过分爱面子,不顾一切地为了顾全"面子",而忘记并舍弃自己最需要干的事情,那就会本末倒置,因小失大了。此外,针对此类性格的孩

子，父母教育她时需要看场合，讲方式，要做到"家丑不外扬"。当孩子不能马上认错的时候，家长要给孩子一个缓冲的时间，不要伤害孩子的自尊心。

因害怕惩罚而拒不认错的孩子，父母首先要从自己身上找原因，改变教育方式。许多父母的教育方法简单、粗暴，不是训斥就是打骂，这样只会让孩子惊恐万分，无所适从。因此，父母首先要转变教育方式，坚持正面教育，以身作则，鼓励孩子知错就改。

如果因看法不一致让孩子不知所措，父母应当交换角度，不要以成人的眼光看待孩子的世界，尽量多站在孩子的角度想问题，考虑时间。父母要帮助孩子分析过错，让孩子意识到错误在那儿，从而帮助孩子改正错误。这样对于孩子价值观的形成有着重要的意义。

任性偏执不服管教的女孩怎么教

"孩子今年上小学四年级了，最近成绩严重下滑。等到有一天，老师打电话到家里，我们才知道孩子原来经常逃学。每天早上总是看见孩子穿戴整齐，向我们道完再见就背着书本往学校的方向走去了，但是怎么会逃课呢？更让人气愤的是，她还用复写纸摹描我的字迹，造假请假条。我是该骂的也骂了，该打的也打了，实在不知道该怎么办了。骂完打完持续不了几天，孩子又开始逃学了，我真是不知道该怎么办了，养个孩子怎么那么难啊？"

陈先生无可奈何地向自己的同事吐起了苦水……

一般说来，孩子由于心理发展还不成熟，对许多事情缺乏认识和判断能力，多少都有点任性。任性是孩子普遍存在的问题，如果我们放任孩子的任性，无原则地满足孩子的要求，就会使接子养成专横的毛病。众所周知，任性的孩子，长大以后很有可能发展为刚愎自用、爱钻牛角尖的人，很难与人和睦相处，不利于良好人际关系的形成。

任性，是现在孩子的通病，研究表明，在独生子女中，有60%以上的孩子有

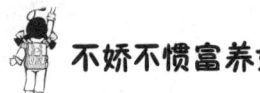

不同程度的任性行为。她们大多享受着两辈的爱，在爷爷奶奶爸爸妈妈的关爱下茁壮成长。由于父母或者爷爷奶奶的溺爱，常常以自我为中心，任由自己的性子做事。常常将"偏不""我不"等词语挂在嘴边来显示自己的需求，借助在地上打滚、不停地哭闹、乱扔东西等行为来表现她们的情绪和要求。如果父母一味地妥协，一味地满足孩子的"胃口"，只会让孩子越来越任性。

父母想要孩子改掉任性的习惯，首先要明白孩子任性的原因。

一般而言，孩子任性发脾气，通常是由于以下几种原因：一是父母对孩子的溺爱、娇惯、放纵、迁就，让孩子有种自我优越感；二是大人对孩子的非分要求，教育方法不当，一味批评训斥，不讲道理；三是孩子想引起家长的注意。因此，对于任性的孩子，父母应当在分析原因的基础上冷静处理。

所有任性的孩子大多是在这样一个教育模式中成长起来的：对父母提出要求—父母拒绝—继续要求—父母拒绝—哭闹—父母妥协。面对任性的孩子，父母不知如何是好，不妨参考一下这样的方法：

吴妈妈接女儿放学回家后，便忙着开始做晚饭，让女儿在客厅独自玩耍。可是不一小会儿，女儿便来到厨房，央求妈妈和她一起玩。妈妈告诉女儿爸爸一会儿要回家了，得准备晚饭。没想到女儿不依，大哭大闹起来，甚至还摔东西。吴女士一狠心，不管女儿，就回到了厨房。

一会儿，客厅没了动静。吴妈妈一看，女儿正在一边自娱自乐。事后，吴女士总结了一条经验：面对孩子的任性行为，不妨冷静处理，把孩子晾一边，不理不睬，任由孩子大哭大闹。这样一来，孩子一看自己的"小伎俩"起不到任何作用，也就偃旗息鼓了。

父母不妨学一下吴妈妈，面对孩子的种种理由与各种胡闹行为，采取不解释、不劝说、不争吵的办法，保持一段时间的沉默，做你正在做的事。切忌在孩子面前表露出心疼、怜悯或迁就，更不能和她讨价还价，事后给予孩子一定的肯定。

任性是孩子普遍存在的问题，如果父母放任孩子的任性，无原则地满足孩子的要求，就会使接子养成专横毛病，从而影响孩子未来的人际交往。父母应当分

第9章 体贴入微，做女孩的心理医生

析孩子任性的原因，采取冷静处理的方式，对孩子不理不睬，无视孩子的各种理由与胡闹行为。

提无理要求爱慕虚荣的女孩怎么教

面对种种的诱惑：神气的汽车模型、多功能书包、新款运动鞋……孩子往往会败下阵来，哭闹着要求父母满足她们的"想要"。面对孩子提出的无理要求，有些父母能够理智地分清孩子的"想要"与"需要"，不为孩子的"花言巧语"动容，有些父母则耐不住孩子的"糖衣炮弹"，轻易满足孩子的要求。

这几年父母对孩子的教育也步入了一种误区：但凡是"掌上明珠"提出的要求，父母不惜节衣缩食，也要满足孩子。殊不知，在这样的畸形教育下成长的孩子也必然是畸形的。父母只是一味地满足孩子的无理要求，孩子会愈发任性，过分追求物质方面的享受，从而影响孩子的价值观和道德观的形成。

孩子由于年龄尚小，处于生长发育阶段，对自我把握能力不够，再加上生活经历不深，还无法建立评价事物的正确标准，这时就需要父母积极、及时地引导，如果要求无理，父母要果断拒绝。那么父母应当怎么拒绝孩子的无理要求呢？

面对孩子的要求，父母首先应当区分"想要"与"需要"。通常来说，孩子提出的要求只是一种心理需求或兴趣的表现。如果孩子的要求是合理的，那么父母就要满足孩子的要求；如果孩子的要求是不合理的，那么父母要给予坚定的回绝。同时父母也要像孩子讲明拒绝的理由，如家庭的经济状况不允许等，让孩子学会理解大人，千万不要为孩子"糖衣炮弹"的攻势所动容，满足孩子的需求，这样只会让孩子抓住你的软肋，等待你的将是一次又一次的突击。

如果孩子还是唠唠叨叨不肯放弃自己的"想要"，父母不妨先转身去忙自己的事情，对于她的要求不予回答，采取冷处理的方式来应对。等孩子安静下来后，父母不妨及时对孩子进行"热加工"，给她讲讲道理，给她安慰，在孩子面

前始终充当一个"说理者"而非"命令者"。慢慢地,孩子就会变得理性起来。

为了预防孩子提出无理要求,父母不妨在每个阶段给孩子订立一个购买规则,对孩子实行一定的消费限制,比如:限制孩子买衣服鞋子的次数以及价格、明确零花钱的使用权限以及相应奖励措施,通过具体的规定和措施,帮助孩子树立理财意识,形成节俭的好习惯,从而告别提出无理要求的时代。

依赖父母缺乏独立的女孩怎么教

"女儿上四年级了,可是什么都不会做。上学前一天晚上我得帮她把书包整理好,早晨一起来得给她穿衣服,有时她不爱吃饭,我还要喂她吃。晚上学习时,一会儿妈妈这,一会儿妈妈那,比如:'妈妈我的本子找不到了。''妈妈,这道题不会,你来帮我吧!'"

"以前,我想多帮女儿干点事,让她有更多的时间学习。确实,女儿学习成绩一直很好,可女儿处处依赖人的性格也确实成了问题,外套我给脱,脚我给洗,牙膏我给挤……有时,我想让她自己干,我刚一说,她立刻就反驳过来:'妈妈,我又给你考了全班第一,作为奖励,你也应该给我洗脚吧?'说完还又添上一句,'谁让你是当妈妈的?你以为当别人的妈那么容易呀?'"

王女士用无奈的语气向自己的同事讲述孩子的种种行为。

众所周知,依赖是孩子成长路上最大的障碍。过分依赖父母的孩子,独立性较差,做事没有主见,对问题缺乏自己的判断,在以后的学习和工作中缺乏创新的勇气。未来社会需要创造性、独立性的人才,竞争激烈、压力重重,孩子一旦离开父母亲人建造的水晶宫,走向社会,就会像离开水的鱼一样难以生存,难以适应社会需要。因此,父母应该付出全部的爱帮助孩子克服过分依赖她人的心理,让孩子融入到这个社会。

一般而言,孩子产生依赖的心理主要表现在以下两方面:首先是父母给孩子创造一个过于优越的环境,家长全权包揽孩子遇到的各种问题;其次表现在孩

第9章 体贴入微，做女孩的心理医生

子的自信心不足，怀疑自己的能力，认为自己不具备某方面的能力，从而人云亦云。在这种情形下，孩子就失去了自己的想法，遇事变得优柔寡断、不知所措。

父母要有意识地转变爱的方式，把握爱的分寸，不妨在孩子面前"弱势"一点，抛开家长的"威严"，用我们的"脆弱"来激发孩子的潜能，拒绝越俎代庖地为孩子承担一切，更不要把孩子视为自己的附属品，放手让孩子做一些力所能及的事情。父母要给孩子一些独立的空间和机会，让孩子经受一些"磨难"，从而让孩子掌握独立自理生活能力。

父母在改变教育方式的同时，要注意丰富孩子的知识，鼓励孩子自由地表达思想，培养孩子的自信。主见是以见识为基础的，没有足够的知识，只会如同笼子里的鹦鹉，人云亦云，随波逐流。因此父母要注重丰富孩子的见识，鼓励孩子自由地表达思想，允许孩子"辩解"。在"辩解"的过程中，父母不要抢做孩子的"代言人"，而是应当静听孩子的"唠叨"，这样对于培养孩子独立思考的能力大有帮助。当孩子与别的孩子争吵时，父母也不要插手，为孩子撑腰，而是应当做一个"旁观者"，静观其变，在争吵中看看孩子说话是否条理，是否有道理。

孩子总有一天要离开父母的双翼，独自面对生活。因此，父母要掌握爱的分寸，不要越俎代庖为孩子创造一个过于优越的环境，让她们拄上依赖的拐杖。父母不妨变得"弱势"一点，用我们的"弱势"激发孩子的潜能，在不断丰富孩子见识的基础上，让孩子告别家长垒筑的"水晶宫"，走向独立，走向成功。

爱闹矛盾不讲团结的女孩怎么教

孩子之间的小打小闹，父母早已是司空见惯。甩到衣服上的一滴墨水、不慎超越"三八线"等情况，都有可能引发孩子之间的矛盾。遇到此类情况，父母的一般做法是对其他孩子加以指责，替自己孩子出气，而有些父母，则能跳出"常规套路"，站在孩子的角度思考问题，帮助孩子梳理不良情绪。

孩子间所谓的矛盾，无非是一些小打小闹。孩子由于心智年龄不够成熟，在与人交往中总会表现出一副"以自我为中心"的状态，一些小事都有可能引发矛盾。此时，如果父母介入孩子之间的矛盾，会激化矛盾，让矛盾"升级"，孩子也难以学会如何与人相处。如果父母忽略孩子的感受，让孩子自我"排遣"，只会让孩子"越排越堵"。

专家指出：面对孩子之间的矛盾，父母不要紧张失措，矛盾对于孩子而言极为平常。孩子之间总会"和久必闹，闹后稍和"，明智的父母，不是及早介入孩子之间的矛盾，而是采取最佳方式帮助孩子梳理坏情绪，帮助孩子赶走心中的不愉快，从而让她正视矛盾，解决矛盾。

孩子与朋友闹矛盾时，父母要正确引导孩子。

第一，让孩子学会换位思考。

换位思考是每个人必须学会的。当孩子之间发生冲突时，父母不要偏信孩子的一面之词，而是应当了解事情的全部情况，从而帮助孩子理清思路，分析问题，让孩子意识到矛盾产生的原因，在此基础上，让孩子换位思考，采用角色互换的方式，在脑海中重新上演"矛盾"，站在对方角度想问题。这有利于孩子认识到自己的错误，理解别人，减少矛盾的发生。

第二，让孩子学会自己处理矛盾。

当矛盾发生时，很多父母会第一时间站到孩子身边，"及时"介入矛盾中，避免孩子吃亏。殊不知父母这样做，只会让孩子形成依赖，面对自己的过错，不仅不会内疚，反而会在今后变本加厉。因此，面对矛盾，父母应该把处理问题的主动权交给孩子，让孩子在每一次冲突中，提高处理问题、解决问题的能力。

第三，要向孩子灌输"以德服人"的教育思想。

当冲突无法避免时，孩子往往会将冲突演变为"武力"斗争，此时父母要立即"介入"斗争之中，制止孩子过激的行为。同时，父母要帮助孩子疏导不良情绪，当孩子想发脾气时，可以告诉她用转移法，离开令她不愉快的地方，有话以后再说。

第9章 体贴入微，做女孩的心理医生

满口脏话叛逆成性的女孩怎么教

众所周知，说脏话是孩子不文明的一种表现。孩子说脏话，不管她是图个新鲜还是情绪上的发泄，说脏话对于孩子成长而言都是不利的。一个说脏话的孩子，缺乏自控的能力，缺乏讲礼貌的行为。现代社会讲究以礼待人，说话要有礼貌，而一个满口脏话，张口闭口"三字经"的孩子长大后势必被社会所不容，难以树立良好的形象，难以建立良好的人际关系。因此父母要时刻保持警惕，帮助孩子克服讲脏话的坏习惯。

情景一：小薇和同桌因为"三八线"的问题起了冲突。气急败坏下，小薇一边摔课本，一边说道："滚你爷爷的，王八蛋……"

情景二：妈妈带着徐然去超市商场买文具。徐然看中了一款全自动的文具盒，拉着妈妈让妈妈给买，但是妈妈觉得太贵没有给徐然买，徐然一边走路一边跺脚说道："母驴，你怎么不去死来……"

情景三：爸爸接王森回家的时候，恰巧路上堵车，爸爸和王森都很着急。爸爸还没有说什么。王森反倒来了这么一句："他妈的，又堵车了，晕死……"

情景四：芬芬做完作业想要出去玩，妈妈不让她下去，让她在书房里继续看会儿书，预习一下明天要学的内容。谁知芬芬来了一句："丫丫个呸，你烦不烦啊，玩会儿能死啊……"一句话说得妈妈目瞪口呆。

"去你的"、"他妈的"、"王八蛋"，当孩子用带着稚气的声音说出这样的语言时，作为父母是不是有些不敢相信自己的耳朵呢？现在的孩子说脏话的现象越来越普遍，遇到点不高兴的事情就会冒出一两句脏话，说得父母目瞪口呆。面对孩子的这种不良行为，许多父母气得牙痒痒，不管三七二十一，先收拾孩子一顿，结果效果甚微。

一般而言，孩子讲脏话不外乎以下几种理由：首先是孩子在某种场合下听到某个词，觉得很好玩，并无恶意；其次是模仿大人，父母不经意间的语言

"失足",可能引发孩子的模仿心理;再次是孩子的情绪发泄。在此情况下,父母要仔细观察孩子说脏话的原因,只能"疏"不能"堵",引导孩子告别说脏话的时代。

孩子是天生的模仿天才,作为父母,应当树立良好的榜样形象,做好表率,尽量在孩子面前使用文明语言,切勿在孩子面前口无遮拦。父母要尽量控制自己,避免在孩子面前产生语言"失足",不给孩子提供捕捉"关键词"的机会。父母不仅仅要在语言上文明,在行动上也要做到文明,为孩子创造一个良好的氛围,一个好的语言环境,这样就可以大大降低孩子说脏话的机率。

父母要有意识地向孩子灌输说话文明的习惯,让孩子明白说脏话是不对的,这个社会不需要说脏话的人。孩子说脏话的模仿对象不仅仅来自于父母,也来自于其他人,包括亲人、同学、老师以及街上的小商小贩,电视、电影中的对白。在这样一个鱼龙混杂的染缸里,父母不可能将孩子"隔离",唯一能做到的就是向孩子灌输文明思想,提高孩子的分辨力,让孩子懂得什么可以学,什么不可以学。给孩子的心灵装上"过滤器",孩子听到了脏话也能够自动过溶掉这些语言垃圾。

父母面对孩子说脏话的行为,要明确地表示反对,让孩子明白这种行为是人们深恶痛绝的。如果孩子继续脏话连篇,那么父母有必要采取一定的惩罚措施,采取冷处理的方式,让孩子进行自我反省,这样有助于帮助孩子克服说脏话的习惯。

面对孩子说脏话的行为,如果父母"严加管教",往往会起到火上浇油的效果,还会引起孩子的逆反心理。这时候,父母不妨采取冷处理的方式,从自身找原因,做好表率,为孩子创造良好的语言环境,让孩子戒掉说脏话的坏毛病。

缺乏耐心耍小聪明的女孩怎么教

梅梅坐不住板凳,还没坐下几分钟,她就觉得好像过了很长时间;在写字时,只要练习题稍微多一些,她就开始马虎起来,比如,"酒"的右边明明是个

第4章 体贴入微，做女孩的心理医生

"酉"字，她却匆匆忙忙地把"酉"里面的一横忘掉。老师反映有时候课还没上到一半，她就招呼也不打地径直走出了教室。老师问她为什么不在教室认真听课，梅梅说："教室里太无聊了，想出来走走。"

面对梅梅的种种行为，妈妈很是头疼，甚至怀疑孩子的屁股是尖的，总是坐不住。其实在生活中，梅梅也是这个样子，做起事来缺乏耐心，刚玩积木没两分钟就去玩电脑游戏；画画学了两天，就扔下画笔吵着闹着要钢琴；钢琴买了，老师请了，又想学吉他。总是三天打鱼，两天晒网，做事虎头蛇尾，缺乏善始善终的精神。

很多父母都会遇到类似的情况，孩子很聪明，但是就是做起事来没耐心。其实，孩子上课不集中，做事半途而废，今天喜欢这个明天喜欢那个都是表面现象，父母应当给予孩子适当的理解，并仔细观察、了解孩子缺乏耐心的真正原因。

小学阶段的孩子读书、写作业到了二三十分钟，就起来动一动、做点别的事情也是很正常的现象，父母不必大惊小怪。

其实，很多原因都可以引起孩子缺乏耐心，一般而言，表现为以下几点：首先是孩子年龄尚小，自控能力还不够成熟，缺少专注的品质；其次，学习内容本身也会影响孩子的耐心，如果学习内容太难，孩子没有办法把心放平，容易急躁，如果学习内容太简单，孩子又会觉得很无聊；再次，兴趣也是孩子是否有耐心的表现，孩子越是感兴趣的东西越是能够耐心去做。

面对孩子学习没有耐心等问题，很多家长往往会使用强制手段，其实这种方式起不到太大的效果，不妨参考洋洋妈妈的做法，让孩子变得有耐心。

洋洋在升入小学二年级时，对学习越来越没有耐心了。以前作业少，难度不大，她还能耐心地把作业写完再出去玩耍。而现在，她常常是急急忙忙地把作业做完，也不管对不对，就跑到一旁玩去了。后来父母一检查，发现她10道习题错了6道，本来工工整整的字也写得龙飞凤舞似的。洋洋父母告诉她不能只讲速度、马马虎虎，但是效果不大。后来，洋洋父母决定每天抽出一个人负责监督孩子做功课。当孩子写作业时，他们也在一旁看书写字。开始的时候，孩子很不情愿，

不娇不惯富养女孩

每次坐不住站起来要出去,洋洋父母都提醒她,让她再坚持一下。为了提高孩子解题的能力,洋洋父母还经常耐心地给孩子讲解习题,启发孩子思考,还把别人写得很漂亮的字拿给她看,启发她,增强她的信心。洋洋父母监督和指导相结合,经过半个学期的努力,孩子解题的能力提高了,她的耐心也比以前强多了。

面对孩子做事不专注、不耐心的情况,父母在教育方法上不妨讲一点小策略,像洋洋父母那样为孩子创造良好的学习环境,监督加帮助,时不时鼓励一下孩子,让孩子坚持到底,渐渐延长孩子专注的时间,使孩子变得有耐心,彻底和坏习惯说再见。

孩子缺乏耐心是最正常不过的事情,面对缺乏耐心的孩子,父母不要急于强制她们马上进入状态,这样只会让孩子产生反感,效果也不尽如人意。父母应当观察孩子,了解孩子,分析孩子缺乏耐心的原因,要监督,更要帮助,循序渐进,让孩子一点点地和坏习惯说拜拜。

第10章
明察秋毫,面对女孩的问题怎么办

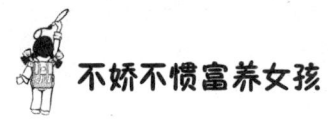

妙招应对女孩爱说谎

孩子们撒谎是一种比较常见的现象，又是一个应该引起家长警惕的问题。孩子出于某种原因，如怕责备、挨打，为博得家长的欢心等撒谎是常见的。撒谎有两种现象：一是偶尔一次，如伟大导师列宁小时候，有一次到姑妈家去玩，不小心打碎了一只花瓶。当姑妈询问时，小列宁撒了谎，没有承认是自己打碎的。事后，当他回到家意识到这样做不对时，马上写了封信向姑妈承认花瓶是自己打碎的，并表示自己撒谎是不对的。二是经常性撒谎。这种现象是十分严重的，必须引起家长高度重视。

说谎行为与诚实是背道而驰的，家长要帮助孩子矫治撒谎的恶习，必须对症下药，即，首先要找出其说谎的原因：

原因一：家长的管教比较严厉。

有一些家长对孩子的要求比较严格，这是好的，但有的则太过分，太严厉，动辄打骂，孩子见到父母像老鼠见了猫，生长在这种环境下的孩子也比较容易撒谎。孩子往往想通过一句谎言来避免一顿"皮肉之苦"。

原因二：逃避责备。

孩子因为做了错事，怕被人责备而撒谎，孩子学习成绩不好时，往往最容易隐瞒、说谎。如一名学生，期中考试开了"红灯"，父母问她学校什么时候开家长会时，她说"不开"，她也不把成绩册给家长看。后来，家长去学校与老师联系。当她得知这一消息时，自知"谎言"要被戳穿，就买了几包老鼠药吞了下去。

原因三：孩子的虚荣心作怪。

有一些孩子为了满足自己的虚荣心，往往容易胡编乱造，瞎吹瞎说。

第10章 明察秋毫，面对女孩的问题怎么办

在弄清了孩子的说谎的原因后，我们就可有的放矢地对孩子进行矫治了。矫治的方法有以下几条。

第一，抓好第一次。

如果孩子仅是第一次说谎，父母必须当件大事把它抓好。不妨来点小题大做，把文章做足。在弄清说谎的缘由和动因后，应立即动之以情，晓之以理，分析说谎的危害，指出问题的严重性，并明确表态："下次不能再说谎。"总之，要让孩子留下深刻的印象：说谎是不诚实的表现，是不对的，下次不能再说。只要抓好了第一次，就能刹住车。

第二，重视屡犯的孩子。

对那些屡犯的孩子，父母必须引起高度重视，因为这是关系到孩子道德品质的大事。因此父母要认真分析其说谎的原因，摸准其说谎的规律，要多花点工夫，不要轻信孩子的话，稍有怀疑，必须马上核实孩子的话，如是谎言，及时揭穿。要让孩子知道谎话骗不了父母，就只好说实话。否则孩子就会觉得父母是"好骗的""可欺的"，继而胆子越来越大，谎话越说越多。

第三，创造民主和谐的家庭氛围。

如前面所说，父母的专制、严厉往往是孩子谎言的温床。因此，家长一定要民主、和谐地对待孩子，让孩子敢于说实话。有时即使孩子做了错事，只要孩子认错了，就不应再痛骂、毒打。因为孩子犯点错误是在所难免的。这样，就可消除孩子说谎的外在因素。

第四，家长自己不说谎。

有的孩子说谎，原因往往是家长自己说谎"教"出来的。所以家长决不能在孩子面前说谎，或说话不算数，欺骗孩子。我国古代"曾参杀猪"的美谈可成为广大家长学习的楷模，要让孩子从小知道，说话要算数，不能骗别人。

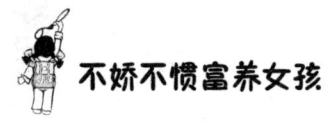

妙招应对女孩不爱做作业

"功课做完了吗?"这几乎是每位家长下班回家见到孩子以后的第一句话。

适当做些作业是必要的,问题是有些孩子讨厌做功课。家长督促过严,就会和孩子关系紧张;父母之间看法做法不一,更为家庭增添烦恼。这个头痛的问题折磨着不少家长,他们对自己孩子说:"我跟你一起受罪!"

要正确解决这一问题,就应该具备科学的方法。

有的话天天说,却未必有效果。如果一位厂长每天下班时守在厂门口问工人:"你定额完成了吗?"这和一回家就问孩子功课引起的心理反感,恐怕是差不多的。为什么我们不问问:"今天你什么课上得最有意思?""你向老师提了什么问题?""球赛胜负如何?""你借到了什么新书?"……假如我们对孩子的精神生活表示淡漠,缺少起码的关注,只是想到营养与成绩,长此以往,孩子的热情与求知欲就会减退,学习日益被动。关于这一点,国内外不少心理学家早已告诫过老师与家长。同时,对孩子的精神生活缺少关注,还会造成两代人感情上的隔阂,而感情一旦淡漠,心灵就很难沟通了。

艾滨浩斯遗忘曲线告诉我们:知识遗忘的速度并不均匀,开始学习后的第一天遗忘得最快,可能损失60%,以后则逐渐变慢。因此在学习当天及时复习加以巩固,对提高记忆效率非常有用。家长可把这个道理结合作业用通俗的语言讲给孩子听,让她们亲身体验,使他们切实感到及时完成作业的好处,从而自愿接受作业。如果只是笼统地讲学习目的与作业态度,甚至施加压力,恐怕都无济于事。

在少年儿童的学习动机中,兴趣应占很大比重。这是教育文明化的标志之一。兴趣有巨大的内趋力,可以引发奔放的热情。人类文明史上卓有建树的伟大人物,对此都有深切感受。在强调兴趣的重要时,他们往往不怕讲过头。

家长如果仔细观察,就会发现孩子在做作业时,不时会闪现兴趣的火花,家

第10章 明察秋毫，面对女孩的问题怎么办

长要善于捕捉并及时"助热"。例如，孩子在组词造句时，可以帮助孩子创设一些有趣的情景等。只要留心，机会很多。

除此以外，家长也应尽可能把孩子做作业所用的时间和完成情况告诉老师。从学校教育角度看来，这也是学校所期待的信息反馈。学校可以据此作出作业量的调节。

家长在不懈地引导孩子提高学习效率的同时，还应当劝阻孩子不要经常"挑灯夜战"。在肯定其热情的同时，要讲清危害。鼓励孩子分清主次，学会"弹钢琴"。如果仍未及时完成，家长还应协助他们消除负疚感，使其心情"多云转晴"，在他感到愉快些时，再不失时机地鼓励他"攻一下"。

什么时候，才能像爱因斯坦说的那样："学校所规定的作业会被当做一种礼物来接受。"什么时候，更多的爸爸妈妈能看着孩子兴致勃勃地做功课，而露出欣慰的笑容……这需要父母和孩子共同的努力。

妙招应对女孩学习太马虎

"老师，有的时候，我觉得卷子很简单，考个90分根本没问题，但结果却连80分都考不到，这是什么原因呢？难道是我脑子太笨？"

还有一位同学说：

在我身边有一些同学，老是想一下子就把学习任务完成，认为比别人快就是效率高，结果在学习上就马马虎虎、粗心大意，不是丢'东'就是落'西'。数学中忘了一个符号、一步运算，语文中张冠李戴、加'点'少'画'，缺乏一种严谨认真的学风。要知道，这种马虎的学习态度，不仅会使你返工、丢分，甚至还会浪费大量的时间，以致欲速则不达。

事实确实如此，当我们急着要做成某件事的时候，就会丢三落四，结果往往事与愿违。有一个学生就曾拿着一张试卷找到老师，十分委屈地说："老师，你看看，这张试卷我本来是能拿90多分的，可是现在却只拿了60多分……"

不娇不惯富养女孩

老师接过学生的试卷，仔细研究了一下，觉得这张试卷对她来说，确实是"很小儿科"，但为什么她没有拿到满意的分数呢？原因就是她的马虎。

这位学生人聪明，脑瓜灵活，很多问题，别的同学需要思考很久，她一会儿就能给出答案。但她的缺点也和优点一样明显，就是做事毛毛躁躁，这个缺点放到学习上，那就是不能拿到高分的一大关键。

我们可以这样说，粗心、马虎正是学习的大敌，我们当中很多人，就是因为粗心马虎，在关键的考试中败下阵来，也是因为粗心马虎，成绩总是不尽如人意。

面对粗心，或许学生会无限懊恼："粗心、马虎害人不浅，我们也体会到了，但我们就是改不了，这能怎么办呢？"其实，不是改不了，只是坏习惯养成了，一时半会儿还不知道如何纠正而已。

坏习惯的养成总有一个过程，粗心马虎也不例外。

一般情况下，我们的记忆多是有意记忆占主导地位，但也不排除无意记忆的作用。有时候，当我们记忆某些东西时，因为注意力不集中，很容易就会游离在自己的学习任务之外，使得记忆不牢固。所以，在我们的学习过程当中才会出现记忆力不清晰、持久性差的特点。记不长久、记不准确也就导致了我们在回忆知识时对信息的存储和提取困难，因此也就容易盯错。

举个例子，在我们做数学题目的时候，如果记错了运算公式、定律，即使每一步骤的计算都很准确，可最后的答案往往却与正确答案相去甚远。

从这个层次上说，记忆出错，就是导致我们马虎的一个重要原因。

手脑不一致出错。它可能是思维敏捷而动作跟不上，也可能是由于思维粗略而书写详尽的差异造成的。如果是这类粗心造成的错误，我们要做的就是尽可能在保证思考速度的前提下，细化脑子中的思维步骤，加快书写的速度。

人们常说："态度决定一切。"学习也是如此，很多学生之所以会犯粗心马虎的毛病，就跟她们对待学习缺乏严谨的态度有很大的关系。

所以，学习过程中自以为是、漫不经心的态度是要不得的，对所学内容一知半解就自以为懂了，最终吃亏的还是我们自己。

第一步：形成自我检查学习效果的习惯。

通常情况下，同学们马虎导致的作业错误，常常是由爸爸妈妈或老师给检查出来，一一指正。这种方法对克服马虎的毛病不但没有好处，还可能导致同学们产生依赖心理而更加马虎。

我们可以要求学生自己检查、验证学习效果。比如，她做数学题目时，得出答案后并不算完，还要把答案代进题目中去检验结果是否正确，力争培养一次做对的习惯。

第二步：给自己制订惩罚马虎的措施。

由于马虎，作业或考试出了问题，取消某项外出游玩的计划，取消一次看电视或电影的娱乐活动；也可以罚背诵两段有关讲认真、不马虎的格言、名言、谚语。这样做，不仅能切身体会马虎带来的"恶果"，更能因为"惩罚"得当，掌握更多的知识，"因祸得福"。

第三步：进行"细活儿"训练。

马虎的根本原因就在于做事不细心。通过"细活儿"，例如，写正楷字，画工笔画，缝衣服扣子，淘米，择洗蔬菜，计算水电费，动脑筋游戏等，有目的地去选这类事情经常训练，耐心坚持下去，渐渐地，孩子就会发现自己也能细心了。有了积极的心理暗示，孩子就慢慢养成认真细心的习惯了。

妙招应对女孩的叛逆行为

每当孩子不听话时，家长大都认为是天生的，没办法管。殊不知，父母教育不当才是造成这种现状的根源。大部分父母在给孩子提要求时，很少考虑到孩子的心理需求，经常不和孩子商量，就替孩子做出决定，逼得孩子只有采取极端的方法来抗争。许多家长教育观念中有个误区，认为自己的孩子，让他干什么就得干什么。如果这样的观念不改，势必会造成孩子与父母之间的对立。所以，家长希望孩子按照自己的想法去做时，要认真想想，这个做法是否适合孩子，多考虑

孩子的感受，才能更好地与孩子沟通，才能渐渐梳理孩子对立的情绪。

此外，由于目前生活节奏很快，工作压力也比较大，所以很多父母都将孩子交给保姆或是长辈来照顾。亲子相处的时间本来就有限，如果下班后再没有好好陪孩子，长此以往亲子互动就容易产生问题，出现顶嘴的次数自然也就多了。

不管家长有多么忙，每天都要抽出一些时间听孩子说话，哪怕只有10分钟也好。在与孩子沟通时，家长应认真、专心地看着孩子的眼睛，仔细倾听孩子想说什么，有什么问题，让孩子觉得自己受到充分的重视。

第一，要把握好批评的时机。

其实孩子犯错误以后，多半都会进行自我反省，只是更多的时候碍于自尊都不会马上自己承认错误。因此，父母在对批评的时机把握得好，效果会好很多，尽量采取能疏导不批评的方式。

第二，批评要适度。

父母在批评孩子时，应该就事论事，不搞"算总账"式地批评，而且要善于控制情绪，选择恰当的措辞，做到以理服人。

第三，态度要真诚。

父母要在充分尊重孩子人格的基础上进行批评，要知道，缺少了真诚的批评是不会有好效果的。

第四，千万不要群起攻之。

批评的人越多，错误的事例越多，孩子越不容易接受批评。所以，我们一定不要在孩子犯一个错误时，所有的人都一起来批评，而应该在孩子犯不同错误时，父母各自及时进行教育和纠正。

第五，引导孩子自我管理和自我批评。

我们对孩子进行批评教育的一个目的是帮助孩子认识和改正错误，不再犯类似的错误，所以我们要培养孩子自我反思、自我批评的习惯。

第10章 明察秋毫，面对女孩的问题怎么办

妙招应对女孩的"小姐脾气"

有这样一些孩子，她们脾气比较暴躁，并多以自己为中心，很少考虑到别人的感受，很少为别人着想并且缺少谦让精神。其实，孩子的脾气秉性一方面有先天遗传的因素，另一方面也与后天的教育和培养有着很大的关系。

发脾气是愤怒的表示。对孩子来说发脾气也是一种常见的现象。但是如果孩子长时间把发脾气作为解决问题的唯一手段，家长就应提高警惕。孩子爱发脾气如果不及时纠正，将影响她对环境适应能力，使孩子难以应付挫折并影响其健全人格的形成，这对孩子的人生是十分不利的。

生活中，我们时常会看到有些孩子一遇到不顺心的事情就大哭大叫，有的还摔东西。更有甚者往地上一躺，任你哄骗或威吓，就是一副不达目的不起来的架势。遇到这种情形，做家长的往往心烦意乱，不知所措。于是，为了尽快平息孩子的怒气，不惜牺牲原则来满足孩子的要求。殊不知，这样就会使孩子把发脾气作为逼迫家长就犯的有力武器。如此下去，孩子的脾气只能越来越坏。

长辈们对孩子的发脾气，要区别对待，千万不可以草率行事，尤其不能以发脾气来压制孩子的脾气，家长一贯的态度，一经形成定式，将会影响孩子终生。

那么如何教育爱发脾气的孩子呢？有以下几种方法父母们不妨试试。

第一，转移注意力。

音乐有镇定的功效，放点音乐，可以转移孩子的注意力，使其哭闹停止；可以忽然提出一个新的事情，要孩子和你一块儿去干，她也许会忘记发脾气的事；在孩子耳边轻声说些有趣的事，或者开始说故事，孩子很可能会为了听故事而停止哭泣；如果你感觉到孩子的情绪越来越紧张，可以引导孩子玩个有意思的游戏、读本书或者把孩子带到户外参加活动。

第二，教孩子学会情绪管理。

良好的师生关系、同学关系，家庭的和谐情感沟通，可以帮助孩子学会适度表达情绪，积累情绪经验，促进情绪健康成长，这个过程也就是孩子学会情绪管理的过程。

第三，置之不理。

置之不理是帮助孩子摆脱发脾气习惯的最见效的方法。如果发现孩子乱发脾气，只要没有什么危险，你就不要去理他，尽管干自己的事，继续你的谈话或大声自言自语、唱歌、打开收音机或电视机、坐下来读书，或走出去。同时，你要注意孩子的动静，但千万不要看她，因为即使只是瞥了她一眼，她也会受到"鼓舞"，继续闹下去。

当孩子意识到发脾气没有用处，哭闹声降低后，你可给她个台阶，以帮她摆脱窘境。

妙招应对女孩和父母的较劲

有一位烦恼的母亲找到我向我诉苦，她有一个上中学的女儿，最近和她讲话时，态度很不好，比如说：

有一天女儿放学回家，母亲问她："你到哪去了？怎么晚了一个多钟头？"女儿说："我和同学一起到露露家玩。"母亲很生气地说："你知不知道，我很担心！以后放学后就回家做功课；不要到处去野！"女儿听了之后脸色很难看，然后不理母亲就回房间去了。

这个时候，母亲感到很尴尬，生气又无奈，或许母亲说话的语气太重了，伤了孩子的自尊，但是母亲后来发现女儿越来越不听话，知道女儿心里藏着、憋着许多话，很担心将来会发生什么问题。可惜的是，她越是担心难过，就越加倍责问女儿，母女俩之间的沟壑也越来越大。

这位母亲与孩子沟通困难，也就是她与孩子之间无法进行积极正向的交谈，主要的原因是她们之间没有建立积极正向的情感反应。父母与孩子说话应该有正

向的目的：提供知识信息、说故事、解决问题、分享想法与情感等。父母如能表达友善时，往往得到孩子相对的友善。

有些父母只有在孩子小的时候表达亲昵的行为，然而人不管长多大都需要温暖的身体接触，也别忘了接纳与鼓励孩子对你表达爱意的机会；父母对孩子充满了热心与真诚，愿意创造快乐的时光建立良好的家庭关系；语气柔和：一种欢愉的声音比高昂尖锐的声音更能赢得孩子的敬爱；注意非语言的表情动作：生气的脸色表达负向的态度；冷静下来，微笑。

在做上面这些事情之前，我们必须相信孩子基本上是好的，而且不管她说什么或做什么，你都爱她。你也许不喜欢她的行为，但你喜欢她的"人"。有时只要几个字或一句话："很好！"或"我也有同样感觉。"有时，微笑、眨眨眼、皱皱鼻、不说一句话地抱抱她，都会告诉孩子你接纳她；让孩子知道你是多么欣赏她，不只是当她表现好时。

如果我们关注孩子的进步和优点，就会发现孩子身上的亮点，培养其自信和自尊，调动孩子上进的积极性。所以在与孩子交流中，多使用正面语言：

——"放学了，累不累？"（问候）

——"请把衣服收好！"（感谢）

——"我真喜欢你！"（表达爱意）

——"我们一起商量一下，怎么办？"（征询）

——"好极了！""你做得很好！"（表扬称赞）

为什么有的孩子感到与父母无话可说，在父母面前以沉默来对待父母所谓的"教育"？原来，不少父母使用的语言，伤透了孩子的心：

——"你真没出息！我看你没有希望了！"（伤害）

——"不可以！""不准！""马上关掉！"（命令）

——"我再也不管你了，随你便好了！"（威胁）

——"人家隔壁的明明成绩多好，看你，真丢人现眼！"（贬低）

——"不要来烦我！"（拒绝正当要求）

——"我说你不行就是不行！"（强迫）

——"傻瓜，没有用的东西！"（恶言）

——"你做这种事，真让我伤心透了！"（抱怨）

——"求求你小祖宗，别这样做好吗？"（哀求）

检讨下和孩子沟通时的语言，用宽容的语言代替苛刻的语言，会还给我们一个健康向上的孩子。

妙招应对女孩吸烟、喝酒的癖好

"小不点一个，还瞒着家长吸烟。"一位教师指着一名女学生摇头叹息道。从孩子泛黄的食指可以看出，她吸烟已经有一段时间了。牙齿看上去也没有这个年龄段孩子该有的洁净，老师说她喜欢将三根烟接到一起吸，还常常表演给其他同学看，那些女孩竟然一个个兴奋地鼓掌起哄。这个班里有一大半男生抽烟，有部分女生也喜欢凑热闹。

青少年抽烟出现低龄化走势已是不争的事实，据统计，目前我国青少年吸烟总人数高达五千万人。

除了抽烟，青少年喝酒人数近些年也是呈直线上升，每家医院几乎每天都会收到一些因为喝酒感觉肠胃非常不舒服的青少年。问及这些青少年如何沾上烟酒时，不同的孩子给出了不同的理由：

好奇心促使。十几岁的孩子都有着浓烈的好奇心，这里不光有男孩，女孩数量也日益增多。看到自己没有接触过的事物总会不由自主地想要体验一番。看着电视剧里明星们帅气十足吞云吐雾，再看看周边人拿烟的酷劲，不由自主地就想尝试一番。

缓解压力。很多孩子误以为烟酒能帮其解愁，学习不好，心情不好，与父母产生矛盾等心里有压力时，总会寻求一种释放和解压的方法，而烟酒带来的神经麻痹，似乎就是她们精神的良药，帮其消愁解忧，逃避现实。

逆反心理。每个孩子都会有一段叛逆期，处于这一阶段的孩子，总喜欢唯我

第10章 明察秋毫，面对女孩的问题怎么办

独尊，越是大人反对的东西，她们越喜欢尝试，并将与大人唱反调当成乐趣。

成人心态。 处于青春躁动期的孩子，总希望自己是个大人，能像大人那样做自己想做的事情。而抽烟喝酒似乎就是一个成人该具有的活动。

身边朋友的影响。 校园也是一个小社会，孩子们会接触形形色色不同的人，一旦身边的朋友或同学有着抽烟喝酒的习惯，经常与对方在一起，难免会受到影响。

所以，父母和孩子都要重视这一危害，尽量少接触。如果孩子有着尝试的冲动，父母该如何去对待这一问题呢？

让孩子了解抽烟喝酒的危害。 专家认为11~15岁是极易沾上烟酒的高危阶段，父母要在孩子还未接触前就告诉她们抽烟喝酒的种种危害，以实际的案例、纪录片、模拟图像等加深危害印象。

让孩子知道你对抽烟的看法。 父母既是孩子的导师还是朋友，应该放下自己是大人的架子，以平等的方式，相互交流各自对烟酒的看法，并强调父母的想法。

父母的行为决定孩子的行为。 有专家强调，一个家庭父母有抽烟酗酒的问题，女孩十有八九也会有。不想让你的孩子早早沾上烟酒，父母尽量少在孩子面前抽烟喝酒。如果你既要反对孩子抽烟喝酒，又总是在他面前肆意酗酒抽烟，那只会造成孩子的逆反心理。

相信自己的孩子。 很多时候，父母在谈及烟酒的危害性时，孩子可能不屑一顾，甚至有抵触心理。但到他们真要尝试时，还是会想起父母的忠告，并会思考自己这么做的后果，从而收敛行为。

动之以情。 告诉孩子，如果他继续抽烟喝酒，父母会非常失望和痛苦，甚至都无法安心工作，这比同他谈论吸烟对健康的危害也许更为有效。

告诉孩子没有人会为她的健康埋单。 也许受到同龄人的诱惑，孩子禁不住加入到吸烟喝酒一族。即便知道这么做危害大，但怀着"抽烟喝酒出了问题，他们还陪着我"的侥幸心理，便欲罢不能。父母不一定批评孩子的酒友，但可以告诉孩子，今天给你烟酒的人，实质上就是在跟你交换健康，等某一天你的健康全部

用完后，你所要承受的痛苦，并不是一两根烟，一两杯酒就能化解的。让孩子认识到，没有人能为自己的健康负责，除了自己。

不要认为抽烟不如其他冒险行为危险。

许多研究发现，抽烟往往很快导致健康和社会问题。如果孩子十来岁时就开始抽烟，比起晚抽烟喝酒的人，得病概率高出好几倍。无论是花费在烟酒还是医药上的费用都要比别人高。

将香烟清除出孩子的生活区。如果社区商店向孩子出售香烟，父母们应提出抗议。

坚决禁止女孩因顾及朋友面子做违纪的事

从众，通俗地解释就是"人云亦云"。大家都这么认为，我也就这么认为；大家都这么做，我也就跟着这么做。当发现自己的行为和意见与群体不一致，或与群体中大多数人有分歧时，会感受到一种压力。

这种心理在十几岁的孩子身上尤其明显，往往会服从同伴的要求改变自己。如留长发、穿某种牌子的运动鞋、戴一种样子的手表等。

其实，这些要求都不过分，家长还能接受。但是如果孩子跟着同伴一起"学坏"，麻烦可就来了。

薛静今年刚上初中，她与班上的几位同学经常约着出去玩。一天，他们骑着自行车来到一条较僻静的街道，其中的一位同伴说："咱们比比看，看谁砸这些路灯砸得最准。"这一建议立即得到了其他几位同伴的响应。他们纷纷去捡石头，投向路灯。

薛静觉得这种做法不太好，就犹豫起来。同伴在一旁煽风点火："嘿，你胆子也太小了。你看，我们都投了，挺好玩的。"

薛静担心拒绝了同伴，会被同伴瞧不起，犹豫了一番，还是捡起了地上的小石头……

第10章 明察秋毫，面对女孩的问题怎么办

回家后，薛静觉得过意不去，就和爸爸讲刚才发生的事。薛静爸爸听后说："虽然你这件事情做得不对，但是你能主动和我说，这非常好。"

薛静感到委屈地说："爸，其实我也不想的。可他们都扔了，我不做，他们会说我要当叛徒。"

薛静爸爸很理解地说："我知道你当时心里很矛盾。但不管怎样，你跟他们一起干了这件事是不应该的。今后不许再干这样的事了。"

"那我不能说不跟他们玩了。以后再遇到这种事，我怎么办呢？"

"首先，他们要你干什么事，你就要想想是好事还是坏事。如果不好，你就要拒绝。当然你可以采取一些较策略的方法，如说'不好，有人看见我们了''这一点都不好玩，我不喜欢'等理由来婉言拒绝……"

想一想，你的孩子是不是也有迫于同伴压力而做些错事的经历？怎样才能让孩子摆脱这种压力，保持独立的思考力呢？

如："跟朋友在一起时，不管在什么情况下你都要带着脑子思考。"当朋友强迫你干某些事的时候，首先要问问自己：这样做好不好？然后再想想做了这些事你会成为什么样的人。

如果家长温和地讲道理，尽量说服孩子，再加上十几岁的孩子自己也具备一些自制力，相信她们会慢慢摆脱从众心理，变回以前那个乖孩子。

如果父母教育的方式出了问题，很可能会物极必反，下面这些话千万别对孩子说。

"我不喜欢你的那些朋友，瞧她们一个个的怪样，不伦不类的。"

仅从外貌上来判断人，孩子就不会尊重你。应该让孩子带她的朋友来玩，你同她们认识，通过她们的言行，你就会更客观地判断她们。

"为什么别人做什么，你也做什么呢？"

这实际上在重复每一代父母所说的话："别人跳水，你也跟着跳水？"你的意思是让孩子明白，应该成为一个有独立思考能力的人，而不是让她疏远朋友。应该用理解的语气说："她们做什么，你也做什么，看来这些朋友对你很重要……"你这样说，为更深入的交流打开了门户。

"难道你自己没有脑子？"

这种说法尖酸刻薄。你实际上想说的是："如果你按我说的去做，你就是有自己的想法；如果你照着你的朋友们的说法去做，你就是没有脑子。"家长表明自己的观点是对的，但是方法不合适。

第11章
流星花园,帮女孩跨越青春期障碍

女孩进入了青春期

在我国,一般把12~18岁这一年龄段看做是青春期。青春期是人体生长发育的第二个高峰,生理上发生巨大变化,身高、体重迅速增长,各脏器如心、肺、肝脏功能日趋成熟,各项指标达到或接近成人标准。一般情况下,女孩青春期要早男孩一年左右,从乳房开始发育到月经初潮,大约需2~3年,继而腋毛、阴毛长出,骨盆变大,全身皮下脂肪增多(尤其胸部、肩部等),形成女性丰满的体态。

青春期,是女孩的一个情感发展的关键期,也是一个危险期。女孩进入青春期后,会出现种种"另类情绪":烦恼、忧愁、惊悸、恐慌、焦虑……青春期又被称为"心理断乳期",除了身体上的变化,青春期的特有的思维方式和看待问题的态度,也会影响女孩的情绪。女孩往往会采取极端的方法看待世界,这使得青春期女孩的视线多少有些扭曲。青春期的女孩往往变得很过激,情绪情感容易两极化,逆反心理较强,处理不好独立与依赖的关系,极易出现心理问题。因此,我们要正视女孩的"另类情绪",及时给予女孩指点。

首先,要给予女孩足够的情感安慰。在青春期时,女孩表面上要主权,凡事喜欢自作主张,但内心深处女孩仍然希望得到爸爸妈妈的安慰、支持和帮助。其实,女孩要求独立不过是一种虚张声势,女孩其实非常害怕独处。女孩的这种独立只是一厢情愿,不管女孩多么"趾高气扬",在情感上和物质上,女孩还是非常依赖爸爸妈妈。也因此,女孩在这一点上显得很矛盾。一方面,女孩对自己的依赖性之强感到很"愤怒",经常暗暗指责自己不争气,埋怨爸爸妈妈看不到她的成长,像对待小孩子一样对待她;另一方面,女孩又非常感激爸爸妈妈对自己无微不至的关怀。因此,爸爸妈妈要给予女孩足够的关爱和支持,让女孩感受到

第11章 流星花园，帮女孩跨越青春期障碍

浓浓的亲情，从而对周围的人和事有足够的安全感。

其次，要和女孩保持开放式的沟通。心理教育学家认为，如果父母能够同女孩保持密切的联系，那么女孩在青春期的其他问题就可以迎刃而解了。

12岁的玉玉和妈妈的关系非常好。平时，不管有什么事，玉玉都会告诉妈妈，而且妈妈也能读懂她的心事，因为妈妈说自己也有过类似的经历。和妈妈在一起，玉玉感到很自在，很亲切，不再有孤独的感觉。与妈妈相比，玉玉感觉自己和爸爸的关系不像妈妈那么亲密无间，但爸爸在她进入青春期后，似乎变成了一个"密友"。

有一次，市里要举行演讲比赛。玉玉很想去，但又拿不定主意。爸爸知道后，就鼓励玉玉："没关系，你可以去试试。结果不重要，重要的是过程。"

玉玉有些犹豫："参加比赛的都是些高手，有的还很有经验。和他们相比，我的实力太弱了，顶多参加过学校里的演讲比赛。""我们可以准备一下，多参考一些资料，多自我排练一下。卡耐基说过，没有人天生会演讲的，只要你愿意努力嘛。"

玉玉被爸爸的话逗乐了："那好吧，我就努力一把。"

接下来，爸爸每天忙完工作，就陪着玉玉到处找资料，准备演讲题目，还给玉玉当听众，帮助她分析演讲的各个动作、语气。比赛那天，玉玉虽然有点紧张，但一想到爸爸的鼓励，她就信心百倍了。最后，玉玉夺得了二等奖。

在开放式的沟通中，女孩愿意倾听爸爸妈妈有关青春期的建议，比如喜欢听妈妈讲讲相似的经历，也喜欢听爸爸对自己的评价，尤其是良性的评价。对爸爸妈妈而言，在这种朋友式的谈话中，才能放下架子去接纳女孩的种种"出格"举动：古怪的发型、服装，奇怪的语言模式。然后，我们才能及时给予女孩各种指点，让女孩学会为她自己负责，相信女孩的正确判断和合理选择。

最后，让女孩学会倾诉。尽管女孩得到了父母的爱，但女孩还是很容易受伤，这和女孩的敏感性是分不开的。

13岁的易槐这几天非常难过，因为她和最好的朋友莫丽因为一点小事闹翻了。原来前几天竞选班干部，易槐给另一个叫凡可的同学投了一票，而莫丽为此

非常生气,因为她一直很讨厌凡可。为此,莫丽对易槐不理不睬,形同陌生人。妈妈看出了易槐的不对劲,安慰了半天,易槐伤心地说自己和莫丽闹翻了。妈妈拍拍易槐的手:"是很让人伤心,你有没有和别的好朋友说起这事?""说过,不过我还是难过。我想不明白,就因为我给凡可投了一票,莫丽就不理我了,她怎么能这么做呢?""易槐,你可以和莫丽好好谈一谈,告诉她,她的行为已经伤害了你。如果她不是有意的,那你就不用这么伤心了;如果她是有意的,那你通过谈话也能把自己的情绪宣泄出去,而不是埋在心里,自怨自艾。"

几天后,易槐放学回家,对妈妈说:"妈妈,我和莫丽谈过了,你知道她说什么吗?""说什么?""她居然说,她就是故意的,还说我不配做她的朋友。"妈妈摇摇头:"易槐,你可以仔细考虑一下,你还要不要和莫丽保持关系?你看她现在这么不尊重你,如果你继续和她交往,以后可能还会发生类似的事,那样一来,你是不是更伤心了?"在妈妈的开导下,易槐开始认真地考虑这段友谊,最后决定不再和莫丽来往,因为她"太小心眼"。

对青春期的女孩来说,感情受到伤害是一件非常痛苦的事。因为女孩还没有成熟的逻辑思维能力,女孩可能无法判断事情的对与错,只是感到委屈、无奈。这个时候,她可能想躲在自己的房间里大哭一场,也可能想跑到没人的地方大声吼叫一气。也有一些女孩还可能出现一些极端的想法,比如希望跑到火星上开始一种没有人知道的生活。

无论如何,这都是女孩在向我们传递一种信号:她受到了伤害。这个时候,我们千万不能嘲笑女孩,而是要鼓励女孩把心事说出来。如果女孩实在不愿意和我们沟通,那么我们也要帮助她找到可以发泄不良情绪的渠道。比如,找朋友谈心,或者写写日记。

教女孩保护好自己的"私密园地"

小燕是一个寄宿制学校的高中生,一切生活问题都要自己处理。周末的一天,她和几个好朋友逛商场,不知不觉她们就来到了女性用品专区。朋友们都仔

第11章 流星花园，帮女孩跨越青春期障碍

细地挑选着卫生用品，而小燕却拿起一包卫生巾看也不看就扔到了购物车里。

同伴看到了小燕的举动大吃一惊，问："你买卫生巾怎么连看也不看一下？"小燕说："有什么好看的，还不是一样的吗？只要能用就行了。"

对一个青春期的女孩来说，这样随便地选用卫生用品的习惯很不好。而像小燕这样的女孩也不是少数。

女孩青春期的卫生保健非常重要，它关系到女孩一生的身体健康。如果不注意保健，轻则会引起乳房发育以及月经方面的病变，重则会影响日后的婚姻生活与生育。

作为父母，要注意这一时期女孩的身体保健，为女孩排忧解难。

首先我们要教女孩学会保持身体的清洁。随着女孩青春期的来临，性器官也逐渐发育，这时妈妈要教女孩细心呵护，保持其卫生清洁。唯有如此，方可一生平安无烦恼。告诉女孩经常注意外生殖器的卫生。女孩外生殖器皱褶较多，很容易藏垢纳污；外阴道口靠近肛门，也容易使阴道污染。所以应经常清洗，洗时注意清洗大小阴唇和阴蒂附近的垢腻，特别是经期，最好早晚各洗一次。

一般来说，淋浴较好，不宜盆浴。让女孩穿宽松易透气的内裤，不穿化纤内裤。化纤内裤不透气，易引起异味或外阴炎、阴道炎。让女孩平时多注意观察白带的颜色、性状、量的多少、气味等。如果白带过多、色黄、有臭味，有可能是性器官炎症引起的；若白带中有血，则阴道或宫颈可能有肿物。

平时让女孩注意腹部是否有包块。若在下腹部发现有包块，可能是卵巢有肿物。

其次我们要让女孩注意经期卫生。月经是子宫内膜在卵巢所分泌的雌、孕激素的直接作用下，增长在先、脱落在后而引起的周期性子宫出血，是下丘脑、垂体、卵巢三者相互调节与制约的结果。月经第一次来潮，称为初潮。初潮年龄一般在13～15岁之间，可因环境、气候、生活条件、营养及全身健康状况的影响而提早或推迟。两次月经相隔的时间，即从月经来潮的第一天起于下次月经来潮的前一天止，称为月经周期，大多为28～30天，正常范围为25～35天。妈妈要教女孩注意观察月经的情况。如果月经过频、量多或淋漓不净，有可能有子宫病

变。正常经血呈暗红色，混有子宫内膜碎片和黏液，偶见小凝血块。经期大多为3~5天，正常范围为2~7天，出血量平均50毫升。行经期间，女孩机体免疫力较差，易于感染疾病，我们要教育女孩注意以下几点：

（1）注意清洁，预防感染。月经垫或卫生巾宜用质地柔软、吸水性能好的材料，以勤换为原则。经期必须保持外阴清洁，清洗外阴用的毛巾不能与洗脚的混用。洗澡时，只能淋浴而不可盆浴，以防脏水进入阴道。此外，大便后，要从前向后揩拭，以防污染阴道。

（2）注意保暖，避免受凉。经期必须注意保暖，尤其是下半身的保暖更为重要。应避免用冷水洗头、洗澡和洗脚或淋雨、涉水。因为，突然或过强的冷刺激有可能使子宫及盆腔内血管痉挛而引起痛经或月经骤停。此外，经期身体抵抗力下降，受凉后易感染疾病。

（3）保持心情舒畅。精神紧张或情绪波动都能影响中枢神经系统的调节功能，从而引起月经失常或加重经期反应。脾气急躁的女孩，更需注意克制，不要过于激动或发怒。

（4）避免剧烈运动。行经期间，女孩参加一般体力劳动或户外活动对身体无害，反而可促进盆腔血液循环，减轻腰腹坠胀感。但是，过重的劳动及剧烈的运动，可使盆腔血流过快，引起经血过多或经期延长。

（5）保证睡眠时间与饮食营养。女孩要避免辛辣食物，多饮开水，多食蔬菜以保持大便通畅，从而减轻盆腔充血。注意劳逸结合，入夜早眠。

再次，我们要让女孩学会乳房保健。乳房发育是女性最显著的第二性征，体现女性的成熟。但青春期女孩大多不习惯也羞于显露自己的健康美。因此，很多女孩往往不愿或不敢挺胸而躬身驼背或穿紧身衣，日久易造成体态姿势不良，穿紧身衣则影响乳房发育，可致乳头内陷。为避免上述问题，当女孩的乳房发育至一定程度（大约16岁）已基本定型时，我们应教育女孩佩戴胸罩以支托乳房，使其不致因本身重量下垂而影响血液循环，有碍继续发育。我们要教女孩要经常做乳房自我检测，同时要至少每年到医院检查一次乳房，如果发现有硬结，应排除乳腺癌的可能。必要时应做活体组织检查。

第11章 流星花园，帮女孩跨越青春期障碍

最后，我们要时刻注意女孩的心理保健卫生。青春发育期间身体生理方面的变化必然引起精神心理方面的反响。对青春期女孩必须着重于正面教育，以免过早恋爱，影响学业；必须适当地传授性知识，以免因好奇、朦胧无知而产生不良后果。青春期少女多有独立意识，希望自主，过多的管教易引起逆反心理。因此，我们要尊重女孩的意见，保护她们的独立意识，当好参谋，但不要一味迁就，要帮助她们提高分析、识别能力，而不强迫命令。

尊重女儿的隐私权

当"隐私权"在成人圈里风行之际，现在的孩子也有了"隐私"。孩子将自己反锁在房间里，门上挂一张"免打扰"字条；孩子呼朋唤友一出门就是一天，甚至夜不归宿；孩子将自己的书橱、写字台全安上锁，将自己的电脑设上密码；家长若问，转头便说：能不能尊重一下别人的"隐私权"。

媒体不止一次地报道：十几岁的孩子"煲电话粥"，一个月的费用上千元；十几岁的孩子在网络游戏里"结婚生子"；十几岁的孩子谈恋爱，致使女孩怀孕。

由此，一系列问题就产生了：孩子阅历尚浅，分辨能力又太差，一味强调孩子的隐私权是否合适？什么属于孩子的"隐私"？假如孩子在父母面前所有"不愿公开的事"都属于"个人隐私"，家长该如何监督？孩子的隐私权与父母的监护权形成矛盾时，究竟应该怎样处理？

一个女孩在给某青少年心理咨询所的信中写道：

老师，我是一名初二学生，我有一个很大的烦恼，那就是妈妈老是私拆我的信件。我有不少朋友，比如小学里的、外面辅导班里认识的、一起排练节目的，等等。平时学习太紧张了，我们就写信联系。可是信一寄到家，我妈妈就要拆开，先看看，然后才肯给我。我说了她好几次，她就是不听。我感到自己已经不再是过去的小孩子了，应当拥有自己的交友隐私，所以我感到妈妈这样做是不

尊重我。那天,妈妈拆看了我的来信后,一边把信扔给我,一边说:"哼,你现在什么也不告诉我了,我看你瞒得了我。"天哪!我有什么东西要瞒着她呀!老师,你说我妈妈这样做,我该怎么办?

这个案例十分典型,很多十四五岁花季的女孩都十分反感父母偷看自己的日记、私拆自己的信件,为此干脆在家中给自己使用的抽屉上锁上了一把锁。父母开始担心:女孩是不是有什么不宜公开的秘密,或者有什么见不得人的事情?其实,这是女孩独立意识和自尊意识的一种体现。"锁",在向我们宣告女孩已长成一个有个人行为秘密的成年女性。这种自尊意识的增强,是女孩走向社会的前奏曲,对处于青春发育期的女孩的身心健康关系重大。

然而,一些父母出于对女孩所谓的关心和爱护,千方百计窥视探测女孩的隐私,一旦有发现便粗暴干预,强迫女孩按照自己设置的理想模式和个人愿望来塑造其人格。殊不知,父母的这种"爱心"严重侵犯了女孩的私人空间,成为阻碍女孩健康成长的绊脚石。人本来就是群居动物,需要社会,需要与人交往。处于"心理断乳期"的青春期女孩,强烈需要有自己成长的空间,希望别人把她当做成人看待。

孩子有了隐私,许多做父母的总是千方百计地去侦察,如翻抽屉看日记、拆信件,甚至打骂训斥。殊不知,这种做法会伤害孩子的自尊心,造成孩子沉重的精神压力,甚至产生敌意和反抗,采取全方位的信息封锁和防备措施,导致父母与孩子关系的恶化。

理智的做法是尊重孩子的隐私权,也就是尊重孩子的人格。给她们一个自由的空间,但并非放任自流,对孩子的隐私要给予充分的关注,积极的引导。

首先,承认女孩也有隐私。所谓隐私就是每个人心中不愿告诉他人的秘密。童年期的女孩思想单纯,行为透明度高。随着年龄的增长,女孩的生活领域开始宽广起来,知识信息种类繁多,情感世界逐渐丰富。与此同时,女孩的自主意识、自尊意识不断增强。于是,女孩原先敞开的心扉便渐渐地关闭,把内心秘密隐藏起来,开始有了自己的隐私。从此,女孩便希望有独立的,受到社会和家庭尊重的人格。世界著名教育家斯特娜夫人说:"自尊心是一个人品德的基础。若

第11章 流星花园，帮女孩跨越青春期障碍

失去了自尊心，一个人的品德就会瓦解。"是的，自尊心，每个人都有。女孩，作为一个独立的个体，同样也具有自己敏感的自尊心。尽管女孩内心世界的秘密有正确的也有错误的，但这毕竟是女孩成长、成熟的表现，是女孩成长过程中的正常现象。因此，我们应承认女孩有隐私权。也就是说，我们要允许女孩"保密"，内心的秘密是每个正常人具备的基本内容，从这个意义上讲，尊重女孩的"隐私"，就是尊重女孩的人格。我们要了解女孩对"受人尊重"的需要，保护女孩的自尊心，尊重女孩的隐私和秘密。

其次，家长主动以平等的态度与女孩子多交谈，谈父母在与她同龄时的一些所思所想、成功和挫折，甚至谈一些当初的隐私，谈自己对事物的看法和想法，倾听和征求孩子的意见和建议，使自己成为孩子可以信赖的朋友。一段时间后，孩子会愿意把自己心中的秘密告诉父母，这样才能了解和掌握孩子的隐私，给予必要的指点和教育。

再次，家长要有的放矢，引导女孩健康成长。尽管女孩的自主意识增强，但正确的人生观尚未形成，是非观念不强，缺乏自我克制的能力。青春期的女孩正值成长的心理危险期，所以在处理诸如学业、情感、人际关系、生活等许多方面，还不可能把握好尺寸。因而，我们在细心观察女孩的思想动态，掌握女孩内心隐秘的同时，要根据其性格、爱好等有针对性地采取措施，培养女孩分辨是非的能力。当女孩有了自己的爱好、理想甚至异性朋友时，更应循循善诱，加以引导，让女孩自己悟出为人处世的真理，提高女孩按规范要求调整自己行为的能力。有了这种自我教育能力，一些隐私中的危险倾向，都有可能自我解决。

最后，家长还要培养孩子的自我教育能力。获取有关孩子隐私的信息，即使有些越轨和不良因素，也不必大惊失色、殴打辱骂，可以与孩子一起讨论理想、事业、道德、人生观、价值观等问题，引导孩子自己悟出为人处世的真理，提高孩子按规范要求调整自己行为的能力。有了这种自我教育能力，一些隐私中的危险倾向，都有可能自我解决。

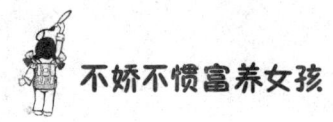
不娇不惯富养女孩

孩子,你真的不需要减肥

15岁的冬灵,听同学说自己胖,就下定决心节食减肥。从家里带到学校的午餐,全部扔掉,只吃水果,晚上回家吃得少,就说中午吃得太饱了。一个多月后,身高160厘米的冬灵体重不到35公斤,瘦成了皮包骨。最初,家里人还以为她学习辛苦。后来,妈妈发现冬灵吃一点东西就会呕吐,才觉得事情严重了,带着冬灵来到了医院。经过诊断,医生发现过度减肥不但使冬灵的肠胃功能紊乱,甚至连内脏器官都变瘦了,肠道壁也变薄了。

其实,冬灵不是不想吃,而是因减肥过度已经发生了神经性抑制反应,根本没办法吃下去。最终,医生不得不把冬灵的病当做精神病来治疗。可见,少女时期的盲目过度减肥所带来的不良后果很可能会造成终生的遗憾。

据报载,一名爱美的女孩为了让自己更苗条些,坚持到一家美容院针灸减肥,正当她陶醉于不到一个月就能减肥15公斤时,她却猝死在银针下。

因减肥而失去健康以至生命者已屡见不鲜,这些减肥的牺牲品多为爱美的年轻女孩。与其说是减肥夺去了这些姑娘的健康与生命,还不如说是无知与盲目让这些女孩走上了不归路。

近些年来,减肥已成为一种不分年龄、不分性别、不分国籍、长盛不衰的"时尚",肥胖者为了健康要减肥,身材苗条的人为了"保持身材"要减肥。爱美之心人皆有之,特别是女孩子们更是不惜一切代价,吃药、节食,甚至用吸脂等有创减肥手术来达到减肥的目的,而不考虑这些方法是否伤害身体。

作为家长,我们要让女孩明白健康是人生的第一要素,拥有一个健康的身体才能成就一生的幸福。

首先,我们要让女孩认识过度减肥的害处。

坦率地说,许多女孩减肥,追求的是"苗条",或者说"美"。其实,肥胖不影响美,减肥与美无关。早先我们常将肥胖称之"福相";鲁迅先生在写给他

第11章 流星花园，帮女孩跨越青春期障碍

朋友的信中也常常使用"你太太近来也丰满了不少"作为赞美语；中国古代四大美人之一的杨贵妃绝对不是一个"苗条"者；世界上也有不少地方反而将肥胖视为"美"。

青春期是女孩长身体、长知识的黄金时期。此时，女孩生长发育的速度很快，器官日趋成熟，因此机体对各种营养物质的需求要比成人高许多，尤其是蛋白质、矿物质以及维生素等。如果此时控制饮食，就会使各种营养物质的摄入量减少，满足不了机体生长发育的需求，机体处于一种饥饿状态，继而影响到各组织器官的发育，从而导致器官功能低下，机体抵抗力下降，容易感染各种疾病。单纯的节食减肥还会造成身体免疫力降低，人会感到疲倦、虚弱和易怒。其实节食只会造成人体失去更多的水分和肌肉组织，减掉的并不是脂肪。青春期的脂肪发育很不稳定，因此不应盲目减肥。脂肪对女孩的身体健康是有益的。

美国哈佛大学爱里希特指出：女孩有无月经初潮和月经是否正常，主要决定于体内脂肪的含量。当女孩体内脂肪少于标准体重的17％时，就会影响性成熟，以致月经初潮延迟或停经。

从医学角度看，豆芽似的身材苗条得不能再苗条，对身体健康的危害比肥胖有过之而无不及。苗条得很的女孩多有自身性激素分泌紊乱，还多少带有营养不良。而由营养不良带来的危害就更大，一些慢性疾病、传染病、智力障碍、体力障碍均与营养不良有关，严重营养不良可置人于死地。减肥的目的并不是为了苗条，为了美，这是不能弄错的。

其次，我们要让女孩正确看待体重的增长。进入青春期以后，身体发育很快，呈现出明显的第二性征，如身高、体重明显增长，女性乳房发育，身体逐渐丰满。要注意的是，这一时期体重的增长，不仅包括脂肪细胞的体积增大，还包括细胞的继续分裂而导致的脂肪细胞数目增加。而增加的这些脂肪细胞将不再消失。所以，这一时期的体重管理对以后的体重有直接的影响。我们要教育女孩正确看待青春期的体重增长。只要体重指数在允许的范围内，都属于健康的，这也是正常的生理特征。

减肥的先决条件是"肥"，不肥而去减肥，犹如没病而去吃药、打针、动手

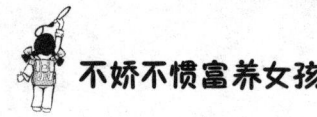

术,会让人怀疑"精神有点毛病"。那么,怎样才算肥呢?世界卫生组织对其的解释是:成年人体重(千克)除以身高(米)的平方得到的商称"体重指数",该指数在18.5~23.9为正常,24~27.9为超重,28以上为肥胖。如果体重指数已超过28,减肥无可非议。超重的身体虽然也需要节制饮食,增加体力活动,减轻体重,但还谈不上"减肥"。从医学角度观察,减肥也有危险,需要谨慎对待。盲目减肥对身体健康造成的危害,也许会比不减肥大得多。

同时,要教育女孩平衡膳食,合理运动,适当控制体重。但是,一定不要盲目减肥,比如不吃主食,只吃蔬菜水果,或采用其他对身体有害的减肥方法,从而影响正常的发育。

最后,我们要引导女孩建立健康的人际关系。青春期处于人生心理的一个转型期,也是人的性格定型的关键时期,而这一时期女孩的心理更是趋于复杂。德国儿童心理学家夏洛特·彪勒称这一时期为"消极反抗期"。而这种反抗倾向,会涉及家人、朋友、老师等,导致人际关系紧张,无形中增加了女孩的心理负担。

对女孩来说,首先是荷尔蒙引起的生理上的变化,比如身体外观的变化、月经的来临等带来了自我感受的困扰。其次,流行文化对于青春期女孩的巨大影响,使得女孩很容易对体重的增加产生情绪化的极端对策。而渐渐苏醒的对异性关注的渴望,与身体的渐渐成熟也使很多正在发育的女孩不知所措。另外,由于两性智力水平发育上的差异,使这一时期的女孩在学习上不再有明显的优势,甚至呈现出弱势。这些变化都给这一时期的女孩造成了一定的压力。青春期是性格和健康身体形成的关键时期。在体重方面,我们应该让女孩了解自然生理变化的必然性,不要为体重的增加而忧心忡忡。

对于女孩子在体重方面产生的心理波动,也不要单纯地认为只是数字变化引起的,它伴随的可能有自信心、两性交往的隐藏问题。我们应当教育女孩学会通过运动和广泛的社会交往等积极的途径缓解压力,多与家人、朋友沟通,建立一个良好的人际关系。其实控制体重最重要的是要建立良好的生活方式,采用科学的健身锻炼和饮食。女孩在青春期时,由于身体的发育,食欲旺盛,尤其喜欢

第11章　流星花园，帮女孩跨越青春期障碍

吃零食。课后几个女生凑在一块儿，买点零食，这对女孩来说无疑是课余最大的乐趣之一。同时，为了缓解各方面的压力，食物往往是女孩发泄的对象，暴饮暴食也是经常的事情。在运动方面，进入青春期后的女孩明显偏好安静。而体重、体型的变化和月经来潮等使女孩更加不爱运动，宁可整天坐在教室，也不愿出去走走，更不用说到操场运动了。因此，我们要引导女孩少吃零食，即使不为以后的身材考虑，从眼前来说，长胖也不是大家所希望看到的。我们也可教女孩把零食换成水果，既满足了嘴巴的需要，又吸收了对身体有益的多种维生素。同时，要让女孩少吃含脂肪多的食物，多吃富含优质蛋白、维生素和矿物质的食物，如鱼、禽、蛋、奶、豆制品、蔬菜、水果等。至于运动的益处，自然不用多说，但大多数女孩很少能坚持规律运动，并长期坚持一项运动。事实上，处于这个阶段的女孩，大都在学校有很好的运动条件。我们可以鼓励女孩利用学校的体育课或其他课余活动时间，进行一些体育锻炼，培养一项或多项运动技能，作为自己一生的体育爱好，这将会使女孩一生受益。

女孩子，"挺"与"不挺"皆正常

13岁的小红近来十分苦恼，因为她发现自己的乳房在一天天的隆起来，常常觉得胸部发胀，在上体育课时，被球撞一下或与伙伴们一起玩耍时，不小心碰一下，竟会疼得叫出声来。由于胸部逐渐隆起，小红不自觉的常常佝起了背，希望能使自己的胸部变化不那么明显和引人注意。

与小红相反的是，16岁的小玉则为自己平坦的胸部苦闷不已。看着同伴那令人骄傲的胸脯，小玉总觉得自己是个"假小子"。

做父母的看着女孩在一天天地长大，从一个懵懂无知的小丫头变成了青春亮丽的少女，她们每天都开开心心。殊不知，一些女孩的内心都会有自己的小秘密，不敢向别人道出。

女孩进入青春发育期，最先发育的是乳房。在体内雌激素的影响下，女孩

乳腺开始发育，这时乳房内除了许多细长的乳腺管不断发育外，还积累了不少脂肪，由于乳腺组织较硬而脂肪组织较柔软，所以乳房日渐隆起，而且富有弹性，成为女性成熟的标志。

但是，乳房发育的情况常常成为女孩青春烦恼之源。正如小红和小玉一样，有的为自己的乳房太大而烦恼，而有的却因为乳房太小而忧愁。

女孩的乳房发育有很大的个体差异。有的女孩才八九岁乳房就开始发育了，而有的女孩要到16岁或更大点乳房才开始发育。乳房发育的速度也因人而异。有些女孩乳房发育开始的晚些，但发育得较快，而有些女孩乳房发育的较早，却发育的较迟缓。

乳房发育较早、较快的女孩常常为此而难为情，设法刻意掩饰自己的胸部突起，走路时低头含胸，或穿紧身衣束胸，结果限制了乳房和胸廓的正常发育。

实质上，乳房发育较早、乳房较大的女孩也是受多种因素影响的，有些女孩较肥胖，就显得乳房更丰满，有些受遗传因素、营养条件、气候等影响发育得较大些，但通常到一定年龄后乳房的发育就会停止。乳房大对身体并无任何不良的影响，也不能反映一个人的思想品德和意识。

也有一些女孩为自己的乳房还没有开始发育或发育得较小而发愁和不安。较敏感的女孩很容易在公共浴室里或在集体活动中发现自己的乳房确不如一些同龄人的乳房丰满，这些女孩可能会怀疑自己的乳房发育是否正常，也可能担心将来是否会影响自己的生育能力。

首先，家长要适时向女孩传播一些这方面的知识，告诉她们只要生殖器官发育及月经均正常，就不会影响成人后的哺乳功能和生育能力。一般来说，乳房开始发育早晚并不影响其今后发育的快慢，也不影响成年后乳房的大小和形状，所以不必为发育晚、小乳房担忧。

当然如果月经初潮后很长时间而乳房还没有开始发育，家长就有必要带女孩到医院检查一下，请医生诊断是属于生理性的，还是病理性的，以便采取对策。

青春发育期的女孩也要学习一些乳房发育和保健的卫生知识，正确对待正常发育过程中的生理现象。为自己乳房大小而担忧的青春发育期的女孩，不应采取

第11章　流星花园，帮女孩跨越青春期障碍

束胸或丰乳的措施，以免影响乳房的正常发育。

其次，家长应保证女孩充足的营养，不提倡孩子盲目地节食减肥。饮食中的蛋白质、维生素及微量元素等物质，可以促进乳房的正常发育，尤其是在青春期时，应摄入足够量的上述营养物质，以保证乳房能发育得完全而漂亮。

有些少女的乳房在发育过程中，会出现左右发育不平衡的现象，往往是一侧稍大，一侧稍小，或一侧稍高，一侧稍低。以生理发育来说，左右乳房对雌激素的反应不一致，腺体增生活跃的一侧乳房就显得大一些。左右乳房大小不一致的现象对以后的生育和性功能并无影响，对身体健康也没有不利之处，到发育成熟时，两个乳房的大小就会一样了。

女孩子更爱追星

1994年一天晚上，还是一名学生的杨某突然梦到一幅刘德华照片，她觉得是缘分，于是开始辍学，"专职"在家迷恋华仔。

2004年，杨某再来港时，走到华仔的住所门外苦候，但最终只能通过声称是华仔邻居的夫妇，将一封信转交偶像。其母陪她来港时跌倒，一直未痊愈，走路得以拐杖辅助。

此后，杨父欲以卖肾的方式圆女儿见刘德华一面的梦，但因年龄问题被医院阻止。

2007年3月25日，杨某参加了刘德华的歌友会，终于与刘德华单独合照，但仍感到不满足，要求签名和单独聊聊，遭到拒绝。随后杨父试图出门拦截刘德华专车，但也被阻止。当时杨父和妻女暂时在通宵快餐店内栖身，他一怒之下留下遗书，跳海自杀。

在我们惊叹世上竟有如此痴迷之人的同时，也要警惕这样的事不要发生在我们的周围。

20世纪末，随着港台风刮进大陆，"追星族"现象开始受到人们的关注。

不娇不惯富养女孩

我们经常看到电视上有这样的镜头：女孩因为见到心中的偶像而激动地掉下眼泪。虽然追星有其合理性，但有些女孩自控力差，追星追到失去理智，变得偏执、疯狂。这样触目惊心的例子屡见不鲜。

2002年，浙江温州一名17岁的初中女生因没钱亲眼见到偶像赵薇而服毒自尽。

2003年6月21日，大连一位16岁的少女自杀，起因是母亲没给她买偶像张国荣的CD碟。

四川一位13岁的女孩在连看8遍《流星花园》后，独自离家出走，下落不明。

追星行为本质上是青少年自我意识、自我理想发展的高级阶段。在孩童时代，一般把父母作为认同的楷模，时时处处以父母为榜样。随着生活领域的扩大，青少年逐渐把学校的师长、同伴中的强者去认同去学习，最后综合多方面的经验，进一步为自己勾画出一个理想的轮廓，希望做一个怎样的人。

由于媒体的大肆宣传炒作，众多明星往往就成了青少年的楷模或偶像，被作为个人追求的目标。然而阅历肤浅的青少年对明星尚缺乏本质的认识，凭着一腔狂热盲目崇拜，并刻意追随和外表的模仿，不惜丢下功课、忘掉学业。甚至有的会像杨某一样，连累了亲人。

面对追星的女孩，我们应该怎么做？

其实，追星也不是完全不好，青少年之所以把明星设为偶像，是明星他们身上有孩子值得借鉴的方面，如果将他们身上一些值得学习的品质用在学习上，这也未尝不是一件好事。

所以，孩子追星不可怕，重要的是她们以什么样的态度去追星。这里，父母的作用就凸显了。

首先，我们不要全盘否决女孩的"偶像"。一位15岁的女孩在网上诉说对母亲的不满：我喜欢一位新加坡男歌星，他的歌声特别美，让我忘掉了所有的烦恼。可是，妈妈却不理解，甚至嘲笑我："喜欢个唱歌的真没出息，还喜欢个男的，真肮脏！"妈妈的话让我难受极了。我只是喜欢听他唱歌，看他纯净的笑

第11章 流星花园，帮女孩跨越青春期障碍

容，怎么就肮脏了？妈妈为什么这么侮辱我，还侮辱我心中的偶像？

从这段话中，我们可以看到对于追星，两代人在观念上的差异。香港城市大学的岳晓东博士对青少年追星有专门的研究。岳博士认为，偶像崇拜是青少年时期的过渡性需求和标志性行为。

青春期的女孩的心理状况往往非常复杂，一方面渴望得到同伴的认可，另一方面需要形成自我确认，而追星恰恰能满足女孩这两方面的心理要求。在一定程度上，追星对于女孩的成长是有意义的，我们要给予理解，没必要把追星当成"十恶不赦"的坏事严加禁止。

其次，父母要清楚，狂热追星不宜放任。虽然追星追到疯狂的例子只是少数，但是我们仍不能忽视沉迷于追星给女孩带来的负面影响。有的女孩为了见到喜欢的明星，不惜旷课、离家出走、骗取父母的钱财。如此追星可能会造成女孩情绪失控、违反纪律、弄虚作假，久而久之发展成为问题学生。

最后，父母要引导女孩理智行事。青春期的女孩需要引导，在追星方面尤其如此。

小桐正在上初中，特别迷恋周笔畅，还在学校里组织"笔迷"团，支持心中的偶像。回到家，小桐还鼓动爸爸妈妈为周笔畅投票。

看着小桐如此疯狂，妈妈有些不解：这么狂热地喜欢明星，是不是有点儿过头了？虽然有很多疑惑，但妈妈并没有对小桐发难。

一天晚上，小桐在看超女比赛，电视里周笔畅正深情地演唱，小桐看得目不转睛。妈妈悄悄地坐到小桐身边，说："我也来看看，我女儿这么喜欢的歌手一定有她的过人之处。"

小桐马上兴奋起来："笔笔的歌唱得一级棒，有一次她唱的歌把评委都感动得哭了。她的粉丝团叫'笔迷'，我是超级笔迷……"

听着小桐滔滔不绝地说，妈妈知道了周笔畅在小桐心中的位置。于是，妈妈认真地听了周笔畅的歌，发现她的唱功很好，感情也很真挚，妈妈也对这个女孩萌发了好感。

周笔畅成了妈妈和小桐经常谈论的话题。她们了解到周笔畅不仅歌唱得

好,而且还精通钢琴、架子鼓、小提琴,字写得也非常漂亮。更让人佩服的是,她高考时的成绩是 681 分,广东省第二名,大三就过了英语六级,是个全方位的才女。

渐渐地,小桐从最初迷恋周笔畅的歌声深入到钦佩周笔畅的多才多艺,而且妈妈发现小桐学习比以前认真了。妈妈还看见小桐常常练习书法,说既然自己那么喜欢笔笔,字不应该写得太差了。妈妈和小桐成了无话不谈的好朋友,谈论的话题从周笔畅开始,逐渐延伸到她成长中的很多方面,她们谈到了理想、未来这些以前从未谈过的话题。妈妈对小桐多了很多了解,小桐也对妈妈多了很多理解。

前段时间,超女来小桐家所在的城市举办演唱会,小桐说想去现场一睹笔笔的风采,妈妈马上答应了。小桐说:"妈妈,我们家并不富裕,不要买那么贵的门票,因为笔笔告诉笔迷:'即使大家买的是 50 块钱的票,我也看得到大家。'"这一刻,妈妈觉得小桐真的长大了。

这位妈妈很了不起,她尊重女孩、理解女孩,在和女孩共同了解偶像的过程中,挖掘了偶像的榜样作用,让偶像的力量激励女孩成长进步。作为父母,完全可以像这位妈妈一样正确引导女孩,让女孩在追星中健康成长。

"早恋"是一朵罂粟花

关于孩子早恋,做父母的是最心焦的了,且看一位母亲的求助:

女儿初三马上要中考了,学习一直也不错,也很听话。可是在上学期我发现了她和同班的一个男生关系密切,当时我就和她们班主任沟通也对她教育了一番,女儿也答应我不在和那个男生来往,可是,可是她没有做到。刚才,她的班主任打电话告诉我,最近的几科测验成绩都退步,老师找她谈话,她坦言他们一直没有断,她忘不掉……天啊,我一直小心翼翼,当我知道这件事以后心里如履薄冰,食不甘味,大道理小道理旁敲侧击又不敢深说,能做的都做

第11章 流星花园，帮女孩跨越青春期障碍

了，我真愁死了！"

是啊，女孩子早恋是一个不容忽视的问题，也是父母非常关注却又很难解决的问题。在青春期时，女孩对情感和异性的依赖性增强，这也是早恋出现的原因之一。由于生理变化导致情绪波动大，在常人看来很小的事情，这些女孩会表现得非常敏感。

恋爱的早晚并没有统一标准，判断是否早恋主要有以下两个方面：

其一是生活上的自立程度。多数少女在生活和经济上完全依赖父母，社会知识贫乏，又处在紧张的学习阶段，如果不用自己的理智对情感加以控制，迫不及待地投入到恋爱之中，就可谓之早恋。这主要是从经济状况和社会职业角度考虑的。其二是恋爱的年龄和法定最低婚龄之间的差距。如果和法定最低婚龄相差很多，就应视为早恋。因为法定最低婚龄是根据青少年的身心发育情况而制定的。

处于高中或高中以下的少女心理尚未成熟，经济没有独立，生活还不能完全自立，年龄距法定最低婚龄远，身心正处于发育阶段，因此，若此时涉足爱河，即属早恋，将出现很多问题。

（1）影响学习，磨灭理想。少女时期，朝气蓬勃，思想活跃，记忆力强，正是学习各种知识技能、磨炼意志、塑造美好心灵的大好时机。如果此时被恋爱问题纠缠，必定分散精力，浪费时光，这无疑是置一生远大前途于不顾。这种所谓的爱情，极可能葬送自己的前途，以至追悔莫及。

（2）不利于少女心理成长。少女早恋，自知要受到父母、长辈的反对和责备，行动必定躲躲藏藏，长此下去，势必影响与同学、父母的关系。由于思想负担重，影响正常的心理发展，甚至导致性格的改变，变得孤僻、冷淡，对健康成长极为不利。

（3）轻浮、草率对待恋爱。少女由于涉世不深，生活经验欠缺，对社会了解不足，感情胜过理智，往往凭一时冲动与异性建立恋爱关系。随着心理的成熟，生活阅历的增加，可能对对方产生不满，进而冷却或中断恋爱关系。这样会引起少女的失望情绪，使之消沉，甚至产生心理障碍，从而影响少女精神世界的健康发展。

（4）出现过火行为，引发犯罪。青少年早恋，多因感情冲动和对异性的神秘感，理智防线十分脆弱，往往容易出现过火行为，甚至造成不可弥补的损失，带来心灵的创伤。如果同时受到黄色书刊或教唆犯的引诱，就可能走向道德的败坏或违法犯罪。

正因为这样，面对早恋的女孩，我们教育时要特别耐心细腻，千万不能打骂不休，以免出现意外。

首先，父母要让女孩感受到足够的爱与关心。

16岁的优优正在一所重点中学读高二，学习成绩在班里也是数一数二的。可不久前，爸爸妈妈发现她居然逃学了。从老师那里才知道优优和班上的一个男生相约去北京玩了。

3天后，优优才回到了家。回家后，爸爸第一次动手打了她，希望她能吸取教训。没想到，优优虽然意识到自己错了，也和那个男生提出了分手，可她已经没有心思学习，最后竟选择了休学。为了让优优重返校园，爸爸妈妈向心理专家求助。在专家的耐心讲解下，爸爸妈妈才明白，优优找男朋友的原因是因为"他能为自己带来快乐"，还表示自己"和爸爸妈妈很少沟通，甚至也不想和他们沟通"。这个时候，爸爸妈妈才发现这么长时间以来，她们一直看重优优的学习问题，反而忽略了亲子关系与情感的培养。

事实上，很多女孩早恋都是为了得到友情或关怀。她们找男朋友，其实是她没办法与父母交流自己的痛苦或压力，需要向另外一个人去宣泄。那么，这个人实际上是在补偿父母的部分功能。正如案例中的优优，父母做不到的，实际上是这个男孩子在替她做，给她一点安慰、一点快乐、一些放松来释放压力。

对女孩来说，我们要让女孩感受到家庭的爱，这是最重要的。当然，这不是说作为父母要整天说"我爱你，我喜欢你"。父母对女孩的爱，需要从小建立。如果我们从小就把女孩交给长辈带，那就是不正确的抚养方式，不利于与女孩建立亲密关系，更不利于教育女孩。在女孩进入青春期后，我们更要主动了解与把握女孩内心的感受，从生活上、情感上多加关心，让她在以后的亲密关系里如鱼得水。

第11章 流星花园,帮女孩跨越青春期障碍

其次,爸爸要承担起责任。其实,女孩最初对于异性的看法来自于爸爸。爸爸要教育女孩如何看待对女孩的好感,告诉女孩如何对待来自男同学的"表示"。

一般来说,女孩的早恋与父亲有很大关系。对女孩来说,如果小时候跟爸爸的关系特别好,在早年对爸爸就形成了一种依恋,那么在她的成长过程中,很可能与爸爸无话不谈,有什么想法都会与爸爸分享,爸爸也完全能够理解她。对爸爸来说,如果在5岁前没有与女孩形成这种亲密感、信赖感的话,爸爸往往会在一个所谓正确教导女孩的面具下,把女孩推得很远。女孩感觉不到爸爸的爱,彼此就会有距离,从而缺乏信任。

现在很多家庭,爸爸不管女孩的教育问题。但是,到了青春期,爸爸一定要经常跟女孩沟通。女孩对异性的价值判断,往往是从认识爸爸开始的。爸爸务必以身作则,并教给女孩一些与异性交往的技巧。事实上,那些与爸爸关系好的女孩,在她青春懵懂的时候,会无意识地把爸爸的一些价值观内化在自己心里。比如,爸爸说女孩早谈恋爱会伤害自己或影响学习,女孩自然而然会把爸爸的这种价值观内化过来,早恋的危险性就会相对减小,甚至化解。

再次,父母要利用情景向女孩渗透观点。我们可以充分利用电视、报刊及生活中的情景,自然、恰当地进行教育,也可通过讲述发生在朋友或同事孩子身上的故事影响女孩。这就是说,遇到这样的问题时,不要正面向女孩发难,而要旁敲侧击,利用各种情景向女孩渗透正确的观点,从而让女孩意识到早恋的不成熟之处。

小曼读初三,老喜欢跟成绩差的同学交往,还经常躲在屋里不停地发短信、上网,这让爸爸妈妈很担心。爸爸和妈妈商量了很久,决定采取别的方式来提醒小曼。一月一次的家长会又到了,开完会回到家里,爸爸用轻松的口气对小曼说:"你们老师说班里有人谈恋爱,真的吗?"小曼说:"哦,艳艳就和隔壁班的一个男生谈着呢,那男生长得还挺帅。"

"是吗?多长时间了?""没多久吧,一个月吧。"爸爸一听,笑了:"那估计也长不了。你们现在还小,随着年龄和阅历的增长,以后对异性的要求和现

在肯定不一样。要是现在就锁定目标了,那不等于限制了自己的视野了。"小曼听了,若有所思。

此后,爸爸在看报纸和电视时,遇到这样的情节,也会拿出来和小曼交流。慢慢的,爸爸注意到小曼不再像以前总把自己关在房间里做"小动作"了。

有一次,爸爸随口问起艳艳的事,小曼说早就分了,艳艳觉得那个男生太没长进了。末了,小曼还说了句:"爸爸,你说对了,人是会变的。"

此外,我们也可以写一封信给女孩,让女孩明白早恋的坏处,并让女孩学会自我保护。或者,我们可以上教育网站下载一些类似的案例给女孩看,那样更容易触动女孩的心。书面语言能让女孩反复体味,供女孩思考、记忆,常常成为面谈的补充、修正,也可增加当面难以启齿的内容。

最后,父母要采用多种方式来关心女孩。青春期男性和女性的生理变化、生殖器官构造和卫生保健,一般父母难以启齿。我们可以买些适合青少年阅读的青春期科普读物,放在桌上让女孩自己看,告诉女孩一些安全知识,保护自己。我们可鼓励女孩学摄影、绘画、弹琴等,让女孩的注意力、兴奋点转移,为女孩充沛的精力找到用武之地。此外,为人父母要有健康的生活态度。如果大人在私生活上表现得很随便,口无遮拦,说些粗俗低级的话,会对女孩起到负面影响。

教会女孩防止性骚扰

初夏的一个早晨,小琳照常乘公共汽车上学,乘车的人特别多,上车时有个身材高大的中年男子从她身后将她推上车,因为人多车挤,她稀里糊涂就上了车,根本就没想到这个男人有何企图。可是这个年纪和自己父亲差不多大的男子却趁机紧贴着小琳的身体,小琳又惊又怕,想往旁边让一下都没地方让,只好忍气吞声。

见小琳没有反对,那人又用手摸了她几下。小琳忍无可忍,鼓足勇气大叫一声:"你想干什么?!把你的手管好!"那人也许没想到柔弱的小琳还敢来这一

第11章 流星花园，帮女孩跨越青春期障碍

手，居然颤抖了一下，随后在一个车站灰溜溜地下了车。

一般认为，只要是一方通过语言的或形体的有关性内容的侵犯或暗示，从而给另一方造成心理上的反感、压抑和恐慌的，都可构成性骚扰。由于两性的社会地位和角色不同，相对而言，性骚扰的对象常以女性为多。它是危害女生身心健康的主要问题之一。因此，女生了解一些性骚扰的基本情况、掌握一些基本对付方法，是非常必要的。

女生容易遭受性骚扰侵害的时间和场所是：

（1）虽然一年四季都可能遭受性骚扰性侵害，但发案高峰则是在6～10月，而这期间尤以7～9月发案最为突出。夏天女生夜生活时间延长，外出机会增多。气温比较高，女生衣着单薄、裸露部分较多，因而对异性的刺激增多。

（2）夜间，是女生容易遭受性骚扰的时间。这是因为，夜间光线暗，犯罪分子作案时不容易被人发现。

（3）公共场所和僻静处所。公共场所如教室、礼堂、舞池、溜冰场、游泳池、车站、码头、影院、宿舍、实验室等场所人多拥挤时，不法分子趁机袭击女生；僻静之处如公园假山、树林深处、夹道小巷、楼顶晒台、没有路灯的街道楼边、尚未交付使用的新建筑物内、下班后的电梯内、无人居住的小屋、陋室、茅棚等。

现在，我们再教女孩几招防范性骚扰的措施：

（1）树立自尊自强意识。在工作、学习和生活环境中，树立自己良好的形象，创造较好的人际关系，善于与他人合作，善于鉴别他人言行，使周围的人不会认为你是弱者。

（2）当发觉对方有性骚扰的企图时，要把自己的拒绝态度表示得明确而坚定，不可有丝毫犹豫不决。对于异性的不礼貌、不尊重，不可姑息和马虎，应坚决拒绝不适当的交往方式，不可过分顾及面子。要告诉对方，你对他的言行感到非常厌恶。并告诫他，若一意孤行，必将会产生严重后果。立即离开他，以免自己陷入无保护的境地。

（3）对那些总是探询你的隐私，奉承讨好你，以及对你的目光和举止有异

常表现的异性,应特别警惕,尽量避免与其单独相处。少女应明确自己的社会角色、工作角色,不能与个人"私情"相混淆。

(4)单身一人尽量不要在夜间外出;不要在行人稀少的小路上行走;不要与陌生男性同行,若有陌生男性搭话,不要理睬他;如发现有人不怀好意地尾随时,要注意与其保持一定的距离,实在摆脱不掉时,应在行人较多的地方请他人(巡警)帮助。与熟识的男人结伴行走,发现其有挑逗轻浮言行,要及时斥责与摆脱。

(5)夏天去公共场所或有男性混杂的相对封闭的环境,或需夜间行走时,最好不要穿薄、透、露的服装和裙子。此外,不要搭陌生男人的车辆,不要到公园的树丛、假山等僻静处复习功课和玩耍。

(6)万一遭遇性骚扰,应大声呼救,也可机智周旋;记住对方的特征,如方言、容貌、个头等,设法留下证据。可把他咬伤、抓伤、打伤,或脱掉他的下颌骨、损坏他的阴囊等;若一旦被人(其中包括家庭成员和熟人)猥亵,应及时告诉母亲或其他家长,及时向有关部门告发,并尽快去医院检查,以防内伤、怀孕、传性病等。还应进行心理治疗,医治精神创伤。

特别要提醒女孩们,要学会用法律保护自己。对于那些失去理智、纠缠不清的无赖或违法犯罪分子,女生千万不要惧怕他们的要挟和讹诈,也不要怕他们打击报复。要大胆揭发其阴谋或罪行,及时向领导或老师报告,学会依靠组织和运用法律武器保护自己。千万注意不能"私了","私了"的结果常会使犯罪分子得寸进尺、没完没了。

教女孩学会正确上网

16岁的张雅是一个高中生,在学习之余,很喜欢网上聊天。有一次,她认识了一个叫"纯真的心"的网友,两个人相谈甚欢,好像很久之前就认识了一样。交往了一段时间之后,"纯真的心"想知道张雅的电话,张雅没有告诉他。但是，那个人很能磨，最后，张雅把自己家的电话给了他。

有一天，张雅的爸爸接到一个电话，对方说张雅已经被他绑架了，想要赎人的话就马上往一个账号里汇5万元钱。

张雅的爸爸大吃一惊，急忙给张雅的学校打电话询问她的情况。但是，学校的老师却告诉张雅的爸爸，张雅正在班里上课，哪有什么绑架的事……

网络世界，无奇不有；网络安全问题，层出不穷。

网络时代的到来，让人们的学习、生活和工作都离不开网络。网络给我们带来的便捷、及时和高效是有目共睹的。而网络对青春期女孩的伤害也是有目共睹的，如浏览黄色网站、"网聊"见网友引发刑事案件、沉迷于玩网络游戏而荒废学业，甚至过度紧张而猝死等事件频频发生。对此，父母们忧心忡忡，"谈网色变"，有的采取强制手段，不让女孩上网。

然而，青春期的女孩叛逆心强，父母越是禁止做什么，女孩越想做什么。如此一来，"网络"就真的成了众矢之的了。其实，网络也并不是绝对的"糖衣炮弹"或"精神鸦片"，就看我们如何引导，让女孩学会正确上网，用好网络这个工具。

（1）家长让女孩尽量在家中上网，电脑最好摆在客厅里。这是健康上网的最重要的经验，无论女孩拿什么借口要求把电脑摆进卧室，都不要答应。放在客厅里面，女孩上网的一些不健康的潜意识都会自动收敛。

（2）家长应该让女孩有计划地上网。网络是个大千世界，漫无目的地浏览网页非常容易在不知不觉间浪费了大把时间。所以，我们应该要求女孩在上网前明确自己要干什么，比如查找学习资料、发邮件、看新闻报道等，哪怕就是为了玩游戏，也要明确一下自己要玩多长时间。

（3）家长应该引导女孩上网。静静的爸爸很喜欢上网，常和朋友一起在网上聊天、游戏，看一些文学作品，特别喜欢在网上看新闻。静静耳闻目睹，也喜欢上网。最初，静静总想玩游戏。爸爸不动声色，既没有禁止她玩电脑，也没有像有的家长那样限制她上网的时间，而是想方设法对她的兴趣进行巧妙地转移。

爸爸给静静找了一些儿童网站和动画片荟萃的"卡秀"。静静很快成为"丫

丫"社区的小明星，很受叔叔阿姨的喜欢，交到了许多好朋友。经过一段时间的锻炼，静静也给自己的QQ做了一个漂亮的空间。慢慢地，她上网时再也不玩那些无聊的游戏了。

静静喜欢阅读，有时爸爸帮她把平时的一些趣事放到博客上，配上活泼的生活照片，有不少网友看了之后都会写下赞美的语言。对此，静静越来越开心，主动要求学习使用博客。因为网络，爸爸和静静的心灵更加贴近，感情更加亲密。现在，爸爸基本上不用担心静静迷恋于电脑游戏。

（4）指导女孩上网聊天。网络聊天的自由随意和网络语言特有的魅力，是吸引女孩的主要原因。面对网络聊天，有的成人都无法自持，何况青春期的女孩。

因此，我们首先要在自我节制的前提下，对女孩进行一定的引导。比如，可以让女孩和网友制定一个明确的谈话主题，选择情趣相投的聊天对象；还可以指导女孩用外语聊天，在轻松的氛围中提高外语水平。另外，和女孩一起参与专家聊天室也是一个不错的办法。现在很多网站都会有计划地邀请专家、学者或知名人士做客聊天室，这种聊天一般都会就某个领域的某个话题深入交流，既解决问题，又增长见识。

（5）让女孩注意保护隐私。社会很复杂，网上的人群更是良莠难辨，很多人通过网络骗财骗色。我们不能让女孩抱着"这种事情怎么会发生在我头上"的侥幸心理。如果女孩疏忽大意，那么这种事怎么就不可能发生在女孩头上呢？所以，我们要教育女孩一方面不要轻信别人的话，一方面要注意保护个人隐私。在女孩上网时，我们要告诉女孩不要告诉别人诸如家庭地址、电话、学校和班级、家庭经济状况、父母姓名、职业等个人信息，这些都有可能被对方利用来做坏事。如果女孩已经给出这些信息，那么一定要告知父母，以防万一。

（6）让女孩慎见网友。近年来，因为女孩私见网友而发生各种悲剧的例子层出不穷。因此，我们应当要求女孩尽量不要见网友，尤其是下面几种情况下一定不要见网友：当女孩单独在家时，网友欲来访问；异性网友约女孩去他的住处或人很少的地方；网友请求经济援助。此外，无论什么情况，第一次见网友时，

要有朋友或家人陪同为宜。

（7）保护好自己的上网信息。我们要让女孩保护好自己的密码，不要把自己在网络上使用的名称、密码（比如上网的密码和电子邮箱的密码）告诉网友，也不要告诉身边的人。否则，别人就可以利用女孩在网上的信息和身份做很多事。所以，要让女孩记住，不论别人用什么方式来问你的密码，你都不要告诉他。如果女孩在学校、公共场所上网，那么上网后要记住关闭浏览器。因为，有些个人信息会保留在计算机里，所以离开时一定把浏览器关上。此外，还要让女孩注意不要打开陌生的邮件，不随便下载软件，定期升级杀毒软件和杀毒。

（8）上网之余，丰富女孩的生活。许多父母怕女孩长时间的操作电脑影响身体健康，以家长的威严、命令式的口吻，强迫女孩关掉电源，离开电脑。其实，我们可以从电脑的辐射对人身体的危害、电脑显示屏对视力有较大损害等多方面与女孩交流，使女孩认识到电脑的利弊，有效引导女孩上网。因此，我们可以带女孩去打乒乓球、外出游玩等，这些活动可以是固定的也可以是随机的，还可以"见缝插针"。我们还可以培养女孩看书、画画、写日记等兴趣，或鼓励女孩参加一些适宜的社会活动或公益劳动。这样，女孩的业余生活就过得充实而快乐，健康的爱好也在不知不觉间培养起来，并且女孩的心情能够得到调节，视野也会更加开阔。

女孩要知道的安全知识

这是一个广阔的世界，自然免不了良莠不齐、杂草丛生。据报道，一名24岁的拾荒男子，用给食物、饮料等方法强奸了多名9岁、13岁、14岁的女孩。案发后，犯罪嫌疑人被绳之以法，警方提醒女孩的父母要监护好自己的孩子。其实，类似的报道层出不穷，都有一个共同的关键词：陌生人。

19岁的心兰是一名大学新生。课余时间，她经常做家教。那时，她的学生

不娇不惯富养女孩

是一个15岁的初中生,看样子显得文静而儒雅。在家教过程中,心兰也发现这个学生很认真,也很喜欢提问题,这使得心兰对他喜爱有加。上过几堂课后,两个人比较熟悉了。

有一天,心兰正在给他讲关于现在进行时的用法的时候,觉得有点口渴,就问学生有没有纸杯。学生很热情地从厨房给她拿了一听百事可乐,还帮她揭开了盖子。等心兰喝完可乐,想继续讲课时,发现这个学生的表情非常怪异。过了一会,心兰感觉眼皮发紧。她揉了揉眼睛,以为是眼睛太累了,站起来想去包里找眼药水。但她刚站起来,就觉得脑袋里嗡嗡作响,眼前一片昏花。这时,隐隐约约地,她感觉有人从身后搂住了她,还伸出一只手在她胸前乱摸。心兰这时有些明白了,一定是这个学生在捣鬼,就拼命挣扎,把胳膊也划了一个口子,脑袋一下就清醒过来了。她用尽力气挣脱了学生的手,跌跌撞撞地向门口跑去,拧开门,冲出了屋子,歪歪斜斜地冲进了电梯,就什么也不知道了……

醒来时,心兰发现自己已经在医院了。原来,那幢楼的保安发现了她,把她送了过来。因为她脸上和胳膊上有很多血,保安还报了案。见她醒来,警察问她是不是遇到了强奸犯,因为医生检查后,没有发现被强暴的迹象,但她的血样里有明显的安定剂成分。

我们很难想象,一个19岁的女大学生竟然被一个初中的孩子下药,然而这又是事实。案例中的心兰,显然没有足够的戒备心和防范意识,差一点遭到不幸。这就提醒我们,一定要教育女孩提防陌生人,"害人之心不可有,防人之心不可无"。

家长们要教女孩学会明辨是非善恶,更要把我们的经验告诉女孩。正所谓"知人知面不知心",即便是成人,面对我们十分熟悉的人,也免不了上当受骗,何况是还未成年的女孩呢?当然,这并不是我们要把女孩装在"保护套"里,不让女孩接近任何人。这样做,实际上是剥夺了女孩自我保护能力的锻炼机会。那么,我们应该怎么做呢?

(1)告诫女孩穿着打扮不要太张扬。自己或亲友赠送的贵重物品不要经常带在身上;花钱不要大手大脚、穿着打扮不要追求名牌,炫耀自己家富有;女生

第11章 流星花园,帮女孩跨越青春期障碍

要举止端庄得体,衣着不可暴露,切忌轻浮张扬。

(2)让女孩对陌生人有戒备意识。我们要教育女孩,不要占别人便宜,不要和陌生的大哥哥、叔叔、伯伯说话,不能吃人家东西,更不能无缘无故地接受别人的礼物。

要让小女孩记住,只能吃爸爸妈妈、爷爷奶奶、姥姥姥爷买的东西,不要随便吃别人的东西。在女孩长大后,我们要告诉女孩在外不可随便食用陌生人给的饮料或者食品,谨防里边有麻醉药物。

此外,我们要避免让女孩单独和陌生男子在家里或者是偏僻、封闭的环境中会面,尤其是到男子的家里去。在这一点上,尤其要注意不能让女孩单独到男老师的家中去。女孩独自在家时,要注意关好门窗,拒绝陌生人进屋。

(3)告诉女孩外出时要走安全路线。女孩外出时,告诉她尽量在安全的路线上行走,避开荒僻和陌生的地方。在行走时,注意周围动静,轻易不要和陌生人搭话。如果有人盯梢或者纠缠,尽快向人多处靠近,必要时可呼救。如果女孩晚上必须外出,那么我们应当让女孩与别人结伴而行,以免引起不良之徒的注意。

(4)教会女孩设立警戒线。这些警戒线包括:当有人要求你脱衣服的时候;当有人给你看色情录像和书刊图片的时候;当有人要跟你做让你觉得好笑和奇怪的"游戏"的时候;当有人要带你单独外出或回家,并且不让你告诉爸爸妈妈的时候。这样的警戒线还有很多。我们要教会女孩及时说不,学会防卫,防备任何人对自己身体的侵害。

女孩经常会有遭到性侵害的可能。据调查,在强奸案中,侵害对象主要是25岁以下的女性,而14岁以下的女孩也占了相当的比例。

据报道,在美国至少有25%的女孩在16岁前受过性骚扰,其他西方国家报道的发生率也与此大体相似。近年来,我国青少年中性冒险行为也逐渐增多,少女怀孕以及感染性病、艾滋病的事例屡见不鲜。这是一个混乱的信息时代,在这样的时代里,女孩应该怎么做呢?我们的一个重要责任就是:要教会女孩设立警戒线,在必要的情况下说"不"。

不娇不惯富养女孩

同时,面对不良的性诱惑,我们要教会女孩学会拒绝,并且是理智地拒绝;面对不良的性误导,我们要教会女孩懂得辨别。当女孩一天天长大成人时,对自我的性冲动,我们要教会女孩学会抑制,以免"一失足成千古恨"。我们要让女孩记住,人对自己的性行为是要负责任的,要受道德与法律的约束。在遭遇性侵害后,要让女孩及时向爸爸妈妈求助,千万不要做"沉默的羔羊",以免招来更大的不幸。

第12章
合理饮食,让女孩身体更健康

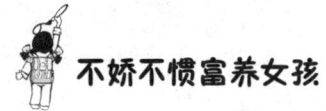
不娇不惯富养女孩

让女孩每天必吃阳光早餐

小东父母上班的时间比较早,所以,他们就给小东一些钱让她自己买早点吃。最近,小东迷上了连环画,可是自己手里的零花钱不多,买了几本就没了。后来,她想到了一个方法:把早餐取消,反正吃不吃都无所谓,这样,就可以用省下的钱去上网了。

事实上,像小东这样不吃早餐的现象很普遍。全国少工委、中国学生营养促进会日前在北京开展了对中小学生早餐状况的调查,结果显示,只有57.1%的孩子吃早餐。4成学生认为吃不吃早餐根本无所谓。有的孩子是怕肥胖,为了控制体重而不吃早餐,这类学生在调查对象中所占比例最高,达到了23.2%。还有一些学生说,不吃早餐是为了省钱。有18.4%的被调查学生说,不吃早餐,是想省下钱来玩电脑、上网或买想要的东西。

早餐是早上起床后结束饥饿状态的第一次正式用餐,早餐摄入的营养不足很难在其他餐次中得到补充,不吃早餐或早餐质量不好是引起全天的能量和营养素摄入不足的主要原因之一。严重时还会造成营养缺乏症如营养不良、缺铁性贫血等。青少年长期不吃早餐,不仅影响全天能量和营养素的摄入,会影响营养状况和生长发育,而且对我们的认知能力和学习成绩也有影响。

早晨起床后,人体已有10多个小时没有进餐,胃处于空虚状态,此时血糖水平也降到了进食水平。开始活动后,大脑与肌肉消耗糖(即血糖),于是血糖水平会继续下降。这时如果还不进餐或进食低质早餐,体内就没有足够的血糖可供消耗,人体会感到倦怠、疲劳、暴躁、易怒,反应迟钝。

并且,在睡眠中,我们的胃仍在分泌少量胃酸,如果不吃早餐,胃酸没有食品去中和,就会刺激胃黏膜,导致胃部不适,久而久之则可能引起胃炎、溃疡

病。不吃早餐，人体只得动用体内贮存的糖原和蛋白质，久而久之，会导致皮肤干燥、起皱和贫血等，加速人体的衰老。

因此，早餐并非是可吃可不吃的，它是良好饮食习惯必要和重要的组成部分。不仅要提倡早餐，而且要保证高质量的早餐。父母应该让孩子有规律地吃早餐，为他一天的学习和活动打下充实的营养和能量基础。

那么，什么样的早餐是最合理的？

科学膳食指南要求，早餐中能量、蛋白质、维生素及矿物质等营养素应该达到推荐的每天膳食中营养素供给量的25%，早餐中来自脂肪的能量不应超过该餐膳食提供能量的30%，来自饱和脂肪的能量应低于该餐膳食能量的10%，碳水化合物提供的能量应超过该餐膳食能量的55%，而其中的胆固醇不应超过75毫克，钠盐不应超过600毫克等。

合理的早餐是一杯牛奶、适量的新鲜水果或蔬菜、100克干点（面包、馒头、大饼或饼干等含碳水化合物较高的食品）。这份早餐所含的热量能够充分满足青少年脑力活动与体力活动的需要。

一般认为，早餐所供热量占全日膳食总热量的25%～30%，午餐占40%，晚餐占30%～35%。目前我国大多数人膳食总热量的70%来自含糖多的粮食，所以早餐吃米饭、馒头、面包之类即可。有条件的增添牛奶、鸡蛋之类的高蛋白质食物更好。为了保证早晨有良好的食欲，要适当变换早餐的花样和口味，还要让孩子养成早晨"早起、通便、运动"的好习惯，以增进消化系统的功能。

女孩更应该合理膳食

正在高一年级上学的嘉嘉从小学开始座位就一直在前几排，眼看自己的身高和其他同学越差越多，她不禁气呼呼地向妈妈抱怨："妈！都是你，把我生得这么矮。""别瞎说，你看咱家有一个矮的吗？我平时叫你注意饮食，多喝牛奶，不要吃那些没用的东西，你什么时候听话了？"妈妈没好气地回答她。

确实如此，既然父母个子都不矮，嘉嘉也没有生过病，那么，她的矮小就跟饮食有很大的关系了。

一般正常的人在青春发育之前，一年应长高5～6厘米，如果一年的生长速度低于4厘米的就属于生长缓慢了。青春期是人生突发生长时期，女孩一般在10～12岁，到17岁时即停止增长；男孩在12～14岁，但持续增长的时间较长，可延续到20岁左右。

由此可以说，除家族性（与遗传因素有关的）和疾病所致的身材矮小外，其他类矮小身材中，最多见的是直接或间接由于生长激素缺乏所致。营养障碍，如缺锌、缺碘、缺钙、缺铁等所造成的"缺锌性侏儒症"、克丁病样矮小症、钙缺乏综合征等引起的身材矮小者更多。

人所需要的一切营养素均来自食物。科学研究发现，合理的膳食结构对身高有十分重要的促进使用。也可以说，食疗增高是可以达到目的的。

（1）膳食要平衡。食品数量要充足，谷、肉、果、菜都要吃，食物多样化，粗细兼备，荤素搭配，相互取长补短。

（2）蔬菜、瓜果要新鲜。新鲜蔬菜如白菜、番茄、胡萝卜、黄瓜、青椒、葱及新鲜水果如橘子、苹果、梨、葡萄、香蕉、桃、西瓜等含有对人体增高十分重要的维生素，所以尽量保证每天都能得到供给。

（3）水分供应要充足。水分可以促进新陈代谢，可以使体毒素易于排出，有助于生长发育。每天饮水需1 000～2 000毫升，可以采取清晨喝温开水、早餐喝豆浆、午餐喝菜汤、睡觉前喝牛奶、运动前喝淡盐水、酷夏喝热茶等方式饮水。

（4）蛋白质必不可少。女孩发育期对蛋白质的需求量比成人高得多，如供给不足便会影响身高增长。食物以畜瘦肉、鱼虾肉、禽蛋类、乳类、豆类及其制品含蛋白质丰富，所以这些食物每餐都不要缺少。此外，胶原蛋白和粘蛋白是构成骨骼的有机成分，食物中肉皮、猪蹄、鸡、鱼、甲鱼等均富含胶原蛋白和粘蛋白，我们一定要及时补充。

（5）补钙要适当。调查显示，补钙者比不补钙者个子高得多。如果膳食中不能经常摄取生理所需钙量，而血钙和软组织中的钙量不足，就必须向骨骼取

第12章 合理饮食，让女孩身体更健康

钙，而骨骼中缺钙，其结果会导致骨质疏松、椎骨变形、脊柱弯曲，从而使身体变矮。含钙较多的食物有牛奶、奶制品、鸡蛋、鱼类、贝类、豆腐及豆类、芝麻酱、南瓜子等。此外，这些食物中还含有维生素 D、维生素C、乳糖的食物，有助于钙的吸收利用。

（6）铁、锌作用大。如果食物中供给的铁不足，必然使血红蛋白合成受阻，而引起很多器官和组织的生理功能异常，生长发育、智力发育、免疫功能、细胞代谢等均会受到影响。日常食谱中，动物肝脏和其他内脏、红肉类（指牛肉、羊肉等）、蛋黄、鱼以及豆类含铁量都非常高，且较易被人体吸收，所以要多吃。以外，锌与性腺以及促性腺激素的分泌等有关，对青少年的生长、发育以及智力的影响都很大。因此，含锌丰富的食物如牡蛎、动物肝脏等应经常供给。

（7）不饱和脂肪酸不可缺。不饱和脂肪酸是人体胆固醇的主要来源，是制造体内固醇类激素，如性激素、肾上腺激素、维生素D3等的必需物质。富含不饱和脂肪酸的食品有植物油脂，其中粟米油、豆油等含量尤为丰富，鱼油、瘦肉、鱼类亦应经常食用。

目前有些父母为急求孩子长得快、长得聪明，常受到一些广告宣传的影响，给孩子买了大量的高档补品，常年供给，而基本的营养素则缺乏，造成营养品失调症，更为可怕的是大多数高档补品、饮料含有不同程度的激素类成分，常会导致发胖、性发育异常甚至诱发高血压等。此举无异于拔苗助长，事与愿违，后果不堪设想。

不要让女孩吃坏了身体

随着我们生活水平的提高，饮食上也越来越丰富，于是一些家长想方设法让孩子吃好，泡泡糖、爆米花、糖果、冷饮、果冻、方便面、可乐饮料、火烤羊肉串等，只要是孩子愿意吃的，就让他吃个够。然而，这样做的结果却是，孩子的健康不但没有保证，相反，各种各样的异常状况却向我们的孩子袭来：肥胖、近视、早熟……

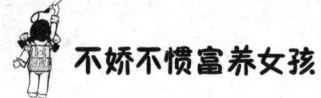

现在，我们就来认识一下，饮食不当都给我们的孩子带来了哪些身体异常状况。

（1）不当饮食惹祸之肥胖。5岁的童童原本不是一个胖孩子，上了幼儿园以后，因为是全托，妈妈总担心没人照顾她吃饭，营养会跟不上。于是，在家里，天天将鸡、鸭、鱼肉往童童的嘴里塞，还把大量的零食堆在童童的面前任她吃。后来，妈妈又担心童童吃得多会消化不良，每顿饭后都喂她"健胃消食片"。就这样童童的胃口越来越大，并开始胖起来，动作也没有原来那么灵巧了，和小朋友一起玩耍时经常遭到嘲笑，被小朋友们称为"小肥肥"。

儿童肥胖和成人的肥胖一样，都是由于能量摄入长期超过人体的消耗，使体内脂肪过度积聚、体重超过一定范围的一种营养障碍性疾病。因此，饮食有规律，少肉多菜才能减少儿童肥胖的发生。

（2）不当饮食惹祸之近视。8岁的晓平一直喜欢吃甜食，冷饮、冰淇淋、巧克力、糖果等都是她的最爱，就连平时喝水也喜欢加点糖。小家伙长得胖乎乎，去年查出近视100度，因此佩戴了眼镜，不料今年近视达250度。

一般而言，近视一年增幅为50～75度，晓平的近视度数大幅增加，与她过量食用甜食有关。甜食是视力的杀手，长期嗜好甜食更易使近视的度数越来越深。

（3）不当饮食惹祸之早熟。洋洋刚刚5岁，长得活泼可爱，但是稍显不足的是身体偏瘦。父母为此费尽心机，到处打听长胖的秘方。后来从报上看到一则广告，说花粉制剂不仅滋养身体，而且能健脑益智。父母顿时喜出望外，马上买来按药品标签上的说明给孩子服用。想不到20天后洋洋的胸部开始发育了……

洋洋的这种情况属于性早熟，其罪魁祸首就是花粉补品。这一切都是父母爱女心切，盲目听信广告宣传所致。因此专家提醒天下父母，5岁以下的孩子不要服用补品，5岁以上的应根据具体情况由医生决定。

（4）不当饮食惹祸之成人病。小芽今年10岁，刚上小学四年级，在老师的眼里，她是一个很乖的孩子。但是，老师不知道，小芽在家里可是一个"霸王"，说一不二，要风得风，要雨得雨。平时想吃什么就吃什么，零食不离嘴，而且她还有个习惯，每到周末，都要到麦当劳大吃大喝一顿。然而，最近一段时间，小

第12章 合理饮食，让女孩身体更健康

芽时常感到头晕，到医院检查以后，父母大吃一惊，小芽居然得了高血压！

其实，小芽得高血压也算不上什么奇闻，某市做过调查，近些年来，像高血压、脂肪肝、冠心病、脑血栓等疾病在儿童中大量发生了。这让我们感到疑惑：孩子怎么会患上这些成人才有的病呢？儿童患上成人病的原因，就是营养严重失衡，有时候是缺营养导致的，更多的时候是营养过剩所致。

孩子们的健康状况给我们敲响了警钟：饮食营养质量的优劣，对孩子的成长发育影响极大，因此，为我们的孩子提供最优的饮食是家长们不可推卸的责任。

女孩空腹时别乱吃东西

好不容熬到了放学，饥肠辘辘的小靓飞快地往家里跑去。爸爸妈妈还没有下班，她只好先找一些剩饭来垫垫肚子。可是翻遍了整个厨房也没有找到可以吃的东西。小靓很无奈，垂头丧气地回到客厅。这时，她发现在茶几上放着几个橘子，于是想都没想，拿起来就吃。吃了一个，她感觉肚子还是有点饿，就又拿起了一个……

妈妈下班后，一刻不停地往家赶。当她打开房门时，被眼前的景象吓了一跳：小靓双手抱着肚子躺在地上，面色苍白，口里流出了涎水。所幸的是，她家不远处就有一个社区门诊。妈妈费了好大的力气才把小靓背到了门诊部。

医生给小靓做了详细的检查，对妈妈说没有什么大问题，这是孩子空腹吃橘子导致的胃胀、胃酸，过一会就会好的。听到医生说没事，妈妈悬着的心才放了下来。

每个人都有"饥不择食"的时候，但是如果抓到什么吃什么，急于填饱肚子对健康是非常有害的，因为有些食物是不宜空腹食用的，否则会给你的健康埋下隐患。

牛奶、豆浆：这两种食物中含有大量的蛋白质，空腹饮用，蛋白质将"被迫"转化为热能消耗掉，起不到营养滋补作用。正确的饮用方法是与点心、面饼等含面粉的食品同食，或餐后两小时再喝，或睡前喝。

酸奶：空腹饮用酸奶，会使酸奶的保健作用减弱，而饭后两小时饮用，或睡前喝，既有滋补保健、促进消化作用，又有排气通便作用。

白酒：空腹饮酒会刺激胃黏膜，久之易引起胃炎、胃溃疡等疾病。另外，人空腹时，本身血糖就低，此时饮酒，人体很快出现低血糖，脑组织会因缺乏葡萄糖的供应而发生障碍，出现头晕、心悸、出冷汗及饥饿感，严重者会发生低血糖昏迷。

茶：空腹饮茶能稀释胃液，降低消化功能，还会引起"茶醉"，表现为心慌、头晕、头痛、乏力、站立不稳等。

糖：糖是一种极易消化吸收的食品，空腹大量吃糖，人体短时间内不能分泌足够的胰岛素来维持血糖的正常值，使血液中的血糖骤然升高容易导致眼病。而且糖属酸性食品，空腹吃糖还会破坏机体内的酸碱平衡和各种微生物的平衡，对健康不利。

柿子、西红柿：含有较多的果胶、单宁酸，这些物质与胃酸发生化学反应生成难以溶解的凝胶块，易形成胃结石。

香蕉：香蕉中有较多的镁元素，空腹吃香蕉会使人体中的镁骤然升高而破坏人体血液中的镁钙平衡，对心血管产生抑制作用，不利于身体健康。

山楂、橘子：含有大量的有机酸、果酸、山楂酸等，空腹食用，会使胃酸猛增，对胃黏膜造成不良刺激，使胃胀满、嗳气、吐酸水。

大蒜：大蒜含有强烈辛辣味的大蒜素，空腹食蒜，会对胃黏膜、肠壁造成强烈的刺激，引起胃肠痉挛、绞痛。

白薯：白薯中含有单宁和胶质，会刺激胃壁分泌更多胃酸，引起胃灼热等不适感。

冷饮：空腹状态下暴饮各种冷冻食品，会刺激胃肠发生挛缩，处而久之将导致各种酶促化学反应失调，诱发肠胃疾病。

父母要让孩子知道，在饥饿的时候不要乱吃东西，如果实在饿得难受，又没到吃饭时间，那么可以喝点水，能够增加饱腹感，使她想吃东西的欲望暂时获得满足，然后在吃饭时间正常进餐。

第12章　合理饮食，让女孩身体更健康

女孩切忌营养过高

拿着女儿的诊断书，张女士百思不得其解：女儿居然患上了高血压病！而此时体重已达55公斤的12岁女孩云云，还在身旁高兴地吃着零食。

在我们国家，如今这种孩子患上成人病的现象越来越多，究其原因都是营养过高和缺乏运动惹的祸。

造成这种状况，父母当然负有不可推卸的责任，但是我们自己就没有责任吗？其实大多数情况下责任还是在于我们自己。我们的书包里、抽屉里装满了各种各样的零食，我们的床头，书桌上摆满了各种各样的饮料。零食、饮料成了我们形影不离的好朋友，无论走到哪里都少不了它们的踪影——学校里、聚会中、公车上……殊不知，在我们尽情享受这些美味带来愉悦和快感的同时，它们却悄悄地偷走了我们的健康，于是肥胖、高血压、糖尿病都悄然地找上门来，一些看似与我们的年龄不和谐的疾病都纷纷与我们结下了"不解之缘"。如此这般，究竟谁之过？

其实营养过高弊病很多。蛋白质是人体需要的营养素之一。但是过量食用易在体内形成酸性体质（脂肪、糖类过量食用亦如此）。人体血液本应保持弱碱性，酸性体质的人常出现一系列渐进性症状。如莫名其妙的精神萎靡、头昏头痛、思维及判断能力降低等。

蛋白质在人体内的分解产物较多。其中氨、酮酸、铵盐、尿素等在一定条件下可能对人体产生毒副作用。这不仅会增加肝脏负担，而且易引起消化不良症。长此下去，可影响肝、肾功能，造成形体消瘦和免疫力下降。

蛋白质尚且如此，其他重要的营养如若过高也会产生各种危害，如糖过多，可招致肌肉松弛，易生脓疮，加重糖尿病病情、龋齿及食欲缺乏等。

铁过多，可引起食欲缺乏、呕吐、腹泻、大便异常。

脂肪过多，能引起消化不良、腹泻、食欲缺乏、肥胖，甚至加重动脉硬化和

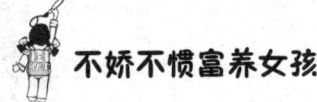

高血脂症的病情。

特别值得警惕的是滥吃营养药物会引起中毒。如孩子大量服用高浓度鱼肝油及制品，可以发生厌食、昏睡、头痛、皮肤干燥、蓬发等症状。如果一次服用超过6毫升，可引起急性中毒。营养过高和滥用营养药还可造成孩子性早熟和诱发性堕落等各种社会问题。

在孩子的成长过程中，她们对营养的需求不宜过高而应均衡。

（1）饮食多样化：合理的主食，是除米饭之外，还应吃面粉制品，如面条、馒头、包子、饺子、馄饨等。根据营养学家建议，在主食中可掺食玉米、小米、荞麦、高粱米、甘薯等杂粮。早餐除吃面粉类点心外，还要坚持饮牛奶或豆浆。

（2）青少年每天还应多吃水果和坚果类食品和海带、紫菜海产品，香菇、木耳等菌藻类食物，每周也应选择食用。

（3）荤素搭配：合理的粮菜混食、荤素搭配，可使人体所需要的营养成分齐全，相互得到补充（即营养的互补作用），而且食物的多样化可促进食欲，增进机体对营养素的吸收和利用。

让女孩远离这些垃圾食品

东东最喜欢到快餐店吃饭了，每个星期他至少要吃几次洋快餐、烤肉，平时嘴里也不闲着，不是吃着爆米花，就是吃着薯条、香肠之类的食品。

然而，让东东父母意想不到的是，在一次体检的时候，她居然被查出了营养不良。父母大惑不解，孩子每天吃的可都是有营养的食物啊，怎么还营养不良呢？

的确如此，有不少家长以为每天给孩子吃有营养的食物，并不知道孩子其实天天都与垃圾食品打交道。

什么样的食品是垃圾食品？

含铅食品：爆米花等食品是一种含铅量多的食物，多食对人体没有什么好

处。因为铅会使脑内去钾肾上腺素、多巴胺和5-羟色胺的含量降低造成神经质传导阻滞，容易产生记忆力衰退、痴呆症、智力发育障碍等，其最明显的特征是，易致人脸色灰暗而过早地衰老。

过氧脂质：煎过油条、炸过鱼虾禽肉等的食用油，由于其高温的作用，时间一长会生成一种叫过氧脂质的物质；而长期在阳光下暴晒的咸鱼、腊肉等，长期存放的饼干、糕点、油茶面、油脂等，都很容易产生哈喇味的油脂，分解成过氧脂质。

事实上，这种物质往往被人所忽视，其大量进入人体后，极大地破坏了人体内的酸系统以及维生素等的产生，是一种加速促人衰老的催化剂。正处于发育期的孩子吃过多的垃圾食品，大脑很有可能会受到永久性的损伤。这些油炸处理过的食物不但会影响孩子们的肌体发育，而且会对脑力意识成长带来不利后果。

腌制食品：谁都知道，腌制食品的主要成分是将食盐转化成亚硝酸盐，这种物质在人体内酶的催化作用下，很快会同体内的各类物质作用生成亚胺类的致癌物质。如咸鸡、咸鸭、咸肉、香肠等，不宜多吃，否则，后患无穷。

加工肉类食品：比如肉干、肉松、香肠等。它们具有的危害主要是：含三大致癌物质之一亚硝酸盐（有防腐和显色作用）；含大量防腐剂，加重肝脏负担。

方便类食品：如各种各样的方便面。它们的危害主要有：盐分过高，含防腐剂、香精，损肝；只有热量，没有营养。

话梅蜜饯类食品：如各种果脯。主要危害是：含三大致癌物质之一亚硝酸盐；盐分过高，含防腐剂、香精，损肝。

霉变食物：粮食、油类、花生、豆类、肉类、鱼类等发生霉变时，会产生大量的病菌和黄曲霉素。这些发霉物一旦被人食用后，轻则发生腹泻、呕吐、头昏、眼花、烦躁、肠炎、听力下降和全身无力等症状，重则可致癌致畸，并促使人早衰。

膨化类食品：膨化食品的配方造成了它的营养成分主要是碳水化合物、高脂肪、高热量、高盐、高糖、多味精，属于"五高一多"食品，有资料显示膨化食品中的脂肪含量约占40.6%，热量高达33.4%，对于需要丰富均衡的营养的孩子

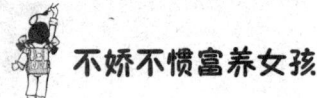

来说，长期大量地食用膨化食品必定会影响身体健康。

营养学家特别指出，女孩在正长身体的时候，父母一定要为她们选择富含均衡营养的天然营养食品。在购买食品的时候，父母应该做到以下几点：

（1）到正规商店里购买，不买校园周边、街头巷尾的"三无"食品。

（2）购买正规厂家生产的食品，尽量选择信誉度较好的品牌。

（3）仔细查看产品标签。食品标签必须标注：产品名称、配料表、净含量、厂名、厂址、生产日期、保质期、产品标准号等。不买标签不规范的产品。

（4）不盲目随从广告。广告的宣传并不代表科学，是商家利益的体现。

（5）时刻关注食品的相关信息。如我国已经启动了"食品行业食品安全信用体系建设"工作，此工作将为青少年食品的选择提供消费参考。

（6）糖果、甜果、巧克力、果冻、方便面、纯净水、洋快餐、冷饮、银杏果等九种食品不宜多吃。

要想让自己的孩子身体健康，只需改变不良的"食谱"，少让孩子吃垃圾食品，多吃富含碳水化合物和维生素的米饭、蔬菜、肉类，多食蛋白质和维生素丰富的豆制品、奶制品，做到粗粮、细粮搭配，荤菜、素菜搭配，动物蛋白与植物蛋白搭配即可。

父母不应犯的错误

进入21世纪，人们的生活水平越来越高，但是，一些人的饮食观念却相对落后，对于孩子怎样吃才健康更是摸不着头脑，以致孩子越吃身体越差了。以下仅举几例说明。

（1）吃得越多，身体越好。每个父母都希望自己的孩子能吃能喝能睡，还说："不怕孩子吃得少，就怕孩子吃不饱。"这从侧面反映了为人父母的典型心理。还有的父母觉得孩子好动，消化快，多吃点东西没关系。

但是，一味贪食，最终伤害的是孩子的大脑。因为进食越多，胃肠需要的

第12章 合理饮食，让女孩身体更健康

血液供应量就越多，大脑血液供应量就相对减少，而且过量的高脂肪在代谢过程中会消耗大量能量与大脑"争饭吃"，大量碳水化合物进入人体会诱导胰岛素增高，使血糖急剧下降，对于以糖为唯一能源的大脑犹如釜底抽薪，会使智力越来越差。

因此，做父母的一定要纠正这种错误的看法和做法，应该积极培养孩子正确的饮食习惯，最好是定时定量，规律进食。

（2）姜汤治感冒。孩子感冒了，做父母的第一个想到的就是给孩子熬碗姜汤，并让他喝完后休息，觉得发一发汗就会好。

用生姜煮水治疗感冒是民间流传已久的方法。生姜是辛温食物，能发汗解表。当遭遇风吹雨淋、风寒侵袭，及时喝一碗姜汤，常常可以达到防治感冒的目的。但需注意的是，它只适用于风寒感冒。如果用来治疗风热感冒或暑湿性感冒则会使病情向坏的方面发展。

因此，孩子感冒了，先要辩明是什么类型的，是风寒、风热还是病毒？弄清以后再治疗才能取得效果。

（3）腹泻赶紧补营养。孩子上吐下泻，父母看着心疼，一旦孩子好点了，就会马上做很多好吃的东西，给孩子"好好补补"。

但是，父母选择的所谓能够进补的食物，往往是引起再一次腹泻的罪魁祸首。因为此时孩子的肠胃功能极差，任何有一点刺激的食物都会引起肠胃不适。

腹泻后的几天内一定注意不要让孩子吃荤腥、辛辣、油腻的东西，应该以蔬菜为主，食物以米汤、馒头片为主，并且坚持让孩子每天多喝水，这样能起到养护肠胃的作用。要补充营养，最好等到腹泻完全治愈以后进行。

（4）菠菜最补铁。有些孩子缺铁，一些家长马上想到，菠菜富含铁、维生素等矿物质和微量元素，因此，孩子只要多吃菠菜就行了，而且是吃得越多就越好。还有一些家长认为，菠菜富含铁，经常食用可以预防缺铁性贫血。

"菠菜能补血"，是过去的误解。菠菜每100克中含铁3.5毫克，而芹菜为8.5毫克，苋菜为4.8毫克，油菜为7毫克，所以，菠菜含铁并不多。另外，菠菜中含

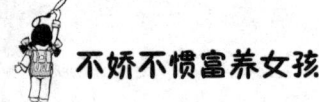

有大量草酸，铁与草酸相结合而难以被机体吸收利用。因此，多吃菠菜并不能解决孩子缺铁问题。

正确的做法是，将菠菜与鱼、肉、鸡等动物性食物同时烹调，如菠菜鱼肉丸子汤、猪肉菠菜馅饺子等，这才是预防和治疗孩子缺铁的最优食品。

以上只列举了几例父母的落后观念，实际生活中，父母的不当举动还有很多，因此，做父母的应该多了解一些孩子饮食方面的知识，不要再犯这样那样的错误了。

保证女孩健康的七个饮食原则

要使女孩的健康得到保证，父母必须要掌握以下几个饮食原则：

（1）孩子饮食清淡，易于消化。女孩应该多吃清淡且易于消化的食物。如果胃肠中积累大量不能及时消化的食物，就很容易产生积滞不化的病理停滞，进而会变化成痰，时间一长就容易出现痰热，痰热在体内存在就会成为致病的因素。

（2）孩子饮食适度适量。古人认为，"若要小儿安，须受三分饥与寒"。在孩子的饮食方面，既要供应充足的营养，满足机体生长发育的需要，又要适度适量。如摄食过量，则不仅可能导致营养过剩，还有可能伤及脾胃，导致消化、吸收的障碍。

（3）不让孩子吃寒冷食物。女孩还处在生长发育期，脾胃功能还不是很健全，胃喜暖而恶湿寒，要保护好脾胃，就要在食物上注意保暖，少吃甜冷冰冻的食品和凉的饭菜。

（4）让孩子细咀嚼，慢进食。进食的速度与消化、吸收有密切的关系，因此，吃饭要养成细嚼慢咽的好习惯，以使食物在口中停留的时间长一些，食物能被切磨得碎烂一些，唾液发挥的作用也更充分些。孩子吃饭时若狼吞虎咽，易造成胃肠功能紊乱、消化不良，甚至发展成慢性营养障碍性疾病。

（5）调整好孩子胃口的"生物钟"。坚持好一日三餐，要定时定量。这样一来，孩子在一定的时间会产生饥饿感，胃肠内会产生大量的消化液，而使吃进的食物能顺利地消化和被吸收。

（6）让孩子保持好心情。人的情绪好坏会直接影响食欲和消化。当生气、着急、悲哀、害怕或受惊时，有人会发生恶心、想吐、不想吃饭的现象，这就是情绪影响着消化功能的表现。而进食前情绪特别好时就会吃得很香也很多，吃完后也会很容易消化。

（7）让孩子食前勿动，食后勿静。我们知道，人在运动时，血液大多集中在肢体、肌肉和除胃以外的其他脏器中，所以在饭前最好不让孩子做剧烈活动，以免胃肠部位因血液缺乏而影响消化。但在吃完饭后，如果孩子呆坐不动，胃肠也会被迫减缓活动量而造成食物停滞在胃肠形成积滞。饭后适当地让孩子走一走，可以帮助他胃肠消化吸收，所以人们常说："饭后百步走，能活九十九。"

女孩的饮食原则

孩子吃得好不好，主要问题都出在父母身上，所以，为了孩子健康成长，做父母的一定要做好这几件事：

（1）精心做好饮食搭配。膳食的搭配主要是指食物性能的搭配。比如：在大米中加入小米一起煮成米饭或米粥，或吃馒头时喝一碗玉米粥，这样不仅能调和人们的口味，更重要的是能够很大的提高主食的营养价值。

（2）培养孩子饮食规律。一般早餐必须是三餐中最好的，要有足够的高蛋白供给，晚餐以吃少为佳。这种饮食分配是符合一天中生理活动，以及能力消耗、补充等各方面需要的。

有些父母溺爱孩子，孩子想吃鸡翅就赶紧去买，想吃烤肉马上就做，这样任由孩子随便吃而不加节制，很容易让孩子变得饱腹无度而损伤肠胃，甚至出现呕

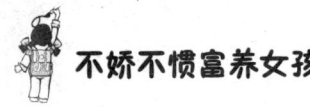

吐、肠胃胀满、腹痛腹泻等消化不良的症状。

人们常说:"鱼生火,肉生痰,青菜萝卜保平安。"这句话是绝对有道理的,鱼、肉虽然可提供优质的蛋白质,但也不能多吃,尤其是以煎炸食品为主的洋快餐,更不能经常食用。

(3)合理烹调保持营养。烹调是食物加工的重要环节。"烹"是指烹制火候的合理运用;"调"是指调配适合食用者需要的良好滋味。烹调是为了保护和开发食物中的营养成分。所以,烹调时应该注意营养素的保护。

加热食物的常见方法有煮、蒸、煎炸、炒、熏烤和烫煲。煎炸和熏烤的烹调方式要尽量少用。多采用优良的烹调方法,不仅可以保证饭菜的色香味,还可以保护营养,使孩子吃后能正常发育。

保证女孩健康,懂些食品安全知识

说到食品的安全性,顾名思义是相对于危险性而言,WHO将其定义为"对食品按其原定用途进行制作和食用时不会使消费者受伤害的一种担保"。现在人们就是希望在规定的作用方式和用量的条件下长期食用,不会产生不良反应。

某日,北京市民周女士刚踏进家门,就被女儿叫住了:"妈妈,我的肚子好疼啊!"周女士看见,女儿正趴在桌子上,双手捂着肚子直叫喊。周女士吓了一跳,连忙上前询问,还没等开口,桌子上的一瓶彩色的东西引起了她的注意。那是一瓶小熊形状的糖果,颜色极其鲜艳,很是吸引眼球,但包装袋上却没有生产日期、厂家等相关信息,只印有英文字母。经询问,周女士得知女儿是在学校门口地摊上购买的"三无食品"。

在一些中小学校门口及幼儿园门口,不少地摊、小店摆满了造型可爱的糖果、膨化食品、薯条、炸鸡、果冻等垃圾食品。

这些食品大多造型美观、色泽艳丽,而且售价不高,因此很受年轻人特别是小朋友们的喜爱。殊不知,这些食品多是伪造或劣质产品,过多食用会对人体健

第12章 合理饮食，让女孩身体更健康

康造成影响，对孩子的健康发育更加不利。

女孩子是脆弱的，她们是一个特殊的群体，因为她们正处在身体生长发育的关键时期，不像大人们有很强的抵抗能力，她们的身体各器官也还没完全发育成熟，器官的功能也还并不完善，所以她们的健康成长更容易受到各种外来因素的影响，其中最直接，关系最密切的莫过于日常饮食。食物是保障她们身体和智力发育的关键，也是保障她们成年后身体健康的关键。饮食质量好坏、营养性、安全性决定着她们身体的成长和发育，乃至生命健康，所以说，儿童食品安全比天大！

而纵观以上所罗列的食品安全事故，这怎么能让家有儿童的家长们放心呢？见诸报端的都是影响较大的事故，那些家庭中发生的一些饮食小事故恐怕更是数不胜数的。

食品安全无小事，任何一个环节的失误，都能导致食品安全事故的发生。除了直接的食品中毒事件，其实对大多数人来讲，更为可怕的是隐蔽性很强的慢性中毒，在不知不觉中有毒物质在体内长期积累，这种对健康潜在的伤害为日后疾病的发作埋下病根。经常食用有残留农药、化肥的蔬菜，含防腐剂、过量色素的精美食品，都会增加肝脏解毒的负担，诱发癌症、不孕不育、出生缺陷等严重疾病。隐性中毒也许就在家长们一次次看似随意的蔬菜选购中，或一次次不当的烹饪习惯中，或一回回无意的食物搭配中，也许还在儿童一个个不良的饮食习惯中，或一次次看似无关紧要的零食选择中。

所以，对儿童的成长发育起着如此决定性作用的饮食，实在是值得家长们花最大的心思来认真对待的。

我们生活在无法逃避的污染环境中，现实需要家长们丰富自己的食品安全知识来为儿童保驾护航，可是面对种类如此繁多的食品，我们该怎么做呢？

家长们，只要我们在购买食品前了解一些有关的食品知识，在购买时能认清有关标志，学会辨别好坏食品，掌握一些饮食安全的知识，为孩子建立好的生活习惯和饮食习惯，就可以放心食用了，大可不必因噎废食。还有许多食品是安全的，比如无公害食品、绿色食品、有机食品。随着社会的进步以及人们食品安全

意识的提高，这三类食品将成为我们的首选。

对于食物而言，要求卫生可以防止食物中含有的或混入的各种有害因素对人体健康产生危害。通过食物进入人体的有害因素很多，常见的有致病微生物、天然毒素、寄生虫和有毒化学物等。世界卫生组织将这些因素引起人体的感染或中毒称为"食源性疾病"。为防患这些问题食品对孩子的侵害，首先要从源头抓起，将容易导致孩子生病的病菌、病毒拒之"口"外，再运用科学的饮食，为孩子的身体健康竖起一道屏障。

第13章
美丽佳人,富养的女孩品质优秀

不娇不惯富养女孩

鼓励女孩自尊自爱

现在的女孩子,已不像我们原来小的时候那样单纯,因为受电视、电脑,以及方方面面外界的影响,比较早熟,思想也复杂得多。如果我们做家长的在这方面没有多关注孩子,当孩子出现青春期时没有正确的引导,孩子在懵懂时极容易受骗或是做出一些甚至一生都感到遗憾的事情来。

某电视台做了一期节目,是关于女孩自尊自爱的,里面讲了一个真实的案例。有一个初中女学生怀孕了,肚子很大才被发现,是与在学校旁边开杂货店的老板怀上的孩子。具体的细节只有当事人才知道,听别人议论说这个女孩常到这个杂货店买东西,一来二去与老板熟了,老板常会拿些小恩小惠给她,她尝到了甜头后,就与老板好上了,怎样怀孕自己都不知道。

真的让人吃惊,一点小恩小惠就把自己卖了,这个孩子到底把自己当什么了?

台湾著名女作家龙应台曾经说:"作为女人,自己都瞧不起自己,那么还能指望谁还能瞧得起自己呢?"的确如此,女人首先要学会维护自己的自尊,并好好爱自己,才值得其他人尊重。如果一个女人总是想依附男人,不敢承认自己的能力,不重视自己,不懂得爱护自己,那么就会逐渐堕落,受到他人的歧视,从而终生过着不幸福的生活,甚至为此付出沉重的代价。

女人是否懂得自尊自爱,大多在于她有着怎样的一个成长环境,经历过怎样的一个成长历程。在这个过程中,父母的教育起着举足轻重的作用,女孩只有从小培养自尊自爱的品格,才能成长为一个端庄的女子。因此,作为女孩的父母,就要从孩子小时候培养她的自尊自爱的品质,让她知道女人的尊严需要自己来维护。这样才能体现出自己的人生价值,找到真正的自己。

第13章 美丽佳人,富养的女孩品质优秀

那么,想要培养女孩子自尊自爱的品格,需要父母做哪些事呢?以下介绍几点,供父母们参考使用。

(1)父母首先要自尊自爱。当一个可爱的生命降临世界伊始,就预示着世界又多了一份纯真和无暇,在这个小生命中,有着一颗不被任何尘世凡俗所沾染的心灵,如同一张洁白的纸。人生是多彩的,每一个人的那张白纸都会随着时间的推移逐渐变得丰富起来,而为这张白纸打下基础的不是别人,恰恰是孩子的父母。可以构建什么图形、勾勒什么样的轮廓、用何种色调去填充,都在于父母如何描绘、如何调色、如何去展开。对于女孩来说,父母的任何一个行为都在影响着她的未来,因为孩子的成长过程,就是一个模仿的过程,父母如何去感染她、教育她,就决定着未来将会造就怎样的一个人。

因此,想要女儿从小树立自尊自爱的品格,父母就要从她儿时开始,用自己正确的做法去熏陶、引导,用自己的实际行动教育、培养她自尊自爱的品格。如果父母与女儿相处时,没有表现出应有的自尊自爱,那么就有可能给她造成错误的判断,形成错误的价值观,变得缺乏自尊和自信,给女儿的成长带来影响。

在拥挤的公共汽车上,挤上了父亲、母亲和小女儿三个人,小女孩有意弯着腰,因为在上车之前妈妈告诉她要弯着腰,缩着脖子,别叫售票员看出真实身高。可是,上车之后,小女孩即便是弯着腰,还是被售票员一眼识破,看出了小女孩的身高已经超过了免费坐车的身高线,继而要求女孩的父母买三张车票,但是孩子的父母却觉得吃亏,执意强调孩子还小,还不用买票,接着就和售票员争执了起来。

就在他们争吵的过程中,这个仅仅7岁的小女孩却是一脸的恐惧和不安,脸上带着深深的羞愧。看着父母和别人吵得越来越激烈,小女孩偷偷拿出一个硬币,想要交给售票员,谁知女孩的母亲竟上前阻拦,骂了女孩几句。

就这样,小女孩在父母与售票员的争吵中不断被推搡着,而女孩回以他们的却是满脸的泪水和茫然失措的眼神。

父母是孩子的榜样,父母不能以身作则,只能给孩子带来无尽的心理伤害。父母没有向孩子指明一个正确的方向,孩子就无法体会自尊自爱对自身的作用和

意义，更会产生自暴自弃的心理。特别是一些敏感的女孩，在学校或者其他途径受到了正确的教育后，开始认识到应该如何去对待自尊，很可能对父母错误的表现而感到耻辱，进而变得极度自卑。

因此，想要让孩子学会自尊自爱，父母就要首先树立起榜样，用自己的实际行动去感染孩子，让孩子认识到自尊自爱的重要性，逐渐养成自尊自爱的品格。

（2）让孩子辩证地认识自尊心。一个人的自尊心是指对自己的尊重，并为自己感到骄傲。自尊心造就上进心，自尊心是让一个人能够昂首挺胸站起来的精神支柱，拥有自尊心的人，才能在人生的道路上拼搏进取，积极向上，把握自己的人生之路，从而才有可能取得成功和辉煌。拥有自尊心是人们书写人生不可缺少的一个重要因素，更是一种美德。然而任何事情都将过犹不及，过强的自尊心，会成为一个人人生道路上的绊脚石，阻碍她的发展和进步。因此自尊心也是一把双刃剑，过强和过弱的自尊心，都会给人们的正常生活带来影响，轻则给生活带来麻烦，重则影响身体，甚至出现心理问题。

对于一些女孩来说，存在着自尊心过强的毛病，这大多是因为她们对自己要求过高，对外界的反应过于敏感。所以作为家长要教会自己的女儿辩证地看待自尊问题，维护自己的自尊并没有错，然而如果维护过度，自尊心太强，不仅会影响到她的学习、生活，还会让小伙伴们远离她。所以父母要让女儿辩证地看待自尊心。通常情况下，过强的自尊心有以下几种危害。

其一，过强的自尊心将不利于人际关系。自尊心过强的女孩，十分注意自己的一言一行，并且苛刻于他人对自己的语言、态度等，也许同学一句玩笑，也会让她觉得毫无脸面，甚至勃然大怒，因此很难受到别人的欢迎，影响到她的人际关系也就在所难免了。

其二，过强的自尊心会纵容自卑感的肆意蔓延。在人类的词典里，自卑和自尊是一对不可分割的兄弟，自尊心越是强，自卑感也就越强。众所周知，拥有强烈的自卑感的人通常心理能力比较差，而这就是过于强烈的自尊心在作祟。女孩天性娇嫩、细腻，经历挫折也大多较少，因此更容易形成过强的自尊心。而这种强烈的自尊维护表现，常常让女孩错过许多美好的机会，更有可能因此走上错误

第13章 美丽佳人，富养的女孩品质优秀

的道路，甚至危及生命。

其三，过强的自尊心会形成不良的个人品质。自尊心过强的孩子通常希望自己处于优势，受到他人的赞赏，如果一旦别人超过她，就有可能用各种方法打击、中伤他人，以维护自己强烈的自尊心。

其四，过强的自尊心会使人变得孤僻、高傲。如果一个女孩自尊心过强，就会高估自己，过低估计别人，甚至只看到自己的长处，却看不到自身的不足，从而变得高傲，很难和别人打成一片。

（3）让女孩学会爱自己。古语道："自爱者爱人，自爱者人恒爱之。"懂得自爱的女孩才懂得如何爱别人，才会得到他人的喜爱。因此，父母要从女儿小的时候起就让她学会自爱。对很多女孩来讲，自爱常常源自最初对镜子中自己的依恋，比较在乎自己在别人眼中的形象，然而对于真正的自爱而言，那只是其中一个很微小的部分。

何为自爱？德国心理医生妮娜曾经解释道："自爱就是想自己敞开心扉，是自己能感受周围和自身的一切，不加任何评论和批评；就是做自己生活以及所经历、领悟和发现的事物的主人，并对其承担责任，就是不再脱离世界其他部分去观察自己，体验自己，把自己作为整体世界的一部分来理解……"归根结底，自爱是在自尊下对自己的维护与爱护。

在生活中，每一个女孩的身上都或多或少地体现着自爱的含义，她们多愿意用自己认为最好的标准来要求自己，然而很多时候，孩子们对自爱的理解都会出现这样那样的偏差。因此父母要及时端正她的错误想法，使孩子完整地学会自爱。

想要自己的女儿变得更加自爱，父母们需要从以下几方面着手。

其一，培养女儿活泼的性格，并引导她用积极向上的心态去面对一切。

其二，自爱需要通过实现自我价值来实现。不能找到自己的价值所在，也就无所谓自爱，一个女孩只有找到了自己的价值定位，并付诸努力去实现，凭借自己的力量站稳脚跟，才能真正体现自爱的含义。

其三，不要让孩子过度自恋。能够拥有自信、并懂得自爱，对女孩来说固然

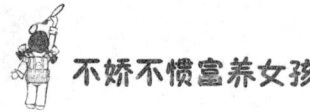

重要，然而自爱并不等同于自恋，一个人过度地自恋就容易形成心理的扭曲，过于关注自己，对自己形成错误的判断。

（4）呵护女儿的自尊心。教育家苏霍姆林斯基说过："儿童的尊严是人类最敏感的角落，保护儿童的自尊心，就是保护儿童前进的潜在力量。"儿童的自尊心是娇嫩而脆弱的，女孩的自尊心就更加如此。所以，女孩的自尊自爱不仅需要她们自己付出努力，作为女孩的父母，也要学会呵护女儿的自尊心，使其不受伤害。

当女孩长到3岁左右，就会懂得用第一人称"我"来称呼自己，这代表孩子在这一时期已拥有了一定的判断能力和自我意识，自尊心就是在这时形成起来的，这一时期也是孩子自尊心最脆弱的时间段。

要想呵护好女儿的自尊心，就需要父母采取正确的教育方式，并与孩子采取正确的沟通方式。在日常生活中，有些父母常会认为小孩子没有所谓的自尊心，于是习惯用命令的语气与孩子说话，甚至当众指责、批评孩子，殊不知，这些对孩子的影响，都是十分严重的。这不仅会使孩子的内心建立起与家长的对立，还会变得自卑，失去应有的自信。所以父母要在女儿小时候起，就呵护孩子的自尊心，使其形成一个健全的性格。

善良是女孩最美的品格

在一个家庭教育论坛上，有个讨论："关于如何处理自己的孩子与他人的矛盾。"很多父母进行了参与，但结果让人心酸。

"别人打你，你也打他，打不过就咬。"

"咱们宁可赔钱，也不能吃亏。"

"别怕出事，只要自己不吃亏就行。"

……

这是现在很多家长在教育孩子时经常说的话。对此，专家指出，成人在生

第13章 美丽佳人，富养的女孩品质优秀

活中往往会给孩子灌输"社会是如何尔虞我诈""人与人之间是如何钩心斗角"等。大人的本意是"让孩子学会保护自己，别上当"。可是，这种教育要把握好尺度，如果在成人偏颇、过激甚至错误的引导下，孩子心理中善良的成分会越来越少。

很多幼儿园的老师也说，一些家长在接孩子时，先问"今天有没有人欺负你""谁又打你了没有"。一旦孩子与小朋友之间产生了矛盾，家长找老师，找对方家长，不依不饶。在家长看来，"从小不吃亏"才能更好地保护自己。"人善被人欺"的思想让家长们不愿意对孩子进行"善良教育"。实际上，没有善良之心的孩子也不可能很好地保护自己。

古人云："人之初，性本善。"善良是人的真性的表现。可惜，孩子最纯真的善良之心可能在不知不觉中被渐渐"抹杀"。现在的独生子女，生活在优越的家庭里，父母、长辈照顾得无微不至。只享受父母、长辈的关爱，却从不知道把自己的关爱也给父母、长辈一些。自私、懒惰、怕吃苦，只知道享受，不懂得付出。但人不是生活在真空里，人生活在家庭中，人生活在学校中，人生活在社会中。其实，善良表现在平时的点点滴滴中——孝敬父母是一种善良的表现，孩子对父母的爱是对其所受到的父母之爱的回应；友爱朋友是一种善良的表现，有朋友的人才会是一个幸福完整的个体；伸出援助之手是一种善良的表现，关爱弱势群体也是一种善良的表现，给予也是一种善良的表现。一个人想要快乐，除了接受外，还要懂得给予。给予是一种高尚的行为，本人也可以从给予中得到快乐和内心的温暖。善良无处不在，善良会让孩子变得心思细腻；爱会让孩子变得勇于承担责任；爱会让孩子变得勇于无私奉献。

人的一个重要特征是有理性、有同情心。一个根本不知道关心人、同情人的人必定会生出阴暗的心理。这也说明人们是喜欢善良、欢迎善良、向往善良的。只有善良才有幸福，只有心存善良才能和平愉快地彼此相处。所以，一定要把女孩培养成为一个善良的人。无论她以后是大名鼎鼎的科学家，还是默默无闻的劳动者，她都能凭着自己的善良赢得幸福人生。

那么，怎样才能让女孩成为一个人见人爱的、具有仁爱和同情心的人呢？

不娇不惯富养女孩

（1）从小加强女儿的善良教育。"勿以恶小而为之，勿以善小而不为。"善是我们这个社会不可或缺的重要一课，善承载着孩子人生美好的未来。让孩子以善良之心去对待人生，对待他人，这应该是我们家长最明智的做法。但是，生活中的许多父母往往给孩子进行这样一些特殊的教育，比如"别人打你，你也打他，打不过就咬。""咱们宁可赔钱，也不能吃亏。"言语之中，虽然充满了对孩子的关爱，但是，这种教育方法实在让人难以苟同。

在现实生活中，许多父母在不经意中误导了孩子：不给街角的乞丐一点施舍，是嫌他们肮脏，没有自尊；当买东西时别人多找了钱，你拖着孩子快速离开，以为占到了便宜；当家里炒菜、做饭少了根大葱，你不去找邻居借，却让孩子到走廊去"拿"几根。你在不经意间一点一点砍去孩子身上善良的本性，又一点一点地在孩子身上播种着恶行的种子。试想，这样怎么能让孩子从小培养博爱、同情、宽容等品德呢？

所以，对于女儿，不管父母出于什么样目的，本着什么样的结果去教育，都需要培养女儿的善良品质。有关专家说，一个没有善良心的孩子是无法很好地保护自己的。因此，作为爱女儿的父母们，绝不能放弃对女儿进行善良的教育。

专家表示：善良教育的内容包括以下四个方面：保护自然环境和动物；同情并帮助弱者，创造机会让孩子帮助有困难并需要帮助的人；能容纳别人，具有宽容心；唾弃暴力，不给孩子提供暴力玩具，让孩子远离暴力镜头，拒绝孩子的暴力行为。

（2）言传身教，把善良的根植于孩子心中。马宇歌是中央电视台"大风车"节目小记者，她和许多同龄孩子一样，每天背着书包去上学，课间和同学一块玩自己喜欢的游戏，放学后一样回家做家庭作业，有时还会帮妈妈做些家务……她并不比别的孩子聪慧早熟，也不比别的孩子多学多少技能，她的业余时间也不比别的同学更多，但她却能比同龄孩子走了更多的路，见了更多的人，做了更多的事，也有更多的锻炼机会。

马宇歌的父亲马弘毅，是一位普通的公务员，他在空余时间常给马宇歌讲历史与名人故事。小宇歌至今仍然保存着两枚珍爱的徽章，一枚上面写着"博

第13章 美丽佳人，富养的女孩品质优秀

爱"，另一枚上面写着"天下为公"，这是她小时候爸爸送的，上学后她常常将它们别在胸前，爸爸更希望她长大后成为一个有爱心、有责任感的人。爸爸时常告诉宇歌，人不能光为自己活着，要像那些名人志士一样，以天下为己任，天下兴亡，匹夫有责。

上学后的马宇歌，在学校里乐于助人。只要班上有请病假的同学，不管有没有班主任的指示，也不管放学有多晚，天气多恶劣，马宇歌都会给生病的同学把落下的功课补上。可是有一次，宇歌自己病了，却没有一个同学来主动帮她，这使善良的马宇歌非常伤心。父亲最懂女儿的心思，他温和而又坚决地告诉女儿：我们不能光计较别人对自己的回报，我们不是为了得到回报而付出，而是为了让善良的心得到依托。

对于女儿的个性发展，没有什么能比爱和善良更重要的了，孩子的爱心不是靠强行灌输就能在一夜之间培养出来的，它是通过自然而然的模仿、潜移默化的渗透而逐渐形成的，而父母就是最直接的爱心播种者。要使女儿富有爱心，父母必须从自身做起，从女儿一生下来就开始培养、熏陶。

（3）赏识女儿"善意"的举动。如果女儿所做的事情得到了父母的肯定和表扬，那么，她肯定还会乐于继续这样做。因此，当自己的女儿偶尔帮了别人一个小忙，或者替别人着想时，父母要明确地告诉女儿你赞成她的这一善意举动，让女儿知道你希望她这样做，逐渐强化女儿的善意举动。如果父母因为不知详情而错怪了女儿，就应该向女儿道歉。毕竟，善良是一种可贵的品格。

当然，如果女儿对他人一时表现不友好，家长也不用大惊小怪，要让她认识到这样不好，相信她下次会做得好一些。比如，看到孩子把娃娃扔到地上时，你可以这么说："哟，你把娃娃摔疼了，快抱起来摸摸它。"有时还可以这样对女儿说："你说话的声音要轻一点，别把小熊吵醒了。"

爱是人类的天性，每个孩子都希望得到别人的爱，同时也向别人付出自己的爱。父母要用爱心满足孩子对爱的渴望，注重发挥言传身教的作用，用自己善良的品行去影响孩子。其实，孩子的本质都是善良的，家长要做的是支持孩子的善良行为，使孩子的善良行为得到不断的强化。

（4）及时制止女儿的不善良行为。当女儿作出不善良，甚至残忍的举动时，父母一定不能漠视。父母要立即叫女儿停下来，并要花点时间向孩子说明她的哪些行为做得不善良。父母要注意的是，对女儿进行教育时，应该指向女儿的行为而不是女儿本身。比如："你那样称呼别人是不对的，这是骂人的话，也是侮辱人格的话，这样的事情是不善良的行为，是我不允许的。""一起看电视时，不问问其他小朋友要看什么节目而直接转台是不礼貌的，善良的人应该征求一下他人的意见，然后再决定怎么做。"

当孩子明白了自己的不善良行为给他人造成伤害后，父母应该让孩子采取弥补措施对自己的行为负责。比如，女儿称瘦小的表妹是"芦柴棒"，这让表妹觉得很伤心，妈妈这样来启发女儿：

"你这样称呼表妹，让她觉得很难受，这是伤害了她的感情。虽然你的伤害已经无法挽回，但是，你应该向表妹道歉，让她知道你后悔了。你觉得应该怎么做，她会感觉好受一些呢？"

"我给她打个电话，对她说声对不起吧。""那是个好办法，还有其他的办法吗？"

"也可以到她家里去道歉，甚至可以用我的零花钱给她买件礼物赔礼道歉。"

"那你准备怎么办？"

"我晚上先给她打电话说对不起吧。"

"好，把结果告诉我。"

当父母帮助孩子认识到自己错误行为的后果，并让孩子找到改正的方法时，就等于给了孩子善良的指南，让孩子知道了自己应该怎么做。

（5）教孩子爱护小动物，帮助弱者。据报道，德国非常重视对孩子进行善良教育，而爱护小动物是德国儿童接受"善良教育"的第一课。在孩子刚刚学会走路时，许多德国父母就特意买来小狗、小猫、小兔等小动物。在父母的引导下，让孩子亲自照料，从中学会照顾弱小生命。

幼儿园也饲养了各种小动物，老师会安排孩子们轮流负责喂养。

上小学后,德国父母会鼓励孩子利用自己积攒的零用钱来"领养"动物园里的动物,或捐款拯救濒临灭绝的动物。而且,越来越多的德国人都形成这样一个共识,从小以虐待动物为乐的孩子,长大了会有明显的暴力倾向。

在德国,同情、帮助弱小者也是对孩子进行"善良教育"的另一项重要内容。在父母或老师的倡导、鼓励下,孩子们认为帮助盲人、老人过马路是自己分内的事,为身有残疾的同学排忧解难也是顺理成章的事情。

德国对孩子"善良教育"的做法,很值得我们借鉴。因为善良教育可以更好地培养孩子的优良品质,有利于孩子的健康成长和成才。

可见,对女孩善良品行的培养要从身边的事情做起:引导女孩从爱护身边的小鸡小鸭、小猫小狗、花鸟鱼虫中养成对生命的怜惜和爱护;稍大的孩子要教育她去关心人、体贴人、爱护人,给别人以真诚的爱。这样,女孩长大后自然就会成为有同情心、富有人情味的人。

让女孩早日学会自立

自强自立的女孩是最美丽的,下面就是这样一个女孩的自述:

我的家乡坐落在内蒙古一个偏僻的小山村,父母是地地道道的农民。我是村里第一个考上大学的孩子。这张大学录取通知书却没有带给我多少兴奋。通知书上天文数字般的学费让全家人一筹莫展。我清楚地记得母亲含笑的眼泪!那种无奈让我永生难忘。

不知道从哪里来的勇气,我一遍遍告诉自己,不要放弃。于是,我开始为学费而奔波,从亲戚到朋友,从老师到同学。开学一周前,我竟然如愿以偿地凑足了学费。

拎着一个手提包——全部的家当,我独自踏上了南下的列车。跨进大学校门的那一刻,我下定决心,要靠自己读完大学,绝不再向父母要一分钱!

然而,身上的钱交了学费就没有生活费,留下生活费就凑不够学费。踌躇再

三,我决定先把学费交了再说,我不想因为学费交不齐而影响了学习。生活总是会有办法解决的吧。

之后,我毅然来到工商银行特困生贷款咨询处申请助学贷款。

坐在教室里开始上课的时候,我才意识到自己有多差。我的入学成绩排在班级的后5名之内,听着同学们纯正的发音,看着他们对每个话题侃侃而谈,我真的开始自卑了。然而,我没有气馁。

大一结束,我的综合成绩排到了班级前10名。暑假,尽管很想家,但我不能回去,因为我要用这一个月的时间做家教赚够下个学期的生活费。镇江的夏天是炎热的,我搭公交,从城南到城北,城北到城南,每天两个来回。开学前一个星期,我拿到了第一份工资,1 600元人民币,那是我第一次拿到这么多属于自己的钱。

大二一年,我尝试调整学习方法。期末考试结束,班长打电话给我,"你考了我们班上第一名!"我简直不敢相信自己的耳朵,我英语居然考了第一名。

毕业典礼上,当校领导把毕业证、学位证和江苏大学优秀毕业生证书发到我手上的时候,站在领奖台上,我感慨万千。我竟然真的和所有人一起到了终点!我是大学生记者团的活跃分子,是每年度的优秀学生记者;是外国语学院的通讯部部长,负责院内新闻的采访和发布;是班级的团支部书记,组织大家去爬山去郊游。

四年的大学生活,改变了我的性格,也许会改变我的一生。在这里,我学会了独立,学会了吃苦,学会了坚强,学会了宽容。

在现代社会中,能否依靠自我的独立能力去解决问题,主导自己的人生,已经成为一个人立足社会的基础。作为社会中的个体,如果事事依赖别人,缺乏自立能力,不仅会遭到别人的鄙视,而且对自我人生的定义也往往会处于消极被动之中,很难成就大事业,做自己的主人。

在婴儿时期,孩子的依赖性就已经开始有所体现了。大约在孩子6个月左右就开始表现出对母亲深深的依恋,这时孩子通常用哭来表达感情,并赢得母亲的注意。母亲的拥抱、话语、微笑、注视等,都能对孩子起到不同程度的镇静作

第13章 美丽佳人，富养的女孩品质优秀

用。这种早期的情感依赖获得是孩子能够良好成长的重要因素，如果孩子早期依恋情感没有得到满足，就会形成心理缺失，并对其发展产生严重影响。所以孩子早期的依赖情感需要得到满足，在其成长的过程中，这种依赖性应该逐渐减弱，而这种依赖性是否随年龄增长而逐渐减弱，除了孩子天生的原因，大多取决于从小所受的父母的教育。在父母过于悉心的照顾、全权包办的家庭中成长起来的孩子，往往只知道索取，不知道回报，只考虑自己，习惯依赖他人，无论是对家庭、集体，还是社会都不会产生足够的责任感，不仅不能主导自己的人生，更无法肩负起民族自强的重担。特别是对于女孩，天性的柔弱使她们天生就表现出渴望更多的关爱，更愿意依赖父母。作为女孩的父母，从女孩小的时候就要有意识地培养女儿的独立能力，减少孩子的依赖性。

（1）向女孩灌输正确的观念。因为天性的柔弱，女孩往往更容易依赖他人，独立能力远远没有男孩强。但是在现今高速发展的社会中，人们能够得以生存和发展的基础，便是需要拥有个人的独立能力。旧时代女性依赖男性的观念在新时代早已被淘汰，能够真正主导自己人生的女性，才能有自己的一片天地，成为生活的主人。

女人做到独立并不意味着放弃传统女性的美好特征，如温婉、细腻、善良等都是女性优秀的品格，也是保证家庭幸福和社会和谐美满的重要因素。这里所说的女性独立是指女性在保留女性美好传统性格的基础上，提高自己有关勇敢、果断、坚强的性格特征，所以父母不能单纯为了发展女儿的独立性，而忽略了孩子女性气质的培养。另外，父母还需要培养女儿的动手、动脑能力，让孩子在成长过程中全面发展，使之成为一个既有女性温柔之美，又有坚毅的性格，敢于迎接挑战，勇于向前的新时代女性。

所以，父母要在女儿小时候开始教导她有关独立性的正确认识，不要让她产生依赖性。告诉她凡事要靠自己，使其明白独立性对她今后生活和工作的作用和意义。逐渐帮助她们建立自己的独立观念，这种独立观念不仅需要在女儿的日常生活中有所体现，使她能够自己照顾自己，更需要体现在她的精神和情感之中，让女儿做到精神和感情上的自立。

（2）给女孩独立做事的机会。女孩从小就表现出比男孩更多的依赖性，这种依赖性随着年龄的增长逐渐减少，大多是由于父母过于娇惯孩子，没有给女孩提供足够的独立机会，使孩子过于依赖父母。女孩独立性的培养应该从小时候开始，所以作为女孩的父母，就要从女孩幼年开始培养她的独立性，但是需要注意的是，对女孩进行独立性的培养，却不能忽略女孩情感上应该得到的满足，比如女孩渴望感受爱、渴望感受幸福等心理需求，如果一味只强调独立性的培养，而忽略了爱的需求，就有可能影响孩子心理的正常发育。

因此，在日常家庭生活中，父母可以尽量给孩子一些独立处理事物的机会，让她自己去决定、去处理，有意识地培养她的独立能力，比如让女孩自己吃饭、自己叠被子、收拾自己的房间、自己洗脸、或者下楼买一些简单的东西等。

当女孩稍大一些就让她独自承担一些事情，比如那些需要经过思考、需要权衡的事情。父母可以为女孩提供一些有用的意见，给女孩一定的提醒，做她的参谋，和女孩成为朋友，但是把最终的决定权留给女孩，让她在成长中不断形成独立思考、独立行事的能力。当女孩在独立处理事物的过程中出现问题时，父母可以通过举例、辩证分析等方法，让她认识到自己存在的问题，从而对自己的做法做出必要的调整和改正。

（3）不要担心女孩犯错误。古语道："人非圣贤，孰能无过。"几乎每一个成年人都有犯错的时候，何况是孩子。在孩子独立处理、解决问题的过程中，犯错在所难免。然而在每一次对错误结果接受的过程中，孩子都能学到对自己有益的东西，犯错的过程就是一个学习的过程，经历过摔倒，孩子才能学会走路，所谓"吃一堑，长一智"，培养孩子独立性同样如此。

一个妈妈正在教她的小女儿骑自行车，但是因为怕孩子摔伤，妈妈总是跟在车后面，紧紧地扶着车子，但是过了很长时间，小女孩还是没有学会骑自行车，于是小女孩伤心地哭起来。后来换作爸爸教女儿，很快小女孩就学会了，妈妈问爸爸诀窍，爸爸说："我只是让她自己摔了几跤。"

父母固然是爱女儿的，但是却不能陪孩子走过一生，孩子的人生之路如何走，都需要她们自己决定，作为父母，只能为她们做一些必要的提醒。因此，父

第13章 美丽佳人，富养的女孩品质优秀

母既然给女孩创造了独立做事的机会，就不要担心女孩犯错误。如果总是害怕女孩把事情搞砸，那么就会首先在心理和情感上让她产生依赖型，无法培养孩子的独立人格，想要真正培养女孩的独立性也成了一句空话。

所以，尽可能地让女孩做一些力所能及的事情，从小就让她减少对父母的依赖性，放手让女孩去独立做事，不要因为孩子做错事就批评她，不扼杀她的积极性，而是要帮她找出原因，让她在一次次错误中不断成熟自己的心智和思想。这样，随着年龄的增长，女儿的独立性才会得到加强，她才能最终成长为一个独立干练的女孩。

培养女孩的自信

人在自信的时候，面部表情往往是很动人的。眼神的执著和眉毛的力度，在这时候最明显。而且在你对一件事特别有信心的时候，周围的人能够感觉得到那种从内而外散发的魅力，像磁场，吸引大家不得不把关注投向你。

有一句话说："自信的女人才美丽。"对女人来说，缺少自信的心理是"扼杀"美丽的凶手，自信不足，就无法体现女性应有的魅力，更不会成就、主导自己的人生。拥有足够的自信的女性，才能展现美丽，描绘自我人生的绚丽，而女性的自信从何而来，不仅仅来自于外貌以及外在的物质的丰足，更来自丰盈的内心世界，来自那颗自信的心灵，这种自信的建立就恰恰脱离不了女性的成长环境。

心理学显示，一个人是否拥有足够的自信，大多数来自了其从小所受的教育和影响。如果成长过程中经常受到责骂、嘲笑和别人的质疑，很少获得别人的肯定和赞赏，就容易产生心理上的缺失，从而造成不自信。在这种环境下成长起来的人，通常带有一定的自卑心理，在生活和社会活动中表现出不自信。一个女人不能自信地面对一切，就无法掌握属于自己的人生。建立足够的自信心，是女性成长过程中不可缺少的重要一课，是否能够自信地面对人生，就在于她是否有一个能够从中获得肯定的成长环境。

有时候不一定长得漂亮就最受人欢迎。看看身边，美女不断，但即聪明又有头脑的却没多少。所以啊，归根结底，提高自身的素质，给自己增加砝码，自信地走在人前，才是眼下最重要的！

与其说女孩子的自卑感是天生的，倒不如说某种程度上是由家长调教出来的。

科学家调查发现，女孩子大脑皮层左侧神经比男孩子发育快。因此，到孩子们上学时，女孩子已具备了比男孩子更有利的语言条件。同一时期的男孩子虽然在生理上发育迟了一点，但男孩子有强烈的自信心。有人认为，青春期前的男孩子，体内的雄性激素并没有与女孩子们拉开太大的距离，主要是与他们幼儿时期所接受的不同的家庭教育有关。当孩子们蹒跚学步时，母亲多把女孩子留在身边，同时无意识地让男孩子离开自己，使他独自接触周围的事物。正是"不是你们女孩子玩的"之类的禁戒，将女孩子的自信心消磨得越来越低。

某大学临近毕业，外资企业到学校要人。问及女生，女生对提问明明是懂的也不敢说"懂"，显得毫无自信；而男生虽未全懂也敢说："我懂！"于是，男生入选。因此，让女孩子与男孩子一样，尽早培养其独立解决问题的能力与建立自信心，是家长们应该重视的问题。

因此，父母想要让女儿成长为一个拥有足够自信的人，就要从女儿年幼时开始，给予她足够的肯定和重视，培养她的自信心。

那么，在家庭生活中，父母具体都应该怎样做呢？

（1）用赞美破除女儿的胆怯心理。美国著名心理学家莱特博士说："父母对女儿及其能力的信任会逐渐给她们自立的信心。特别是女儿处在青春期的时候更是如此。"莱特博士建议，无论在什么样的情况下，父母都要给予女儿合理的赞美和评价，让孩子从中受到支持与鼓励，因为女孩天性柔弱，很多时候会更加难以建立足够的自信，不能相信自己的能力，有时一些女孩还会产生胆怯的心理。所以对于女孩，父母就更要注重赞美的作用，主要多给予女儿赞赏，为女儿制造更多的自信心，孩子就能在这种充满鼓励和赞赏的环境下摆脱胆怯心理，变得自信起来。

第13章 美丽佳人，富养的女孩品质优秀

美国政坛的女性风云人物希拉里就是在一个充满赞美的环境下长大的。希拉里在回忆录《亲历历史》中曾记录了她儿时的生活：

在希拉里4岁时，她家搬往帕克里奇，那时希拉里总是跑回家向妈妈诉说有人欺负她，原来和她一起做游戏的一个小女孩苏西仗着自己有几个哥哥，就总是推撞希拉里，和她动粗。于是希拉里常常躲着她。

听了女儿的诉说，希拉里的母亲便对她说："你要学会勇敢，要有信心，不要怕她。"但是希拉里还是一次次地跑回来。于是母亲大声对她说："回去，我们家容不下懦夫！"

小希拉里胆怯地说："但是我担心她会对我不友好，也许她会打我。"

"不要怕孩子，你是最棒的姑娘，我的宝贝希拉里，我一直都会支持你，我相信你，你也要相信你自己，我会一直站在这里给你加油。"听到母亲的鼓励和赞扬，希拉里的心里一下子充满了力量和勇气，仰起头自信地朝着那些孩子们走去。令希拉里没想到，苏西不仅没有欺负她，反而和她成为了好朋友。过了很久之后，小希拉里才跑回来，高兴地对妈妈说："太好了，女孩们都愿意和我做朋友了，而且苏西也是。"

就这样，希拉里在妈妈多种方式的鼓励与赞美下，逐渐地变得充满自信，希拉里的母亲对她说得最多的一句话就是："别人是别人，你是你。你可以有自己的想法，我不管别人怎么做。我们和别人不一样，你也和别人不一样。你永远是妈妈眼里最棒的孩子，你的与众不同会让你取得非凡的成就。"

正是源于母亲足够的赞美与鼓励，使希拉里最终成长为一名聪明、独立、充满自信的女性，并在政治领域获得了非凡的成绩。

每一个孩子都会有这样那样的缺点，然而对于孩子的缺点，父母却不能用公开的指责去解决，而是要以赞美帮助孩子去克服。只有在父母不断地赞美和肯定下，孩子才会产生更大的力量，凭自己的勇气和能力去解决一切问题。想要女孩能够变得自信，就要多给予她赞扬和肯定，鼓舞她的斗志，从而帮助她走出胆怯的阴影。

（2）为女孩的成功叫好。著名教育家苏霍姆林斯基曾经说："成功的欢乐

是一种巨大的情绪力量,它可以促进孩子好好学习的愿望。"不仅如此,成功能增加孩子的自信心,促使他去尝试更多,争取更多的成功。特别是女孩子,细腻的心灵更容易接受和聆听来自他人的赞赏和鼓励,只要你给她一个小小的肯定,她就会给你一个惊喜,父母的语言塑造着女孩的将来。对女孩的成功给予肯定,并为她叫好,就能增加她从成功中获得的快乐感,并让她产生更强的上进心,更加积极地去迎接新的挑战。

（3）及时鼓励女儿。曾经有人做过这样一个实验：

有两只小狗,让其中一只在冷落、责打的环境中长大,另一只则每天给予其足够的呵护和鼓励,一段时间后,让两只小狗同时面对一只狼,那只一直被人鼓励的小狗就高亢地大叫,表现得很勇敢；那只经常受冷落的小狗则表现的畏首畏尾,缩成一团,非常胆小。

同样,孩子的成长也是如此,父母的鼓励会给予孩子心灵上的安慰和肯定,对孩子的成长是一股不可小视的力量。因为天性使然,在生活中女孩常常会表现得比男孩脆弱。心灵的脆弱承载不了太多的负面语言,有些父母在女孩犯错时就会对其说教、责备,殊不知,这样会严重伤害女孩的自尊心,形成自卑的心理。想要树立女孩的自信心,首先就要对她给予一定的肯定,即便是对于一些女孩没有处理得很好的事情,父母也要作出鼓励,给她增加自信心。

当发现女孩取得了一些小的进步时,父母都不要轻易放过,而要抓住这些时机,给予女儿肯定,并鼓励她：你可以做得更好。让这种鼓励成为一种关爱,只有在这种不断地鼓励下,女孩才会成长为一个勇敢自信的女子。

（4）让女孩喊出"我能行"。在孩子中曾经流传过这样一首歌："如果前面有一座山峰,我们就勇敢去攀登；如果遇到一场暴风雨,我们就是翱翔的雄鹰。跌倒了,爬起来,说一声,我能行！"从这首歌中,每一个孩子都能寻找到一股动力,那是因为什么？那就是"我能行",虽然短短三个字,但是却能给予孩子很强的信心。因为不管孩子外表看起来多么骄傲,内心实际上都是脆弱的,常常会担心自己不够好,没有足够的能力,一句"我能行",就如同一股振奋孩子心灵的力量,使其产生巨大的动力。

第13章 美丽佳人，富养的女孩品质优秀

因此父母不仅要在孩子失落、不安时给予其足够的鼓励，告诉她：你能行，还要鼓励女孩喊出"我能行"，让她相信自己，给自己增加破除困难、迎接挑战的力量。想让女孩真正地做到"我能行"，不仅要让女孩大声地喊出来，更要让她从心理上变得自信，发自内心的相信自己的能力，因此平时父母要多鼓励孩子，为她增加士气，从而增加她的自信心。

所以，在家庭生活中，父母要多为女孩的成功叫好，哪怕只是小小的进步，也要给予女孩一定的赞赏和鼓励，给孩子成就感和自豪感，让她产生更大的力量，进而不断取得新的进步。但是这并不是说父母只是一味地为女孩的成功叫好，还要在适当的时候，和女孩一起分析成功的原因。和她一起总结一下成功的经验，让女孩自己看到一个成功的结果需要付出什么，该用什么样的心态去面对，从而使她认识到成功的取得需要具备的因素有哪些，使女孩在感受成功喜悦的过程中，也学到取得成功的方法。

教育女孩做事不拖延

星期天一早，莉莉起床后就开始做老师留的作文。怎么开头呢？她削削铅笔，翻翻过去的作文本，勉强写了两句，忽然看到一本新来的杂志，心想还早着呢，先看一下再做不迟。转眼到了中午，又该吃午饭了。下午怎么安排呢？紧张学习一周了，总得有半天松弛一下呀！晚饭后，电视里精彩的动画片又开始了，看完再做也不迟呀。就这样，她从早到晚都想要写作文，却一直拖延到人困马乏的半夜时分，才胡乱对付了一篇了事。

在现实生活中，孩子们会常有这种拖延的现象。做事拖拖拉拉是一种惰性，人的精力如果被惰性所抑制，久而久之就会使人懒散成性，什么事也做不成。对于女孩子来讲，一般都性格温柔，做起事来不像男孩子一般雷厉风行。因此，父母更要注意培养女孩做事利索的好习惯。因为一个做事利索的孩子往往能在相同的时间内做较多的事情。如果一个女孩子形成这一个良好习惯，那么，她无论是

在学习、生活,还是工作上都能有效地利用时间,提高效率,做出比别人出色的成绩。

美国著名潜能激励专家安东尼·罗宾的女儿很久以前就有这样一个梦想,那就是去纽约,成为百老汇舞台上的主角。她决定在大学毕业后就去实现自己的这个梦想。

听了女儿的决定之后,认定她已经具备实现其梦想的天赋和能力的安东尼说:"你今天去百老汇和你毕业以后去,有什么不一样呢?"

女儿想了想,便说一年以后就去百老汇。

"一年后再去和今天就去,有什么不一样呢?"安东尼又问道。

听了父亲的话,女儿又想了想,便说下个学期就去百老汇。

"下个学期去和今天去,又有什么不一样呢?"安东尼继续问道。

女儿听了之后,再次作出决定,那就是下个月就去。

"下个月去和今天去,有什么不一样呢?"

"给我一个星期的时间将行李打包,我下个星期就去!"

"一个星期后去和今天就去,有什么不一样呢?行李用一个小时就可以准备好了!"

女儿本想说三天后就出发,但随后她终于作出了决定,她说:"好的,我今天就去!"

"机票我已经为你买好了。"安东尼说完拿出了机票,递给女儿。

最后,这个女孩儿当天就飞到了纽约,开始自己全力实现个人梦想的全新生活。

拿破仑·希尔曾指出,做事喜欢拖延的人是这样一种人:"习惯将早就该做的事情拖到明天去做,将应该完成工作的时间浪费在编织托词和借口上。这种症状和过度谨慎、怀疑、焦虑有密切的关系。只要能逃避,就拒绝承担责任。宁肯妥协也不愿奋斗,不把困难当成进步的跳板,习惯于向困难低头。向生活索求蝇头小利,而不放眼成功、机会、财富、满足和幸福。不肯破釜沉舟勇往直前,却总盘算着如何面对失败。缺乏或完全没有自信心、自制力、动机、抱负、热情、

第13章 美丽佳人，富养的女孩品质优秀

节俭和健全的推理能力。不要求财富，却期待贫穷。安于与贫穷的人为伍，而不试图结交要求并获得财富的人。"

那么，该如何帮助孩子克服拖延的坏习惯呢？

（1）要求女孩做事既要快又要好。一个人在做事的时候仅仅利落还不够，同时还要把事情做好，两者缺一不可。当女孩已经养成了做事利落的好习惯后，为了防止她们一味求快却把事情做得一塌糊涂，这时候父母就要把重点放在把事情做好上面，多提醒女孩不要急、不要慌，要一步一步地把事情做好。

（2）让孩子养成立即行动的习惯。很多女孩都会把时间浪费在准备开始进入状态的阶段。她们花费了很多时间准备干一件事，但一拖再拖，最后还是没做。如果立即着手行动，我们就会惊奇自己干得有多快！正如一位名人所说：栽一棵树的最好的时间是20年前，第二个最好的时间就是现在。

对待女孩子，如果她要做什么，就让她从现在开始。想锻炼，从现在就开始！不要总是"明日复明日"。

生命就像一支飞逝的箭，青少年因为自己年轻，觉得日子好像永远过不完，往往不容易把握现在，不重视抓紧今天。美国的盲聋哑人学者海伦·凯勒说："有时，我常这样想，当我今天活着的时候，就想到明天可能会死去，这或许是一个好习惯。这样的态度将使生活显得特别有价值。"每一位积极生活的孩子，都要珍视现在，抓紧时间，绝不拖沓。

（3）启发女孩有求快的强烈愿望。父母应该启发女孩在学习、做事的过程中有求快的愿望，让她能够加快做事的节奏、去想省时的办法。比如，用比比看谁做得快的方式来激发女儿求快欲望。在女儿吃饭、叠被、洗脸、刷牙、穿衣、走路的时候，比比谁快。快者有奖，慢者受罚。父母在此时既要扮演竞赛者的角色，同时还要扮演裁判。当然，为了鼓励女儿的信心，父母刚开始可以先让着女孩一些，但最好不要让她看出来。

另外，可以让女孩用限时完成的方式来启发她的求快欲望。限时可以用在做练习、写作文、预习功课、复习考试、回答问题等许多事情上。

在女儿做事和学习的过程中还要注意督促，尤其是对于12岁以下的孩子。在

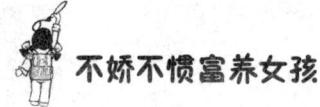

女儿的头脑中不断加强无论做任何事都要有用时最短的意识。当女儿有了这一意识后,她在做事的时候就会想方设法缩短做事时间。

(4)教孩子不要避重就轻。避重就轻也许符合人的天性,但到头来会积重难返,难上加难。父母应该鼓励孩子试着不让自己回避棘手的事。如果她原来习惯是先做容易的问题,而后再解决难的,那这次不妨让她倒过来试试。也许她会从中发现自己在解决了难题之后受到鼓舞,剩余的任务就迎刃而解了。

(5)孩子磨蹭时给些惩罚。如果孩子总是拖延磨蹭,必要时可以给她一些惩罚。有一段时间,妈妈一直为纠正文文的各种不良习惯而努力。一天晚上,文文不好好吃饭,妈妈决定来点小"惩罚",让她自己收拾碗筷、擦桌子、扫地。妈妈告诉文文:"你是最后吃完的,所以要收拾桌子,你弄脏了地板,所以应该你扫地。"文文一开始还觉得有趣,可连续走了4个来回才把所有碗、盘子、筷子勺子运到厨房,还不能把东西摔碎,文文觉得干活不是一件容易的事。当妈妈要求她还要扫地、擦桌子时,文文快要哭了:"妈妈,我不会!""不会干,妈妈今天可以帮你,但你明天吃饭可不能磨蹭了,要不然还是谁吃到最后谁收拾。"4岁的文文可怜巴巴地点点头,于是妈妈扫地,她帮着收垃圾,一副认真的态度。第二天,文文吃饭再也不磨蹭了。

说谎话的女孩不是好女孩

父母最不能容忍的问题之一便是孩子说谎话。然而,又有几个孩子没有撒过谎?这可怕的顽症着实让人头疼。

小欣是梁老师班上的同学,她个子高挑,漂亮可爱,却经常谎话连篇。她出生后父亲就不知所踪,母亲后来到香港生活。她寄居在乡下外婆家,梁老师来到她外婆家时,竟发现门口摆着两三张桌子,有人打麻将,有人打扑克,小欣和她外婆、小姨就坐在其中。

梁老师征得小欣家人的同意后,把小欣接到了家中,可不到几天,她就发现

第13章 美丽佳人,富养的女孩品质优秀

小欣偷出测验卷子更改答案。

某心理研究所用三年时间,调查了我国7个省13个城市430个家庭,发现有50%的孩子从3岁就开始撒谎了。随着年龄的增长,比例越来越高,到9岁时,说过谎的孩子上升到70%。来自美国心理学家的调查统计数据更为惊人:全美国有三分之二的孩子在3岁前就学会不说实话,而到了7岁,98%的孩子都已说过谎。

我们从小就听过"牧羊儿与狼"的故事,当牧羊儿第一次说谎,在山冈上大喊"狼来了"的时候,别人听了,连忙跑来替他赶狼,可是他却怡然自得,以为愚弄了别人一次。哪里知道这样一次说谎,竟播下了失信的种子,当真的狼来了,他惊慌失措大喊"狼来了"的时候,人家以为他又在撒谎,不来救他了。林肯说:"你能欺骗少数的人,你不能欺骗大多数的人;你能欺骗人于一时,你不能欺骗人于永恒。"这是多么中肯的话啊!

孩子撒谎是几乎每位父母都会遇到的问题。大部分父母都会把它当作一件比较严重的事情,并对其施以严厉的惩罚。但惩罚的后果只会让孩子认为,被惩罚的原因是谎言被父母戳穿了,而不是撒谎本身。结果,孩子说谎就会变得更频繁、更老练。于是,怎样纠正孩子撒谎便成了令父母头疼的问题。

首先,父母要了解女孩。女儿愿做什么,能做什么,希望得到什么,父母一定要了解。了解了女孩的心理与能力,然后让她去做。在做的过程中,父母要帮助她去发现问题,克服困难将事情做成功,而得到奖励。要消除她说谎的动机,鼓励她诚实地去做。

其次,父母要常常暗示女孩。暗示有两种,一种是正的暗示,比如有两个小女孩在一起,一个是诚实的,另一个是喜欢说谎的,父母要对那个诚实的小孩子嘉许,奖励她,使那个说谎的小孩子感动,走上诚实之道;另一种是反的暗示,比如女孩跑来报告父母一件事时,父母要信任她,不要说"真的吗,你不要骗我呀",如果父母这样说,在孩子的心灵上,就种下一个说谎的种子,以为说谎原来是可以骗。父母必须应用正的暗示去感动女孩,不要用反的暗示去刺激女孩说谎的动机。

再次,父母要帮助女孩认识说谎的危害性。父母发现女孩说谎后,重要的是

不娇不惯富养女孩

要教育她,帮助她认识说谎的危害性。父母要让女孩知道,说谎得到的只是自欺欺人的短暂快乐,而失去的却是别人对她的信任。说谎或许一时能蒙骗过去,但迟早会被别人发现,从而遭到人们的斥责。

父母在女孩还是幼儿时期时,就要经常给她讲一些有关说谎骗人害己的寓言故事,教育她们做诚实的孩子。当女孩承认说谎不对并表示今后会改正时,父母应当表示宽容,并深信她会改正,成为受大家欢迎的诚实孩子。有的父母在孩子承认错误后,还采取打骂等方式加以惩罚,这样不但不利于孩子改正错误,往往还会适得其反,导致孩子今后将谎话越编越圆,或者死不认账。所以,面对孩子说谎,父母既要批评又要以宽容的方式鼓励孩子,让她彻底改掉说谎的毛病,逐步养成诚实的好习惯。

最后,也是最重要的一点,做父母的要以身作则,去做诚实的事,不要在孩子的面前说谎。我们知道孩子的模仿性最大。她们会在耳濡目染中,学会效仿的。有时父母还可以讲诚实孩子的故事给她听,比如华盛顿小时候砍樱桃树的故事。有一天,华盛顿在园里砍了一株樱桃树,他的父亲知道了,非常气愤,华盛顿急忙跑去承认,说是他砍的。这时他的父亲不但不责备他,反而嘉许他,鼓励他处处要像这样诚实。以后华盛顿事事做得诚实,绝不说谎,终至成就了伟大的事业。父母可将这样的故事讲给小孩子听,让她以故事中的人物为榜样。有一种榜样是不好的,比如,一个母亲要打牌,不想招待客人,嘱咐她的孩子说:"如果有客人来,你就说妈妈不在家。"等客人来了,孩子便照着母亲的话说谎了:"妈妈不在家。"这是一种不好的榜样,很容易使女孩养成说谎的习惯。她既可照母亲的话去欺骗客人,自然她就可以照自己的意思去欺骗别人,甚至是自己的母亲。因此父母要做好的榜样,坏的榜样千万不要做。

综上所述,父母们应该随时随地注意,务必使女孩不说谎,建立起诚实的习惯。

第13章 美丽佳人，富养的女孩品质优秀

女孩也要做事有计划、有条理

做事没有计划、没有条理的人，无论从事哪一行业都不可能取得成绩。做事有计划对于一个人来说，不仅是一种做事的习惯，更重要的是反映了她的做事态度，是关系到能否取得成就的重要因素。对于孩子来说，从小培养做事有计划的习惯是非常重要的。

许多孩子都有早晨起床找不到袜子、学习用品或者生活用品的现象，这便是做事缺乏计划性和条理性的坏习惯。做事情缺乏条理、没有计划是儿童时期的一种自然反应。但是，如果父母不注意引导，孩子们往往会养成不良的习惯。做事没有计划，缺乏条理，以后就无法很好地料理自己的生活，也无法很好地进行学习和工作。在走向成功的道路上，做事没有条理、没有计划的孩子将会比其他人走得更辛苦。

所以，对于孩子来说，做事有计划是非常重要的。它可以帮助孩子有条不紊地处理应该处理的事情而不会手忙脚乱。那么，怎样培养孩子，特别是女孩子做事有计划的好习惯呢？

（1）让女孩在比较中得到启发。孩子都喜欢模仿，家长可以让女孩多接触那些做事有计划、有条理的孩子，让女孩在潜移默化中养成这样的好习惯。

有一位妈妈是这样教育自己的女儿的：

我的女儿已经上学了，还经常玩积木。但她玩起积木，常常丢得满地都是。有一次，我无意中跟同事说起这件事，她说："我有办法，我女儿小雪做事有条理，让她到我家参观参观去。""这有用吗？""当然有用，当初我就是用这个办法帮我女儿养成做事有条理的好习惯的。"于是，在一个周末，我带着女儿来到同事家取经，当然，女儿对此行的目的并不知晓。来到我的同事家，我的女儿很快和小雪熟悉起来，她们一起搭积木、做游戏，玩得不亦乐乎。快到午饭时间，小雪把玩具一一收拢起来，放在原来的位置，然后带着我女儿一起去洗手。

后来,我有意识地带女儿去了几次,结果,女儿开始学着自己收拾玩具,然后洗手、吃饭。

(2)自己的事情自己做。

有一位父亲这样教育女儿:

我的女儿做事很有条理,颇有一副"小能人"的模样。其中的诀窍就是给孩子一片天空,放手让她自己学着做事,我们适当给以指导。我们三口之家,三室一厅。在房间整理上分工明确。大房间和客厅由我负责,厨房卫生间由孩子的妈妈负责,小房间由女儿自己负责。分工到人,激发了孩子参与的热情。现在好了,小房间全属于她的了。从房间的布置、书包的摆放,再到被子的叠放,全得她自己来。她当然不甘落后,不然,当客人进门的时候,看到没人整理的房间,她会觉得丢脸的是她自己。我也在她整理房间时去参观一番,名为"参观",实则给以检查指导,不过,感觉她做得还不错。

(3)"小惩罚"能起大作用。父母在引导女孩做事的时候,也可以进行一下小小的惩罚,这也是一个很有效的方法。

且看一位妈妈是怎样做的:

我的孩子做事丢三落四,一做作业,书呀、本子呀,铺得满地都是。我提醒她注意点,她总是把我的话当做耳旁风。这还不算,平时上学,她经常忘带作业本、红领巾。好多时候,都是我看到她丢在床上的小物件,就赶紧给她送去。但是,总这样也不是个办法,就决定停止我的"雪中送炭"。

一次,我发现孩子又忘戴红领巾了,我没有给她送过去。孩子放学回来后,泪眼汪汪地说:因为她没戴红领巾,班上被扣了一分,同学们都责怪她。我趁热打铁说:"以后你可得把该带的东西整理好了!"女儿若有所悟地点点头。这以后,女儿晚上做完了作业,总是认真地收拾书包,嘴里还念念有词:"钢笔、尺子、英语书、默写本、红领巾……"说来也怪,自从那次小风波以后,孩子像变了一个人似的,做事有条理多了。看来,对于蜜罐里泡大的孩子,有时候小小的惩罚反而能起到意想不到的效果!

(4)实践出真知。做事有条理的孩子,长大了在工作中也会比旁人显得更

第13章 美丽佳人，富养的女孩品质优秀

沉稳，思考问题也更缜密。那么，如何培养孩子做事的条理性呢？我们可以借节假日的机会，让孩子学做家务，以借此培养她做事的条理性。

比如，当女孩面对着洗衣服、买菜、做饭、整理房间这一堆任务时，起先显得有些困惑，但很快就会进入了角色。她会先把衣服放进洗衣机，当洗衣机开始工作的时候，她开始整理房间。在整理房间的时候，她看到电视里正播放精彩的连续剧，就津津有味地看起来。看一会儿后，她会去晒衣服，再来收拾房间。这样可能要拖拖拉拉一个小时，但女孩总算做好了。以后女孩再做的时候，就会感觉比第一次熟练多了。

（5）让孩子制订计划并按计划办事。父母在平时要非常注意孩子做事的计划性，注意引导孩子做事讲究计划。如果孩子对你说："爸爸，我周末想去郊游。"你不要直接说"好"或者"不好"。你可以问孩子："你的计划呢？你想跟谁一起去？到什么地方去？怎么去？要带什么东西去？"如果孩子说："我还没想好"。你就对她说："没想好的事情就不要说。如果你要去，就要先做计划。"这样，孩子做事之前就会想一想，然后做好周密的计划。

另外，父母也可以与女孩共同制订计划。当计划出来后，要求孩子严格按计划办事，不能半途而废。对幼儿园的孩子来讲，父母应该要求她在玩的时候自己把玩具拿出来，玩完以后自己收好；对小学生来说，就要要求她看书做作业的时候要认真，写完作业以后才能去玩；对于中学生来说，应该要求她做事有责任心，自己把握做事的进度。

一位小女孩做事非常磨蹭，本来没有多少作业，却非要拖到很晚，熬得妈妈又气又急。

有一次，妈妈想了一个办法。她跟女儿约定，做作业的时间只有半小时。然后，妈妈把闹钟上好，女儿开始做作业。半小时一到，闹钟就响起来，女儿还差两道题目没做完。女儿向妈妈投来求助的眼神，但是，妈妈毫不犹豫地说："时间到了，你不要做了，睡觉吧。"

第二天，妈妈把女儿没做完作业的原因告诉了老师，老师也支持妈妈的方法。这天晚上，妈妈又上好了闹钟，女儿一开始做作业就抓紧时间，效率明显提

不娇不惯富养女孩

高,顺利地在半小时内做完了作业。

从这以后,女儿做作业的速度和质量都提高了。而且做其他事情的时候,她都会有意识地给自己设定一个时限,有计划地去做了。

培养孩子做事有条理是一个漫长的过程,只要父母坚持要求,反复强化,不断激励并加以督促引导,就能使孩子养成做事有条理的好习惯。

(6)以身作则才能出效果。培养孩子良好的习惯,家长首先要以身作则。试想,一个做事缺乏条理的家长能培养出一个做事有条理的孩子吗?

看看下面一位妈妈的做法:

在生活上,我把三口之家整理得井井有条,餐厅、卧室、客厅一尘不染,就连沙发靠垫也从不乱放。而且无论多忙,吃完饭,我也会先把锅碗洗干净。学习上,我更是做孩子的榜样。业余时间,我报名参加自学考试,给自己充电。我订下计划,列表上墙,并让孩子负责监督。孩子也受到启发,爱上了阅读。看完书,我把自己的书整理好,放进书橱,孩子也一样一样地效仿。孩子向我们学习,模仿我们的做法,如今不仅养成了做事有条理的好习惯,而且阅读量增加了,见识也广了。

让女孩懂得孝敬老人

尊重长者、孝敬父母是中华民族的传统美德。有无孝敬父母的习惯,不单单是子女对父母的关心,其实质是一个能否关心他人的大问题。在家里能养成孝敬父母的好习惯,到社会上,才有可能做到有爱心,也才有可能得到他人的尊重与善待。因此,作为父母,绝对不能忽视培养孩子尊敬长者、孝敬父母的好习惯。

在家庭生活中,常常可以看到这样的情景:

一名小学四年级女孩,衣来伸手,饭来张口,连自己的床铺都要由母亲来整理。某日,母亲生病卧床,要她独自去楼下的快餐店解决吃饭问题,且自己铺床。一听说家务得由自己动手,女孩竟大发雷霆,对着病床上的母亲大发脾气。

第13章 美丽佳人，富养的女孩品质优秀

一名初一年级的女孩，明知下岗的父亲仅仅依靠修理自行车获得微薄的收入，花钱仍然大手大脚，经常向父亲索要零花钱，每天放学后都要在校门口买上5串羊肉串，吃得满嘴流油。而当疲惫的父亲要她打一盆洗脸水、取一条毛巾时，她要么以"正在做作业"为由懒得动手，要么嘟嘟囔囔，没有好声气。

一名小学五年级女生曾在日记中透露，自从年迈的奶奶住进她家之后，她从未主动拿出过自己的零食给奶奶吃；而疼爱她的奶奶几次为她买了零食，反被她讥之为"太次"、"老土"，并把零食扔进了垃圾桶……

这些"不孝之举"屡见不鲜，但还有更让人震惊、让人难以接受的"不孝之举"不时见诸报端，如辱骂父母、虐待老人……父母们坐在一起，聊起各自孩子的日常表现，最感失望的往往不是成绩不理想，而是孩子对父母的不理解、不尊重、不孝，这几乎成为不少父母的最大忧虑。

一位15岁女孩的母亲说："我简直难以想象，孩子长大了，对我们父母的态度竟会变得如此恶劣！好像读了初中之后，她再也没有客客气气地跟我们说过话。我们那时候，哪敢这样对待父母啊！"

另一位16岁女孩的母亲说："我已不指望年老的时候把她当做我生活的依靠，我只担心她的未来。因为不懂尊重父母的人，必定得不到别人的尊重。"

对于女孩来讲，"望女成凤"是千百年来的历史积淀，是家长们挥之不去的浓重情结。很多父母倾尽所有于女儿，千种照顾、万般呵护，无非期盼着女儿长大成才，自己能老有所靠、老有所依。渴望孩子孝顺，是做父母的第一本能。

可是，很多父母由于教育不当，不太注重孩子素质的培养，反而使得女孩子们产生了叛逆心理，要么无视父母的爱和呵护，要么就把自己的全部心思都放在了拼搏进取上，而完全想不到要回报给父母以爱和孝顺。

其实，女孩子通常都比男孩子更能体会父母的爱心，因此有"女儿是父母的贴心小棉袄"一说。可是，父母那种急功近利的思想往往抹杀了许多女孩子善良的天性和呵护父母的本能，让孩子把心思更多地放在了成功、成才，而不是成人上。

那么，如何让女孩把孝敬父母当成一种习惯，从而培养健全的人格呢？

（1）从小抓起、从小事做起。让孩子养成孝敬父母的好习惯，要从一点一滴的小事着手塑造和培养。例如，平时教育孩子要关心父母的健康，要帮父母分担忧愁，要帮助父母做家务。当孩子不会时，父母要耐心地教；孩子做错事时，不要横加指责；孩子做得好时，要多表扬鼓励。孩子只有在亲身实践和体验中才能体会到父母的辛苦，尝到为别人付出的快乐。当孩子"父母养育了我，我应当为他们多做事"的观念逐渐形成时，孩子就有了一份生命的义务感和责任感。

当代孩子最缺乏的就是义务感和责任感，因为他们平时只知道接受爱，而不知道付出爱，没有学会关心和感激。父母千万不要这样想：孩子还年幼，主要任务是学习，只要学习好了，什么也不用干，而是要转变观念：不要以学习成绩作为唯一的评价标准，好孩子的标准是多方面的，孝敬父母就是一个重要的标准。常言道："3岁看大，7岁看老。"因为习惯成自然，从小养成的不良习惯长大了也是难以改变的。父母要以身作则、施教要潜移默化。

（2）让孩子学会感恩。感恩源于良心，良知、良能，这是孝心的亲情基础。然而，感恩这种情感不是自然而然产生的，必须通过教育。现在不少女孩子不知道父母工作情况，不知道父母的钱是怎样得来的，只知道向父母要钱买这买那，把自己打扮得花枝招展，来满足自己的虚荣心。在她们看来，父母给孩子吃好、穿好、用好是天经地义的。这样的孩子怎么会从心底里孝敬父母呢？为此，父母应当有意识地把自己的辛苦展露给孩子，让孩子体会到大人为了她作出的牺牲。自然，孩子会从心底里产生对父母的感激和敬重。

因此，父母不妨经常给孩子讲讲自己一天的情况：起床、做饭、洗衣服、整理家务、上班等，让孩子体会到自己如何关心孩子，如：孩子生病了，父母怎样心疼，怎样整夜地不睡觉护理孩子……细节最能感染人。知恩就要感恩，感恩就要报恩。要让孩子从小养成关心父母、体贴父母、爱护父母的好习惯，如为妈妈梳梳头，给爸爸捶捶背等。

（3）"言教不如身教"。女孩和父母长期接触中会习得一些良好的行为习惯，特别是孝顺公婆这一点，如果母亲本身做得不到位，那么女孩也难以有真正的孝心。

第13章 美丽佳人，富养的女孩品质优秀

有这样一则广告：一位刚下班的年轻妈妈，忙完了家务，又端水给老人洗脚，老人对她说："孩子，歇会儿吧！别累坏了身子。"她笑笑说："妈，不累。"年轻妈妈的言行举止被只有三四岁的女儿看到了，女儿一声不响地端来一盆水。年幼的女儿吃力地端着那盆水，摇摇晃晃地向妈妈走来。盆里的水溅了出来，溅了孩子一身，可孩子仍是一脸的灿烂。把水放在母亲的脚下，为母亲洗起了脚。广告画面定格在这儿，广告语说："父母，孩子最好的老师。"

孝心就是这样学会的，就是这样传递的，孝心就是在父母的榜样下养成的。因此，要想培养孩子的一颗孝心、懂得爱，父母首先要以身作则，要做孝敬长辈的楷模，因为"身教重于言教"。

还有这样一个故事：在一个山村里有一对夫妇，年迈的妈妈已经快不行了，奄奄一息。夫妻俩商量后决定把老人装在箩筐里从山上扔下去，省的麻烦。于是两人就抬着老人到了悬崖边上，刚想扔，后面传来了一声：等等，先别扔，把箩筐留下。夫妻俩一看原来是6岁的女儿，妈妈问："为什么把箩筐留下呀？"女儿说："等你们老了我用什么装你们呀。"爸爸妈妈恍然大悟，赶紧把老母亲抬了回去，好好地照顾母亲。母亲死后很好地安葬了母亲。正是由于父母的转变，女儿长大以后成为一个有名的教育家。

从这则故事里，我们可以看出，父母是孩子的影子，父母怎样做，孩子都在看着，都在记着。

女孩要温柔，但也要坚韧

坚韧的意志力是女孩子取得成功必备的心理品质，它也是保证和维持孩子奋斗精神的内在心理力量。俗话说志不坚者智不达，一个没有坚韧意志力的孩子，即使拥有过人的才华也难以取得成就。因为才华只能决定一时的成败，而人生的成功必须通过克服重重困难，须依靠坚韧的意志力的辅助才能实现。

陈艾琳正在读六年级，是个乐观开朗的女孩子，爱好广泛。但是她却有一

个很不好的习惯，那就是当她做一件事情遇到困难时就轻易地放弃。在她的观念里，坚持就是浪费时间。陈艾琳读四年级的时候喜欢上了舞蹈，她身材纤细苗条，很有跳舞的天分。刚到舞蹈班时老师非常器重她，她也很认真地学习。

但是当她在学习中遇到了一些练习了很久也没有准确掌握的动作时，她就不耐烦了，要求退学。她跟老师说："我没有跳舞的天分，不应该在这里浪费时间。"

老师告诉她："那些成功的舞蹈家也不是一蹴而就的，她们也是通过自己辛苦的努力才成为舞蹈名家的。"但她不听，坚持离开了舞蹈班。过了几天，又迷上了绘画，没练几天，她又打了退堂鼓……在这两年里，陈艾琳前后学习过舞蹈、绘画、钢琴，但是一直到今天她依旧没有一门特长。

由于天性使然，当男孩们抱着玩具坦克、手枪竞相追逐时，女孩们大多抱着洋娃娃、穿着自己认为漂亮的花裙子听话地坐在家里画画、听妈妈讲故事。女孩的温柔、安静给世界带来了一抹美丽与香甜，温柔乖巧的女孩，更加受到人们的喜爱。因为人们几乎很少会喜欢像男孩一样爬墙头、喜欢冲杀的女孩子。

因此，身为女孩的父母，对女儿大多是轻声柔语，呵护备至。给她喜欢的布娃娃，买给她喜欢的花裙子，在她哭泣时给她拥抱，时刻照顾着她的生活，给她无微不至的爱。诚然，能够根据女孩的天性来爱女儿的想法固然是正确的。然而很多时候，父母又会忽略一个问题。随着女儿变得一天比一天娇柔可爱，她的性格也渐渐变得更加软弱。软弱，早已不再成为他惹人喜爱的因素，反而成了其性格上的缺陷。软弱让女孩在做事时变得瞻前顾后、缩手缩脚，即便是受到不公平的待遇，也一忍再忍，不愿站出来说话，遇到问题很难拿出自己的意见，习惯于听从他人的指挥，结果不仅使她们的学习效率降低，也常会受到小伙伴的戏弄。女孩的软弱性格不仅不利于她们的学习，也会成为破坏与男孩之间人际关系的凶手，特别是在她们长大之后，性格的软弱更会阻碍她们在社会中的发展。

女孩可以温柔，但是绝不可以软弱。从女孩小时候起，父母就要注重培养她的坚强性格，不要总是把她当成娇贵的花瓶，拿起来怕碎了，放下怕丢了，使其变得软弱，从而对她的一生造成影响。

第13章 美丽佳人,富养的女孩品质优秀

看看一位母亲是怎样做的:

常有人说我女儿长得像周迅,可以想象得出她是那种看起来很柔弱的女孩,加上她爸爸一直认为女人如猫,所以取了小名叫喵喵。真是人如其名,她说话细声细气,从小见人就害羞地躲在我身后。自从有一次在幼儿园里看到她那么文静怯懦地站在一堆活蹦乱跳的小孩中间,我就决定,努力改变她的性格,要让她有女孩气的同时,多些男孩的豪迈、坦荡、大气、勇敢和坚韧。

首先,我鼓励她多跟男生交往,课间多跟男生出去跑跑,少跟那些小女孩叽叽喳喳"咬耳朵"。我天天在她耳边唠叨"你们幼儿园某某(男生)很不错,看起来很大方,还常常保护别人,你可以多跟他交往。"我还故意在她面前称赞某某叔叔,做事很有魄力,不像有些阿姨,做人做事都扭扭捏捏,看起来不爽。所谓耳濡目染,听得多了,她也会在我面前表扬男生的优点,而且跟男生主动交往后,她反而很少被男生欺负。

其次,课外培训班尽可能选男老师,增加跟男性接触的机会。画画她换过三个老师,全是男的;乐理课也是一位男老师。现在培训班的男老师真的很不错,都是兼具男子气和女性的耐心、细致和爱心,女儿都非常喜欢他们。

再次,帮女儿找到一项适合的体育运动。游泳队教练到幼儿园选苗,女儿和班上几位女生都被选上了,但其他妈妈都嫌天冷,孩子又要学英语跳舞的,没有送孩子去游泳。只有我坚持让她游到现在。刚开始天冷时,她哭泣过,想放弃,我总是鼓励她,要像男孩一样勇敢,我告诉她:你真幸福,从前在妈妈肚子里就是在水里,现在游泳就像回到妈妈肚子里。还常常跟她一起幻想:你在水里游啊游啊,就像小青蛙,真漂亮!要是以后你可以出去比赛,那妈妈就沾你的光,到处去旅游……如今,游泳队里游得最好的是一个比她高半个头的男生,我鼓励女儿以他为榜样,只有超过他,你才可能像游泳健将菲尔普斯那么棒。

上小学后,女儿的课外兴趣班报的是武术队,她成了体育健将。体育真的很能锻炼人的意志,游泳两年多来,无论天多么冷,无论是感冒、受伤、肌肉酸痛,她的游泳课几乎一课未落。夏天免不了皮肤受伤,她总是在游泳池边,创可贴一撕就跃入水中,一个伤口要好多天才能愈合。平常去补牙、打针,从来不

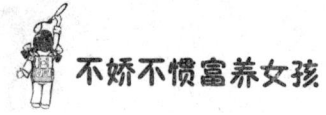

哭，偶尔掉几滴眼泪，安慰几声也就好了。

总结这位母亲的做法，我们可以从以下几个方面入手让女儿远离软弱变得坚韧。

（1）鼓励孩子尽力做好每一件事情。孩子心智的发展还不成熟，做事情容易受到外界环境的影响，遇到困难更容易想到放弃。这是孩子正常的心理和行为表现，父母应该理解这种行为。在这种情况下，父母应该鼓励孩子尽力做好手头正在做的事情。

王晓是个四年级的女孩，她也像同龄的孩子一样做事情遇到困难容易放弃。有一次，妈妈利用周末带她一起收拾屋子。王晓按照妈妈说的方法却怎么也擦不干净玻璃，她有些气馁了。尤其是当她发现自己擦一块玻璃居然花了五分钟还没擦干净，而家里又有这么多扇窗户时她彻底失去信心了。于是，她把抹布扔在一边，一屁股坐在地上叹起气来。

妈妈看到孩子的表现便告诉她："你刚学擦玻璃，擦不干净很正常。你只需要把你正在擦的这块擦好就是成功了呀。不要急于求成，等你熟练以后速度也就上去了。你如果就这样放弃，可是连一块也擦不干净了啊。"

千里之行，始于足下。父母应该鼓励孩子做好自己能做好的一切事情，例如当孩子写作业遇到难题时，让她尽力思考，能做到哪一步就到哪一步，但是不能因为题目太难而干脆放弃不做了。

（2）利用名人激励孩子坚强起来。每一个成功者必然都具有坚忍的意志，因为没有哪个人的成功不是克服重重困难、依靠坚韧的意志力的支撑而获得的。父母在对孩子进行教育时可以多利用名人的榜样作用来激励孩子。

小学五年级的李思圆是个可爱的女孩，但她也像其他孩子一样，做作业时三心二意。后来妈妈给她买了一本《居里夫人传》，李思圆看了之后跟妈妈说："我也要成为居里夫人那样的成功女性。"妈妈听了很高兴。后来当孩子写作业时东张西望、心里总想着游戏或者玩具时，妈妈就会提醒她居里夫人在工作或者学习时是如何努力的。没想到，妈妈说完之后李思圆居然立刻认真起来。

父母有空的时候可以陪孩子去观看一些再现名人成功历程的电影，也可以给孩子购买一些名人的传记，让孩子从名人成功的故事里体会到意志力的重要性，并利用名人的榜样作用时刻激励孩子。

（3）创造机会让孩子锻炼。现在的孩子物质生活特别优越，从来没有体会过生活的艰辛，没吃过什么苦，连上学和放学这样简单的事情也由父母陪同，这也是使孩子们缺乏意志力的原因之一。父母不仅不应该娇惯女孩，更应该创造机会在生活中锻炼她们坚忍的意志力。

周末的时候，父母可以带孩子去参加一些体育活动，如登山、长途远足等，利用这种"劳其筋骨"的方法锻炼孩子的意志力。平时在生活中也要多让孩子参与家务劳动，最重要的是培养孩子遇到困难不退缩的品质。

（4）利用目标激励孩子。没有目标就像在黑夜中行走，这也是许多失败者之所以失败的原因。让孩子看到希望的灯塔，父母可以给孩子设定一个目标，让孩子朝着这个目标努力。这种目标激励法会让孩子为了实现目标而自觉地克服困难，迎接挑战。比如，在学习上，父母可以每天给孩子设定一个目标，这个目标的难易程度应该根据孩子的个人情况而定，不能过于简单也不应该过于艰难。父母还可以指导孩子把大的目标分解成许多小的目标，每天坚持完成当天的任务，最终取得成功。